TIM BROWN

How Design Thinking
Transforms Organizations
and Inspires Innovation
[Revised and Updated]

CHANGE BY DESIGN

TIM BROWN

デザイン思考が世界を変える

イノベーションを導く新しい考え方

［アップデート版］

ティム・ブラウン

千葉敏生 訳

早川書房

デザイン思考が世界を変える〔アップデート版〕

――イノベーションを導く新しい考え方

CHANGE BY DESIGN
REVISED AND UPDATED
How Design Thinking Transforms
Organizations and Inspires Innovation
by
Tim Brown

Translated by
Toshio Chiba
First published 2019 in Japan by
Hayakawa Publishing, Inc.
This book is published in Japan by
arrangement with
Fletcher & Company, LLC
through Tuttle-Mori Agency, Inc., Tokyo.

装幀／水戸部 功

ゲイナーへ

目次

本書の内容をまとめたマインドマップ

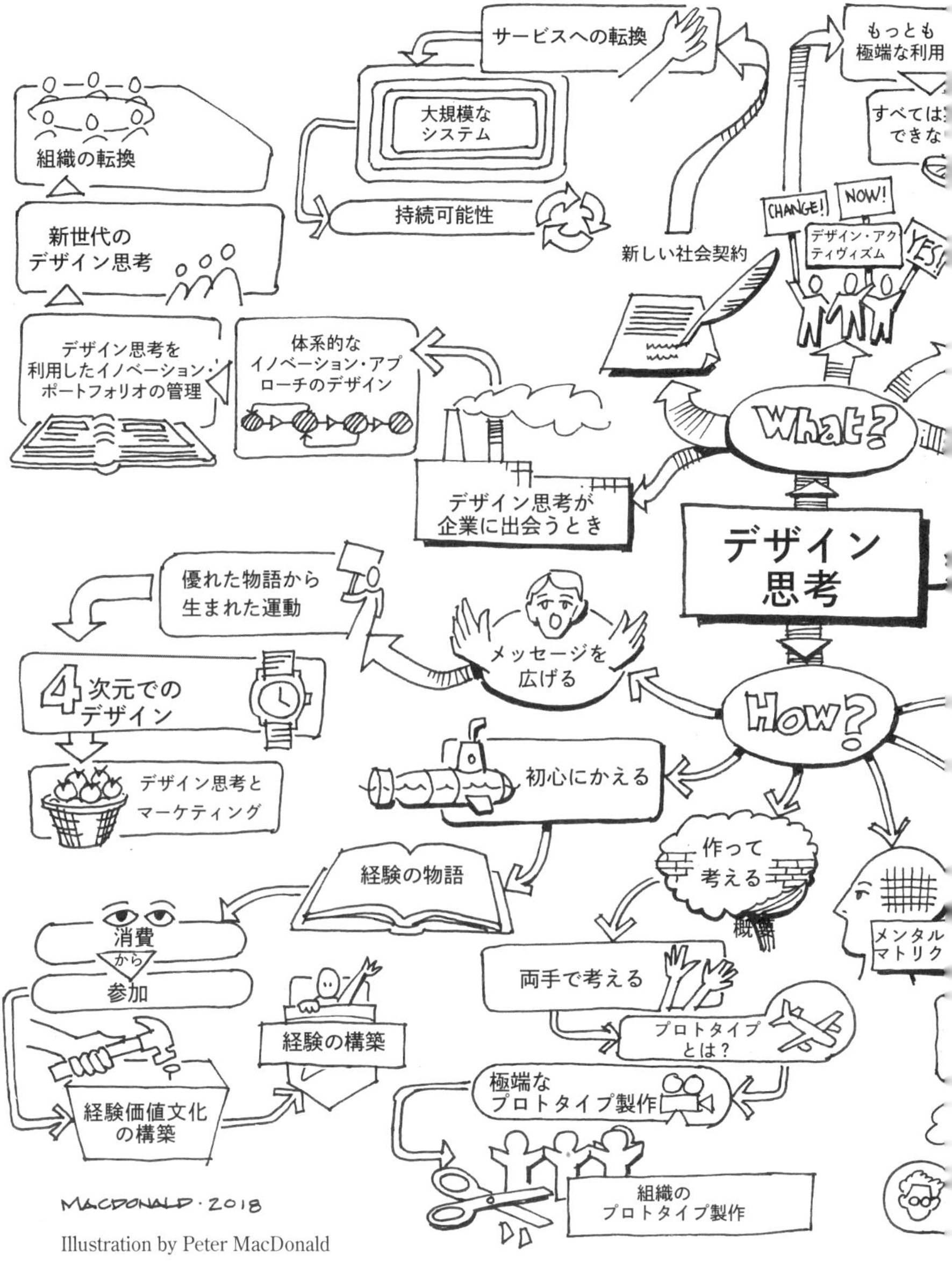

Illustration by Peter MacDonald

アップデート版に寄せて

チャーリー・チャップリンの傑作映画『モダン・タイムス』に、記憶に残るシーンがある。チャーリーが走行中の配送トラックの後ろから落っこちた赤旗を拾い上げ、旗を振りながら運転手に知らせようと叫んでいると、騒がしいデモ隊が通りの角を曲がって彼の後ろを歩きはじめる。気付けば、彼はいつの間にか革命運動の旗手を務めていた。『デザイン思考が世界を変える』刊行後の一〇年間で巻き起こった出来事を振り返って思うことは、このシーンによくあらわれている。デザイン思考を発明したのは学界であって、私たちではない。私たちは居合わせた時と場所に恵まれただけなのだ。あるとき、ふと後ろを振り返ってみると、そこでは革命運動が巻き起こっていた。

簡単にいえば、『デザイン思考が世界を変える』が世界に伝えようとしたのは次のふたつのことだ。ひとつ目に、デザイン思考はビジネスや社会の抱える課題を解決するデザインのキャンバスを広げるものだということ。人間中心のクリエイティブな問題解決アプローチは、今までよりも効果的で斬新な解決策を期待させる。ふたつ目に、デザイン思考は専門教育を受けたプロのデザイナーの実務的能力の枠を超えるものであり、その考え方や方法論を習得したいと思っている人なら誰にでも実践できるということ。デザイナーやデザイン思考家の共通の目的は、人間や社会が直面する課題に対して、より効果的な解決策を見つけ出すことにある。デザイン思考の考え方を提唱してから早一〇年、私は現代世界におけるデザイン思考の重要性を今まで以上に強く確信している。

私たちがIDEO《アイディオ》で遂げてきた旅は、今もなお発見の連続だ。私たちはかつてないくらい幅広くて奥深い問題の解決を迫られている。『デザイン思考が世界を変える』の初の刊行以来、私たちはデザイン思考をさまざまな分野に応用するよう依頼されてきた。ラテン・アメリカの教育改革。アメリカ、中東、アジアの政府省庁。アフリカ、インド、東南アジアでサービスを提供する新たな社会組織。そして、最新のデジタル技術、ロボット技術、生物学的技術を用いる世界中の新興企業。

さらに驚くべきは、世界中の企業、社会組織、学術機関がデザイン思考と呼ばれる一連のアプローチを続々と取り入れてきたことだ。何十万という学生たちが、ビジネススクールや工学部、オンライン講座や無料のツール・キットを通じて、デザイン思考の基本概念を学んできた。そうした〝デザイン思考の修了生〟たちが、今では着想、発案、実現のレベルでデザイン思考のスキルをいかんなく発揮している。その一人ひとりが、大なり小なり世界に影響を及ぼしているのだ。

そうした影響の痕跡は着実にあらわれはじめている。アップル、アルファベット、IBM、SAPといった世界に名だたるテクノロジー企業が、デザインを業務の中心に据えるようになった。SAPはデザイン思考を用いて売上数十億ドル規模の製品を記録破りのスピードで生み出す一方、世界中のデザイン思考教育に資金を提供している。IBMはデザイン思考を自社の製品やサービスへと組み込み、企業顧客へのサービスを進化させ、その過程で何百人というデザイナーを雇っている。常識を破壊するシリコンバレーや世界各国の新興企業が、デザイナーを創業チームの一員として迎えている。医療システム、金融サービス企業、経営コンサルタント会社は、今や常時デザイナーを雇用するようになったし、下は幼稚園から上は高校まで、あらゆる学校教師たちがデザイン思考を授業に取り入れている。私の友人のロジャー・マーティンが示したように、デザイナーの方法論は軍にまで取り入れられている。デザイン思考は今、まさに満開を迎えたといっていい。

でも、お祝いするのはまだ早い。私たちはほんの一歩を踏み出したにすぎない。デザイン思考が真に巨大な影響を及ぼすためには、いったい何が必要だろうか?

ひとつ目の疑問は、スキルの習得に関するものだ。『デザイン思考が世界を変える』を読めばお気付きになると思うが、デザイン思考には数々の方法論やスキルがある。そして、これはどんなスキルについても言えることだが、何千時間もの練習を積んだ達人とただの初心者では、発揮できる能力に天と地ほどの開きがある。デザイン思考のスキルもそれと同じで、初心者中心のチームは、たとえ達人がひとりやふたり交じっていたとしても、過去のプロジェクトを通じて自信や理解を身に付けてきたチームにはまず敵わない。テクノロジーは学習の促進や影響力の増幅には役立つとしても、時間をかけてスキルを習得する代わりにはならない。デザイン思考のスキルを習得するためには、私の同僚のジェーン・フルトン・スーリやマイケル・ヘンドリクスのいう「デザイン感覚」が必要になる。ふたりは『ロットマン・マネジメント（*Rotman Management*）』誌で、「デザイン感覚とは、喜び、美しさ、個人的意味、文化的共鳴といった直感的な属性を活かす能力である」と記している。デザインに直感を取り入れれば、より強く顧客の心に訴えかけ、より高いロイヤルティを獲得できる体験を生み出せる。デザイン思考の達人が一定数を超えるまでは、世界の最重要問題にデザイン思考を応用したとしても、実現できることは間違いなく限られてしまうだろう。だからこそ、この本をお読みのみなさんにお願いしたい。デザイン思考の概念を理解して応用するだけで満足するのではなく、ぜひデザイン思考の達人になるあなたなりの道を見つけてほしい。私自身の経験から言わせてもらえるなら、その目標に本気で取り組めば、生涯を通じて創造力を満足させられると思う。

ふたつ目の疑問は倫理に関するものだ。ソーシャル・メディア、人工知能、インターネットのビジネス・モデルの負の側面が明らかになるにつれ、私たちはますますテクノロジーのしっぺ返しを食らっている。人間中心のデザインは、テクノロジーによる冷徹な支配や、人間の貢献を無価値化してしまうテクノロジー特有のバイアスを解消する解毒剤のような働きを持つ。しかしその一方で、デザインがソーシャル・メディア、人工知能サービス、モバイル・ゲームなどのテクノロジーに対する中毒を生み出すために使われているという証拠も山ほどある。デザイン思考は決して〝見えざる手〟などではない。もっと意図的なものだ。ノーベル賞受賞者のハーバート・サイモンは一九六九年の論文「人工物の科学（The Sciences of the Artificial）」で、「現在の状態をより好ましいものに変えるべく行為の道筋を考案するものは、だれでもデザイン活動をしている」と述べている（訳注／日本語では『システムの科学』として刊行されている。『システムの科学　第3版』稲葉元吉・吉原英樹訳、パーソナルメディア、一九九九年、一三三ページより引用）。デザイナーが面白くて中毒性のあるソーシャル・メディアのアプリをデザインするとしたら、それはその結果を望ましいと思っているからだ。もし望ましくないものをデザインしてしまったら、その人はデザイナー失格ということになる。だから、デザイン思考家には、自分がどんな結果を実現するためにデザインしようとしているのかをきちんと理解し、自分の下そうとしている選択に細心の注意を払う責任がある。私たちはテクノロジーが人間の知性を凌駕するかもしれないという極めて重要な局面に立たされている。テクノロジーをどう人間の役に立たせるのが望ましいのか？　今こそ、デザインの〝見える手〟で意図的な決断を下す時が来ている。

　三つ目の最後の疑問は応用に関するものだ。私たちがエネルギーを向けるべきなのはどういう問題なのか？　人間中心の人工知能のデザインは間違いなくその候補のひとつだが、一般論で言うと、私は漸進的な改善に努力が費やされすぎていて、真に画期的なアイデアを生み出すことがややおざなりにされているのではないかと思う。画期的なアイデアといっても、シリコンバレー風の新製品や新技術だけを意味するわけではない。二一世紀も早二〇年近くが過ぎ、社会のシステムの大部分が時代にそぐわなくなってきている。現在のシステムは〝第一次機械化時代〟の要求に合わせて設計されたもので、一九世紀や二〇世紀初頭からほとんど手つかずのままだ。

では、二一世紀の真に〝厄介な問題《ウィキッド》〟にデザイン思考のスキルをうまく応用できたら、いったい何が変わるだろう？　物理的なものであれ仮想的なものであれ、私たち自身や、私たちの子どもや孫たちに合った組織、教育、市民活動、産業システム、市場、医療、交通、税制、信仰、仕事、共同体をデザインするには？　これらこそ、デザイン思考家が取り組む価値のある課題だと私は思う。

デザイン思考の意義は二〇〇九年当時よりもいっそう高まっていると思う。この一〇年間で、私たちはたくさんのことを学び、今ではデザイン思考の考え方やスキル、デザイン感覚を活かす方法がいっそう分かってきている。一〇年前に例に挙げた企業のうち、いくつかは予想外の道をたどった。世界に多大な影響を及ぼした企業もあるが、思いのほか期待はずれだった企業、そして破綻した企業もある。それは複雑きわまるイノベーションやビジネスの世界では避けようのないことだ。そうしたプロジェクトの記述もあえて削除せず残しておいた。この一〇年間の出来事から何を学び取るかは、みなさん次第だ。代わりに、共著者のバリー・カッツと私は、新しい章をまるまる加筆することにした。第11章では、この一〇年間のＩＤＥＯでの経験を参考に、デザイン思考分野のその間の進展と、今後の展望について述べている。一〇年前の初版のときと同様、ＩＤＥＯの同僚のみなさんに深く感謝したい。ここで発想をくすぐるような例を紹介できたのは、みなさんの輝かしい創造力と協力のおかげだ。

本書『デザイン思考が世界を変える』が、デザイン思考の達人になる貴重な一歩になってくれたら、筆者としてはうれしいかぎりだ。あなたの創造力を活かして大小さまざまな問題を解決し、あなたの周囲の人々の生活を向上させるための発想が得られることを切に願って。

二〇一九年、サンフランシスコにて

ティム・ブラウン

はじめに――デザイン思考のパワー

時代遅れの考え方に別れを告げる

イギリスを訪れたことがあるなら、ほとんど誰もがグレート・ウェスタン鉄道（ＧＷＲ）に乗った経験があるだろう。一九世紀後半のビクトリア時代の著名なエンジニア、イザムバード・キングダム・ブルネルが設計に携わった偉大な鉄道だ。私はオックスフォードの田舎、ＧＷＲの沿線で少年時代を過ごした。自転車で線路沿いを走っては、巨大な急行列車が時速一六〇キロ以上のスピードで猛然と駆け抜けるのを心待ちにしたものだった。現代の列車の旅は当時よりもずっと快適になり（客車にはサスペンションやクッション付きの座席が設けられている）、沿線の風景もずいぶんと変わっているはずだ。しかし、敷設から一世紀半以上が経った今でも、ＧＷＲは産業革命のシンボルとして、そして世界を形作るデザインのパワーの典型例として、姿を残している。

ブルネルはまさにエンジニアの中のエンジニアだった。しかし、彼が気にかけていたのは自分が作るもののテクノロジー的な側面だけではない。鉄道システムをデザインする上で彼がこだわったのは、路線の勾配をなるべく平坦にするという点だった。彼は乗客に「田園地帯を漂う」ような感覚を味わってもらいたいと考えたのだ。そのため、あらゆる橋、陸橋、堀割《ほりわり》、トンネルは、効率的な輸送だけでなく、最良の経験を提供することを目的に建造された。さらに、彼は旅行者がロンドンのパディントン駅から列車に乗車し、ニューヨークで蒸気船を降りられるような、一体的な輸送システムさえも思い描いた。ブルネルは、自身の手がけた偉大なプロジェクトのすべてにおいて、技術的、商業的、人間的要素のバランスを取る、たぐいまれなる才能と先見の明を発揮した。しかし、ブルネルは、単なる偉大なエンジニアや有能なデザイナーだったわけではない。彼は最初の「デザイン思考家」のひとりだったのだ。

一八四一年にGWRが全線開通して以来、工業化は世界に驚くべき変化をもたらした。テクノロジーの発展は無数の人々を貧困から救い、人類の生活水準を飛躍的に向上させた。しかし、二一世紀に入り、われわれは人々の生活、仕事、娯楽を一変させた産業革命の負の側面に気付きはじめている。かつてマンチェスターやバーミンガムの空をどんよりと覆った灰燼《かいじん》は、地球の気候を激変させた。製造場や工場《こうば》で量産される安価な商品は、大量消費や大量廃棄の文化をもたらした。農業の近代化によって、われわれは天災や人災に対して無力になった。過去の革新的なイノベーションは今日《こんにち》の常套手段と化し、シリコンバレーやデトロイトの経営管理理論をまねる深圳《しんせん》やバンガロールの企業は、アメリカと同じく「コモディティ化（経済価値の同質化）」という負のスパイラルに陥っている。

それでも、テクノロジーの進化はとどまるところを知らない。インターネットが火をつけた通信革命によって、人々は今までにない方法でつながり合い、考えを共有し、新しいアイデアを生み出せるようになった。生物学、化学、物理学といった科学は、バイオテクノロジーやナノテクノロジーといった形で融合し、命を救う医薬品や驚くべき新素材の開発を期待させている。しかし、こういった目をみはる進展とは裏腹に、われわれの不吉な運命は改善の兆しを見せていない。むしろ、その逆だ。

必要なのは新たな選択肢

イノベーションを技術に偏った視点でとらえるのは、従来と比べて持続可能な考え方とはいえなくなってきている。また、既存の戦略から最適なものを選ぶだけの経営哲学では、国内外で生じた新たな問題にあっという間に飲み込まれてしまうだろう。そこで、新たな選択肢が必要になる。個人と社会全体のニーズのバランスを取る新たな製品。医療、貧困、教育といった世界的な課題に取り組む新たなアイデア。重大な違いを生み出し、それに触発された人々に目的意識を芽生えさせる新たな戦略。われわれの抱える問題の数が、問題に取り組むクリエイティブな人材の数と比べてこれほど多い時代は、今までなかっただろう。いわゆる〝ブレインストーミング〟セッションに参加したり、ちょっとしたコツやトリックを学んだりしている野心的なイノベーターは確かに存在している。しかし、そういった付け焼き刃の手段では、新製品、新サービス、新戦略が世に送り出されることはほとんどないのだ。

したがって、われわれには、イノベーションに対する新しいアプローチが必要だ。強力で、効果的で、幅広く利用できるアプローチ。ビジネスや社会のあらゆる面に適用できるアプローチ。個人やチームが画期的なアイデアを生み出して、実行し、影響を与えられるアプローチ。このようなアプローチを提供するのが、本書のテーマである「デザイン思考」なのだ。

デザイン思考では、デザイナーたちが長年をかけて培ってきたスキルを利用する。デザイナーたちは、ビジネスの実務的な制約の中で、人々のニーズと利用可能な技術的資源を結び付けようと模索してきた。つまり、人間から見て望ましい物事と、技術的・経済的に実行可能な物事を結び付けることで、今日われわれが利用しているような製品を生み出してきたのだ。しかし、デザイン思考はそれだけにとどまらない。自分がデザイナーだと自覚したこともない人々にデザイナーの道具を手渡し、その道具をより幅広い問題に適用するのが、デザイン思考の目的なのだ。

デザイン思考では、誰もが持ってはいるものの、従来の問題解決の方法では軽視されてきた能力を利用する。デザイン思考は、人間中心であるだけでなく、人間の本質そのものともいえる。直感的に考える能力。パターンを見分ける能力。機能性だけでなく感情的な価値をも持つアイデアを生み出す能力。単語や記号以外の媒体で自分自身を発信する能力。それを重視するのがデザイン思考だ。感覚、直感、インスピレーションに頼ってビジネスを営もうと思う人などいないだろうが、論理や分析に依存しすぎるのも、それと同じくらい危険だ。そこで、デザイン・プロセスの根幹をなすデザイン思考の一体的なアプローチでは、「第三の方法」を提唱している。

上流に向かって泳ぐ

私はインダストリアル・デザイナーになるための教育を受けたが、「デザイナーである」ことと「デザイナーのごとく思考する」ことの違いを理解するまで、ずいぶんと年月を要した。七年間の大学および大学院生活と、一五年間の実務経験を通じて、ようやく私はクライアントの技術部門とマーケティング部門の上層部をつなぐ鎖の輪以上の役割を果たしていることに、少しずつ気付きはじめた。

プロのデザイナーになって最初にデザインした製品のひとつが、ワドキン・バーズグリーンというイギリスの高名な機械メーカーの製品だった。この会社は、若くて経験の浅いインダストリアル・デザイナーを社内に招き入れ、業務用の木工機械の改良に取り組んでいた。私は、夏いっぱいをかけて、見た目の美しい丸のこや使いやすい面取り盤の図面やモデルを作製した。評判は上々だった。三〇年が経った今でも、工場で私の作品を見かける機会があるだろう。しかし、ワドキン・バーズグリーン社を目にする機会はもうない。かなり前に廃業したからだ。私はデザイナーとして、重要なのは機械のデザインではなく木工業界の未来なのだという点に気付いていなかった。

次第に、私はデザインが持つ「鎖の輪」ではなく「車輪のハブ」としての力に気付きはじめた。誰もが同じ格好をし、同じ行動を取り、同じ言葉を話す、アートスクールという守られた世界を飛び出し、ビジネスの世界に飛び込んだとき、私は実際にデザインを行なうことよりも、「デザインとは何か」をクライアントに説明することの方にずっと時間を取られた。私は、相手とは異なる行動原理に基づいて世界と向き合っていることに気付いた。その混乱は、私の創造性や生産性の妨げになった。

また、私は必ずしもデザイナーだけから刺激を受けているわけではないということにも気付いた。イザムバード・キングダム・ブルネル、トーマス・エジソン、フェルディナント・ポルシェといったエンジニアたちは、みな技術中心ではなく人間中心の世界観を持っているようだった。ドナルド・ノーマンなどの行動科学者たちは、なぜ世の中の製品がこれほど不必要に複雑なのかという疑問を抱いた。アンディー・ゴールズワージーやアントニー・ゴームリーなどのアーティストたちは、人々と芸術作品を一体化させた。スティーブ・ジョブズや盛田昭夫といったビジネス・リーダーたちは、唯一無二で価値ある製品を生み出していた。「天才」や「ビジョナリー」という高邁な言葉の裏側には、デザイン思考の原理に対する基本的な献身があることに気付いた。

数年前、シリコンバレーには珍しくない周期的な不況が訪れたとき、私は同僚たちとともに、IDEOを世界に役立つ価値ある企業として保ちつづける方法を探った。IDEOのデザイン・サービスは高い注目を集めていたが、一般的な意味の「デザイン」とは大きくかけ離れた問題の解決を迫られることも多くなっていた。医療機関からは組織の再編の依頼を受けていたし、創業一〇〇年のメーカーからは顧客をより深く理解するためのアドバイスを求められていた。とある一流大学からは、学習環境の転換を求められていた。私たちはこれまで慣れ親しんだ居心地のよい場所から引きずり出されようとしていたが、その一方で世界により大きなインパクトを与える新たな機会が巡ってきたことに興奮してもいた。

私たちは、ライフスタイル雑誌の誌面や現代アートの美術館の台座を飾る彫刻の「オブジェ」から脱却するという意味を込めて、この新たな分野を「design with a small d（dが小文字のdesign）」と呼ぶことにした。しかし、この言葉は今ひとつ物足りなかった。そんなある日、私はスタンフォード大学の教授でIDEOの創始者でもある友人のデイヴィッド・ケリーと話をしていた。彼は、デザインについて誰かに尋ねられるたびに、「思考《シンキング》」という言葉を補ってデザイナーの仕事を説明するのだという。その「デザイン思考」という言葉がしっくりときたのだ。現在、私は多種多様な人々の手で幅広い問題に応用できる一連の原理をあらわすのに、「デザイン思考」という言葉を使っている。私はすっかり改心し、今ではデザイン思考の布教に精を出している。

そして、このような考えを持っているのは私だけではない。今日の先進企業は、完成済みのアイデアをより魅力的にするのがデザイナーの仕事とは考えていない。むしろ、開発プロセスの初期にアイデアを生み出すようデザイナーに求めはじめている。前者はどちらかといえば戦術的な役割だ。既存の物事をベースにして、それをもう一歩先へと進めるわけだ。一方、後者は戦略的な役割だ。「デザイン」をスタジオの中から引っ張り出し、競争を一変させるデザインの潜在的な破壊力を解き放つのだ。今や世界の先進企業の重役会議にデザイナーの姿が見られるのも不思議ではない。デザインは、思考プロセスのひとつとして、上流に移りつつあるのだ。

さらに、デザイン思考の原理は、新製品を開拓している企業だけでなく、幅広い組織に応用できる。昨年の新製品に改良を加えるのが優秀なデザイナーなら、経験豊富なデザイン思考家たちは、分野の垣根を超えて連携し、より複雑な問題に立ち向かっている。デザイン思考は、小児肥満から、防犯、気候変動まで、現代の卓上本の紙面を飾るうっとりするようなオブジェとは似ても似つかない、さまざまな問題に応用されはじめているのだ。

デザインへの関心が高まっている理由は明らかだ。発展途上国の経済活動の中心が、工業生産から知識の創造やサービスの提供へと必然的に移るにつれて、イノベーションはまさに生き残るための戦略となっている。さらに、もはや物理的な新製品の投入だけがイノベーションとはいえない。イノベーションには、新しい形のプロセス、サービス、インタラクション、娯楽、コミュニケーション、コラボレーションなども含まれるようになったのだ。これらはまさに、デザイナーたちが日々取り組んでいる人間中心の課題である。現代のビジネス・リーダーたちはますます「デザインはデザイナーに任せておくには重要すぎる」と考えるようになっている。「デザイン施行《ドゥーイング》」が「デザイン思考《シンキング》」へと進化を遂げているのは当然の流れなのだ。

本書は二部構成になっている。パート1では、デザイン思考の主要な段階をご紹介したいと思う。といっても、本書は「ハウツー本」ではない。デザイン思考のスキルは、実践から習得するのが一番だからだ。本書の目的は、優れたデザイン思考の原理や手法を見分けるのに役立つ「枠組み」をお届けすることだ。第6章で説明するように、デザイン思考は、「物語」という豊かな文化の中でこそ力を発揮する。その精神に立ち、IDEOをはじめとしたさまざまな企業や組織の物語を紹介しながら、デザイン思考の考え方を探っていきたいと思う。

本書のパート1では、ビジネスに応用できるデザイン思考に焦点を当てる。世界のもっともイノベーティブな企業でデザイン思考がどう実践されてきたのか。デザイン思考によって、どのように画期的なソリューションが生み出されてきたのか。そして、どんなときにやりすぎになってしまったか（前人未踏の成功例ばかりを紹介するビジネス本は、「フィクション」の棚にふさわしい）。パート2では、全員に「大きく考える《シンク・ビッグ》」きっかけを提供したい。ビジネス、市場、社会という人間の三つの主な活動分野を例に取りながら、デザイン思考を応用し、私たち全員が抱える問題に立ち向かう新たなアイデアを生み出す方法について説明したいと思う。あなたがホテルの経営者なら、デザイン思考は「おもてなし」の性質そのものを見直すきっかけになるだろう。慈善団体で働いているなら、デザイン思考は相手のニーズを理解する手がかりになるだろう。あなたがベンチャー・キャピタリストなら、デザイン思考は未来をのぞき込む道具になるはずだ。

見方を変える

私は、ハーパー・ビジネスの優秀な担当編集者、ベン・レーネンから、正式な目次がないと正式な本にはならないというアドバイスを受け、なんとかその言葉に従った。しかし、正直なところ、私の見方は少し異なる。デザイン思考の肝は、さまざまな可能性を探ることだ。そこで、私は冒頭で、本書の内容を視覚化する別の方法を読者のみなさんに紹介しようと考えた。確かに直線的思考が必要な場合もあるが、ＩＤＥＯではある手法を使ってアイデアを視覚化することも多い。それが、長く豊かな歴史を持つ「マインドマップ」だ。

直線的思考が「順序」だとすれば、マインドマップは「つながり」だ。この視覚的な表現を用いると、さまざまなトピック同士の関連性が分かりやすくなり、全体をより直感的に理解できる。さらに、アイデアの最適な表現方法を考えるのにも好都合だ。ベンのように直線的思考が好きな読者は、ぜひ目次を利用してほしい。しかし、もう少し冒険好きな読者は、本書の内容を一目で確認できる冒頭のマインドマップを利用してほしい。興味のあるセクションに直接移動したり、戻ったりできる。また、デザイン思考のさまざまなトピック同士の関係を理解したり、ここに記載されていないトピックについて考えたりするきっかけにもなるだろう。

経験豊富なデザイン思考家なら、このマインドマップを見ただけで、私の考えが飲み込めるはずだ。そのほかのみなさんにとっては、以下の章が、デザイン思考の世界や、価値ある変化を引き起こすデザイン思考の潜在能力を理解する貴重な足がかりとなるだろう。そのときは、ぜひ連絡してほしい。

二〇〇九年五月、カリフォルニア州パロアルトにて
ティム・ブラウン

パート1　デザイン思考とは何か？

第1章　デザイン思考を知る
――デザイン思考はスタイルの問題ではない

二〇〇四年、日本の大手自転車部品メーカーのシマノは、アメリカで従来から展開していた高級自転車ロードレースおよびマウンテン・バイク部門で伸び悩んでいた。それまで、シマノは新たなテクノロジーを成長の原動力にし、次世代のイノベーションを先取りするために、大規模な投資を行なってきた。市場の変化に直面し、何か新しいことに挑戦すべきだと考えたシマノは、IDEOに協力を仰いだ。

その結果、数十年前、あるいは数年前でさえ考えられなかったようなデザイナーとクライアントの協力関係が生まれた。IDEOは、技術仕様のリストや、市場調査の結果が詰まったバインダーを手渡され、部品のデザインを依頼されたわけではない。代わりに、シマノと力を合わせ、変化しつつある自転車市場の状況を探った。

最初の段階では、プロジェクトの正確な制約を把握するために、デザイナー、行動科学者、マーケター、エンジニアからなる異分野連携のチームを立ち上げた。チームはまず、高級市場をターゲットにするべきではないという直感を足がかりにした。そして、アメリカ成人の九〇パーセントが（子どものときは乗っていたにもかかわらず）自転車に乗らない理由について、実地調査を行なうことにした。この問題を別の角度からとらえるために、さまざまな層の消費者と時間を過ごした。すると、ひとつの事実が浮かび上がった。誰にでも子どものころに自転車に乗った楽しい想い出があるにもかかわらず、多くの人々が今では自転車に乗るのをためらっていたのだ。その原因はいくつかあった。たとえば、自転車の販売店の多くでは、スポーツウェアに身を包んだ近寄りがたいアスリートが店員を務めているし、自転車、付属品、専用ウェアは面食らうほど複雑で高額。自転車専用でない道路を走るのは危険だし、週末くらいしか乗らない精密機械をメンテナンスするのもおっくうだ。話を聞いた誰もが、タイヤのパンクした自転車やケーブルの故障した自転車をガレージに置きっぱなしにしているようだった。

自転車のファンだけでなく、シマノの中心的な顧客以外の人々からも洞察を得るという人間中心の調査によって、まったく新たな自転車のカテゴリーを発見することができた。つまり、アメリカの消費者に幼いころの経験を呼び戻す未開拓の巨大な市場が浮上してきたのだ。

デザイン・チームは、誰もが見覚えのある昔のシュウィン製のコースター・バイクにヒントを得て、「コースティング（惰走）」というコンセプトを思い付いた。これにより、自転車に乗らなくなって久しい人々に、シンプルで、単純で、健康的で、楽しい体験を取り戻させることができるのではないか。スポーツ向けではなく遊び向けに作られたコースティング・バイクには、ハンドルにブレーキ類が一切なく、フレームの上を這い回るケーブルもない。定期的に清掃、調節、修理、交換する必要のある複雑な精密ギアもない。初期の自転車と同じように、逆向きにペダルを漕ぐとブレーキがかかる。快適なクッション付きサドル、直立ハンドル、パンクに強いタイヤを搭載していて、メンテナンスもほとんど不要。しかし、ただのレトロな自転車ではない。自転車のスピードに応じて自動的にギアが変わる、高度な変速技術が搭載されているのだ。

トレック、ラレー、ジャイアントという大手メーカー三社が、シマノのイノベーティブな部品を搭載した新型自転車の開発に乗り出した。しかし、チームは追求の手を止めなかった。「デザイナー」なら、自転車をデザインしたところでプロジェクトを終えていただろうが、全体を見据える「デザイン思考家」は、もう一歩先に進んだ。自転車の販売店に対して、店舗内の販売戦略まで立案したのだ。その目的は、自転車ファン向けの店内で一般客が感じがちな気まずさを和らげることだった。チームは、「コースティング」こそ人生を楽しむ方法だと位置付けるブランドを展開した（キャッチフレーズは「ゆっくり、うろうろ。のんびり、ぶらぶら。遅いもの勝ちさ」）。さらに、地方自治体やサイクリング団体と協力し、自転車を安全に乗り回せる場所を紹介するウェブ・サイトなど、ＰＲキャンペーンを考案した。

着想から発案、実現に至るまで、プロジェクトの各段階にはほかにも数多くの人々や組織がかかわった。特筆すべきことに、本来デザイナーが真っ先に解決すべき問題、つまり自転車の外観は、開発プロセスの後半まで先延ばしにされた。後半になってようやく、チームは「リファレンス・デザイン」を作製して、実現可能な内容を明確にし、自転車メーカー内のデザイン・チームに発想を与えた。この自転車は、発売されると好評を博し、一年後には新たに七社のメーカーがコースティング・バイクの生産に加わった。デザインはデザイン思考へと変わったのだ。

イノベーションの三つの空間

あらゆるプロジェクトをシマノのような成功に導くシンプルで簡単な秘訣を紹介したいのはやまやまだが、デザイン思考の性質から考えて、それは不可能だ。二〇世紀初頭に登場した科学的管理法の支持者とは対照的に、デザイン思考家はプロセスを進める「唯一の最善策」などないことを知っている。もちろん、効果的な開始点や便利な指標はあるが、イノベーションはいわば連続体であり、整然と順序立てられた手順というよりも、重なり合う空間全体からなるシステムと考えるべきだ。イノベーションは、三つの空間に分けて考えることができる。「着想《インスピレーション》」は、ソリューションを探り出すきっかけになる問題や機会。「発案《アイディエーション》」は、アイデアを創造、構築、検証するプロセス。そして、「実現《インプレメンテーション》」は、アイデアをプロジェクト・ルームから市場へと導く行程だ。チームがアイデアを改良したり、新たな方向性を模索したりするあいだに、プロジェクトがこの三つの空間を何度も行き来することもある。

このプロセスは反復的で非直線的な性質を持つ。それはデザイン思考家が無秩序で支離滅裂だからではない。基本的に、デザイン思考は探求のプロセスだ。うまくいけば、途中で必ず予期せぬ発見があるはずだ。そして、その発見の意味を汲み取ることが重要だ。発見の多くは進行中のプロセスにすんなりと組み込むことができるが、時には根本的な前提を見直すきっかけになる場合もある。たとえば、プロトタイプの検証中に、消費者が与えてくれた何気ないヒントがきっかけで、より興味深く、将来性があり、利益性の高い市場が目の前にあることに気付くかもしれない。その場合は、当初の計画に執着するのではなく、根本的な前提を改良したり見直したりするべきだ。コンピューター業界の言葉を借りれば、このアプローチはシステムの「リセット」ではなく、価値ある「アップグレード」と見なすべきなのだ。

このような反復的なアプローチの欠点は、一見するとアイデアを商品化するまでに余計な時間がかかるということだ。しかし、これはたいてい視野の狭い見方だ。むしろ、状況がはっきりと理解できているチームは、何の成果にもつながらないと知りながら、無理に次の論理的な手順を踏まなくてすむ。私たちは、アイデアに見込みがないことがあとで明らかになり、経営陣から中止を命じられたプロジェクトをいくつも見てきた。開始から数カ月や数年が経ってプロジェクトが中止されれば、資金的にも士気的にも大打撃となる。一方、柔軟なデザイン思考家のチームは、それこそ一日目からプロトタイプを製作し、改良を重ねていく。ＩＤＥＯには、「早めの失敗は成功への早道」という合い言葉があるくらいだ。

オープンエンドで、自由奔放で、反復的なデザイン思考のプロセスは、初体験の人々にはずいぶんと無秩序に映るだろう。しかし、プロジェクトが進むにつれて、デザイン思考は威力を発揮し、従来のビジネス手法の特徴であるマイルストーンベースの直線的なプロセスとはまったく異なる成果を実現できるはずだ。いずれにせよ、予測可能性は退屈さにつながり、退屈さは才能ある人材の喪失につながる。さらに、競合他社が容易に模倣できるような成果しか生み出せないだろう。したがって、実験的なアプローチを取る方が得策だ。プロセスやアイデアの共有を促し、チーム全員が互いに学び合える環境を作ることが重要なのだ。

重なり合うイノベーションの空間のもうひとつの見方として、制約について考えてみよう。美を追求するアーティストや、真実を追究する科学者にとって、一見するとプロジェクトの制約は喜ばしくない条件だ。しかし、伝説のチャールズ・イームズもよく述べていたように、制約を喜んで受け入れるのが、デザイナーというものなのだ。

制約がなければ、デザインは生まれえない。精密医療器具であれ、被災者用の緊急シェルターであれ、最良のデザインは極めて厳しい制約の中で生まれることが多い。ディスカウント小売チェーン「ターゲット」の成功がその分かりやすい例だろう。ターゲットは、以前とは比べものにならないほど低価格で、幅広い人々にデザインを提供することに成功した。マイケル・グレイヴスやアイザック・ミズラヒといった著名なデザイナーでさえも、美術館のショップで売れる数百ドルのやかんや、ブティックで売れる数千ドルのドレスをデザインするより、安価なキッチン用品や既製服を作る方がはるかに難しいのだ。

相反するさまざまな制約を喜んで（時には熱烈に）受け入れることこそ、デザイン思考の基本といえる。多くの場合、重要な制約を見分け、その制約の評価の枠組みを制定するのが、デザイン・プロセスの最初の段階だ。制約は、成功するアイデアの三つの重なり合う条件と照らし合わせると理解しやすい。それは、「技術的実現性《フィーザビリティ》」（現在またはそう遠くない将来、技術的に実現できるかどうか）、「経済的実現性《ヴァイアビリティ》」（持続可能なビジネス・モデルの一部になりそうかどうか）、「有用性《デザイアラビリティ》」（人々にとって合理的で役立つかどうか）の三つだ。

有能なデザイナーならこれら三つの制約をすべて解決しようとするだろうが、「デザイン思考家」はこの三つのバランスを取ろうとする。世界中で人気を博した任天堂Ｗｉｉはそれを見事に行なった典型例だろう。長年にわたって、ゲーム業界を引っ張っていたのは、より高度なグラフィックスや高価なゲーム機をめぐる熾烈な軍拡競争だった。任天堂は、ジェスチャー操作という新技術を利用すれば、この悪循環を抜け出し、より没入型の体験を生み出せるのではないかと考えた。つまり、グラフィックスの解像度を二の次にすることで、ゲーム機の価格を下げ、商品の利益率を上げることができた。Ｗｉｉは、有用性《デザイアラビリティ》、技術的実現性《フィーザビリティ》、経済的実現性《ヴァイアビリティ》の見事なバランスを取ることで、より魅力的なユーザー・エクスペリエンスを生み出し、任天堂に莫大な利益をもたらした。

三つの制約の平和的な共存を目指すといっても、すべての制約が対等なわけではない。プロジ

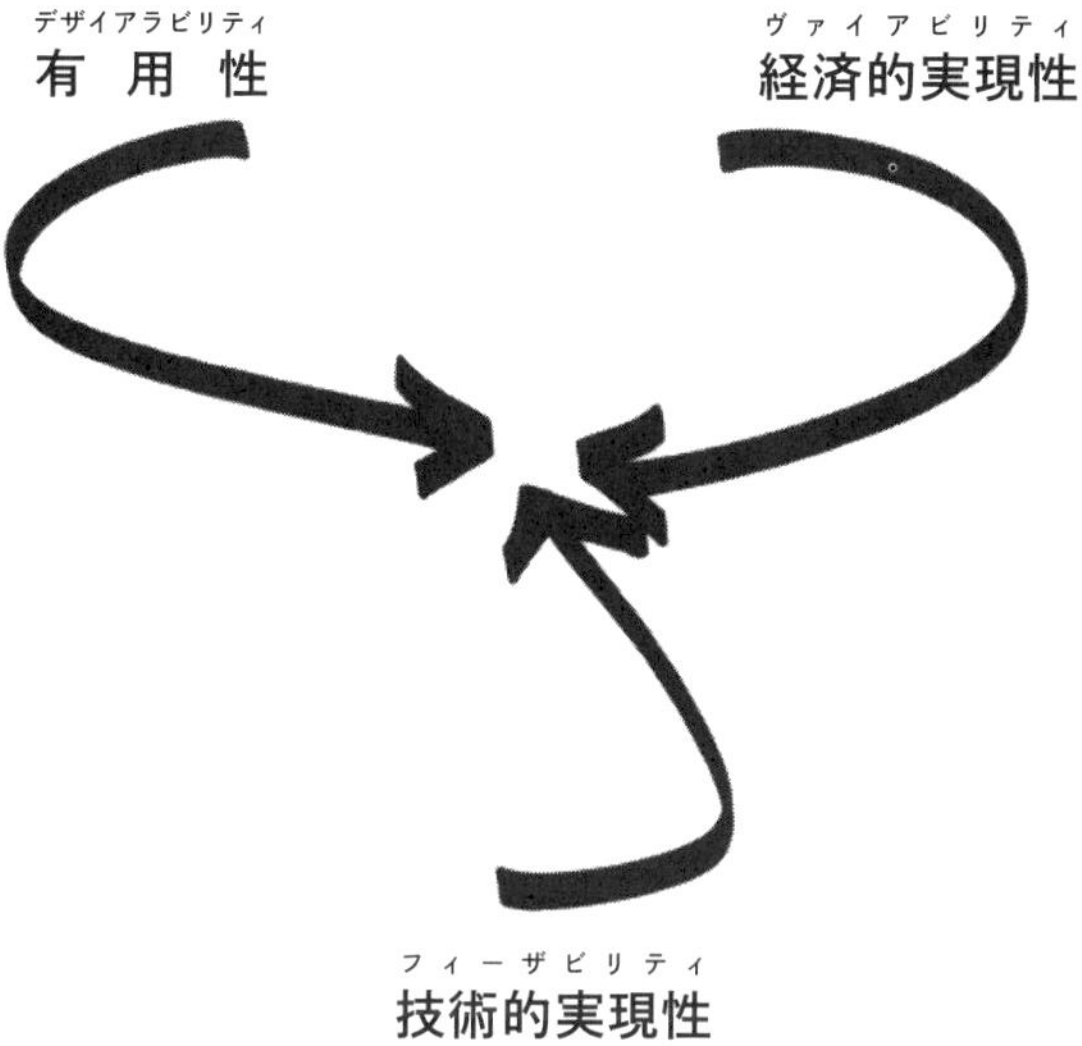

エクトによっては、テクノロジー、予算、さまざまな人的要因が特に重視される場合もあるし、組織によっても重視する要素は異なるだろう。さらに、これは単純な直線的プロセスでもない。プロジェクト期間を通じて、デザイン・チームは三つの考慮事項を何度も行き来することになるだろう。しかし、一時的な要求や人為的に操作された要求ではなく、基本的な人間のニーズに重点を置くことが、デザイン思考が通常と一線を画す部分なのだ。

　これはごく当たり前にも思えるが、現実には大半の企業が新たなアイデアを考案する際にまったく別のアプローチを用いている。当然ながら、企業は既存のビジネス・モデルの枠組みに適合するかどうか、という制約を開始点にしがちだ。ビジネス・システムは効率性優先で設計されているため、新しいアイデアは漸進的で平凡なものになりやすい。したがって、競合他社にもたやすく模倣されてしまうというわけだ。今日の市場が似かよった商品であふれ返っているのはそのためだ。最近、デパートの家庭用品コーナーを歩いたり、プリンターを買いに出かけたり、あるいは駐車場で間違って他人の車に乗り込みそうになったりしたことがあるなら、お分かりいただけるだろう。

もうひとつは、技術革新を追求するエンジニアリング企業にありがちなアプローチだ。この場合、まずは研究チームが何かを行なう新しい方法を発見する。そしてそのあとに、発見したテクノロジーを既存のビジネス・システムに組み込み、価値を築こうとするのだ。ピーター・ドラッカーの古典的な学術書『イノベーションと企業家精神』（上田惇生訳、ダイヤモンド社）でも説明されているように、テクノロジーへの依存は非常に危険だ。技術的なイノベーションが、投下した時間と資源に見合うだけの即時的な利益をもたらすケースは比較的少ない。ゼロックス・パロアルト研究所やベル研究所など、六〇～七〇年代にかけて強力なインキュベーターだった大手企業のR&D研究所が下降の一途をたどっているのも、そのためだろう。代わりに、現代の企業は、イノベーション活動をより短期的な利益の見込めるアイデアに絞っている。しかし、これは大きな誤りかもしれない。短期的な利益性に注目するあまり、イノベーションを漸進的な改良で置き換えてしまっている可能性もあるのだ。

また、組織は基本的な人間のニーズや要求を独自に判断してしまう場合がある。最悪の場合、興味を誘うだけで、結局は地元のごみ処理場行きになる、本質的な価値のない製品を作り出してしまう可能性もある。そして、デザインの批評家、ヴィクター・パパネックの率直な言葉を借りれば、「手元に金がありもしないのに、もっぱら人目を惹きたいという理由から要りもしない品物を買う」ように消費者を説き伏せるのだ。たとえ、旅行者に安全にセキュリティ・チェックを通過してもらうとか、貧困国の農村にきれいな水を届けるといった立派な目的があったとしても、先ほどの三つの制約の妥当なバランスを取るのではなく、ひとつの制約のみを満たそうとすれば、プログラム全体の持続可能性が損なわれかねないのだ。

プロジェクト

デザイナーたちは、これらの制約のひとつかふたつ、あるいは三つすべてを解決するスキルを身に付けてきた。それとは対照的に、「デザイン思考家」たちは、思考の対象を「問題」から「プロジェクト」へと移すことにより、クリエイティブな方法で三つの制約のバランスを取ろうとしている。

プロジェクトは、いわばアイデアをコンセプトの段階から実現段階へと運ぶ乗り物のようなものだ。ピアノの演奏や請求書の支払いなど、私たちが日常的に行なっている多くのプロセスとは異なり、デザイン・プロジェクトには制約やデッドラインがある。開始があり、中間点があり、終了がある。デザイン・プロジェクトを現実世界と結び付けているのは、まさにこういった制約なのだ。プロジェクトという文脈でデザイン思考を考える場合、最初に明確な目標を定めるのは必然のステップだ。それによって、自然とデッドラインが設けられ、規律が生まれる。さらに、進捗を評価し、軌道修正を行ない、今後の活動を見直す機会も生まれる。プロジェクトの目的、方向性、制限事項を明確に定義することは、クリエイティブなエネルギーを高い水準で維持するには欠かせないのだ。

　制約が功を奏した好例が、「革新あるのみ《イノベート・オア・ダイ》！　ペダルで動く機械コンテスト」だ。これはグーグル社がスペシャライズドという自転車メーカーと共同で開催したデザイン・コンテストで、自転車技術を利用して世界を変えようという謙虚な試みだ。最優秀チームの出だしは遅かった。五人の勤勉なデザイナーと熱狂的な支援者たちは、わずか数週間の慌ただしいブレインストーミングとプロトタイプ製作で、緊急性の高い問題（発展途上国に住む一一億人が清潔な水を飲めずにいるという事実）を把握し、さまざまなソリューション（移動式にするか固定式にするか、自転車の後ろにトレーラーを引くのか、既存の荷台を使うのか）を模索して、実用的なプロトタイプを製作した。そうして生まれたのが、飲み水を運びながら濾過《ろか》できる自走式の三輪車「アクアダクト」だ。現在、アクアダクトは清浄水のイノベーションを推進するために世界中を走り回っている。このチームはなぜ成功したのか。それは、テクノロジー（ペダル駆動）、予算（0ドル）、動かしようのないデッドラインという厳密な制約があったためだ。アクアダクト・チームの行なったことは、大学や企業の大半の研究室とは正反対だ。大学や企業の研究室の目的は、研究プロジェクトの期間を際限なく引き延ばすことだからだ。資金が枯渇すればプロジェクトが終了するというケースも少なくないのだ。

概要書《ブリーフ》

プロジェクトの古典的な開始点は、概要書だ。概要書は、科学的仮説と同じように、プロジェクト・チームに開始の枠組み、進捗を測るベンチマーク、実現すべき目標（価格、利用する技術、市場セグメントなど）をもたらす心理的な制約である。類似点はこれだけではない。仮説がアルゴリズムと同一ではないように、プロジェクト概要書は一連の指示を与えたり、あらかじめ疑問に答えたりするためのものではない。むしろ、思わぬ発見、予測不能性、気まぐれの余地を残すのが、ほどよい概要書なのだ。こういったクリエイティブな領域から、画期的なアイデアが飛び出す可能性があるからだ。探し物が始めから分かっているなら、探す意味などほとんどないのだ。

私がインダストリアル・デザイナーの仕事を始めた当時、概要書は封筒で配られていた。概要書はさまざまなパラメーターでがんじがらめになっていて、デザイナーにできることといえば、別のどこかで基本的なコンセプトが決められた製品に、ちょっとした化粧を施すことくらいだった。私が引き受けた最初の仕事のひとつに、デンマークの電機メーカーの新しい個人用ファクシミリをデザインするというものがあった。しかし、製品の技術的仕様は他社の提供する部品で占められていたので、技術的実現性《フィーザビリティ》は動かしようがなかった。「経営陣」が既存の市場をターゲットにしていたため、経済的実現性《ヴァイアビリティ》も決まりきっていた。有用性《デザイアラビリティ》さえも、前例に基づいてほぼ決まっているようなものだった。ファクシミリといえば、誰もがまず同じ外観を思い浮かべるからだ。工夫の余地などほとんどなく、私にできることといえば、せいぜいほかのデザイナーよりも秀でたマシンをデザインすることくらいだった。そして、どのデザイナーも私と同じことを考えていた。当然、業界に精通する企業が増えるにつれ、競争はますます熾烈になっていった。この状況は長年にわたって変わっていない。最近、業を煮やしたあるクライアントは、こう嘆いた。「われわれは、一パーセントにも満たない市場シェアのために死にものぐるいになっている」。こうした状況は、必然的に利益率や価値の低下へとつながる。

家電量販店を訪れれば、その証拠を目にすることができるだろう。煌々と光る蛍光灯のもと、何千点もの商品が棚に陳列され、私たちの注目を奪い合っている。しかも、商品の違いといえば、意味は理解できてもとうてい不必要な機能ばかりだ。スタイリッシュで印象的な外観やパッケージは目を惹くが、所有体験や利用体験を向上させる効果はほとんどない。あまりに抽象的なデザイン概要書は、プロジェクト・チームを五里霧中に追いやる危険性があるが、最初の制約があまりに厳しすぎると、結果は必ずといっていいほど漸進的で平凡なものになる。すると、デザイン業界は経済学者のいう「底辺への競争」にさらされる。経済学が「陰気な科学」と呼ばれたのも無理はないだろう。

優れた概要書は、目標を高く掲げ、大成功する組織とほどほどにしか成功しない組織を分ける場合もある。プロクター・アンド・ギャンブル（Ｐ＆Ｇ）社がその好例だ。二〇〇二年、同社はデザインをイノベーションと成長の原動力とするイニシアティブを打ち立てた。最高イノベーション担当責任者のクローディア・コチカのもと、Ｐ＆Ｇの各部門は同社の強みとして知られる技術的なＲ＆Ｄ活動に、デザイン主導のイノベーションを加えた。

Ｐ＆Ｇのホームケア部門のＲ＆Ｄ担当責任者を務めるカール・ロンは、デザイン主導のアプローチの可能性を早くから見出したシニア・エグゼクティブのひとりだった。彼の目標は、既存の製品やブランドに漸進的な改良を加えることではなく、劇的な成長をもたらすイノベーションを促進することだった。そこで、彼は自由と制約のバランスが見事に取れた概要書を携えてＩＤＥＯを訪れた。それは「毎日の掃除《エブリデイ・クリーン》」という謎めいたスローガンのもと、浴室の清掃に革新をもたらすという内容だった。ロンは、自社の研究所が開発した最新のテクノロジーを取り入れて流線型や尾翼型のパッケージを作ってほしいとチームに指示したわけでもなければ、既存の市場シェアを数パーセント押し上げてほしいと依頼したわけでもない。概要書を過度に具体的にすることなく、チームに現実的な目標を立てるきっかけを与えてくれた。かといって、過度に抽象的にすることもなく、コンセプトを独自に解釈し、探求や発見を行なう余地を残してくれた。

プロジェクトが進行し、さまざまな洞察がたまっていくにつれて、私たちはいくつかの制約を追加して、当初の計画を修正すべきだと考えた。つまり、価格帯を見直し、「電気モーターを使わない」という制約を追加したのだ。健全で、柔軟で、流動的なプロセスでは、このような軌道修正は一般的で自然なことだ。最初の概要書を修正することで、ロンはビジネスにふさわしいコストや複雑さを定めることができた。

同時に、当初の計画を継続的に見直すことで、プロジェクト・チームは技術的実現性《フィーザビリティ》、経済的実現性《ヴァイアビリティ》、有用性《デザイアラビリティ》の適切なバランスを取ることができた。およそ一二週間で、なんと三五〇もの製品コンセプトと六〇以上のプロトタイプが生まれ、三つのアイデアが開発段階まで進んだ。そして一八カ月後、そのひとつである洗剤やスポンジ、ブラシのブランド「ミスター・クリーン・マジック・リーチ」が生産までこぎ着けた。定められた条件をひとつ残らず満たす、多機能な清掃用具だ。

私が言いたいのは、デザイン思考はテーブルの両側にいる人々が実践すべき原理だということだ。つまり、デザイン・チームはもちろんのこと、クライアントの参加も欠かせない。ＩＤＥＯを意気揚々と訪れ、「次なるｉＰｏｄを作ってくれ」と言い放つクライアントは数知れないが、それを聞いたデザイナーたちが「それなら次なるスティーブ・ジョブズを用意してくれ」と（小声で）つぶやくのも同じくらい耳にしている。適度な制約が設けられたデザイン概要書は、画期的なアイデアに沸き立つチームを生み出すが、過度に抽象的または制限的なデザイン概要書は、既存のアイデアを無気力に改良するチームしか生み出さない。これは大違いだ。

賢いチーム

プロジェクトの次なる要素は、「プロジェクト・チーム」だ。ひとりで作業することも可能だが（シリコンバレーのガレージは、次世代のウィリアム・ヒューレットやデイヴィッド・パッカードになろうと夢見る孤高の発明家でいっぱいだ）、今日のプロジェクトはその大半が複雑なので、個人作業は急速に隅に追いやられている。インダストリアル・デザイン、グラフィック・デザイン、建築といった従来のデザイン分野でも、近年ではチーム作業が一般的だ。自動車メーカーでは、ひとつの新モデルに数十名のデザイナーがかかわっている。新しい建物には、数百名の建築家がかかわっている。今やデザインは幅広い問題に対応するようになり、イノベーション・プロセスの上流に移動しはじめている。スタジオに籠もりながら、「形態《フォーム》と機能《ファンクション》」の関係について黙々と考える孤独なデザイナーは、異分野連携のチームに敵わなくなっているのだ。

　優れた形態の作り手であるデザイナーへの尊敬の念はなくならないだろうが、近年ではデザイナーが心理学者、エスノグラファー（訳注／実地調査を通じて人々の行動や生活習慣を観察するエスノグラフィー調査を行なう担当者）、エンジニア、科学者、マーケティングやビジネスの専門家、ライター、映画制作者と協力するのは日常的な光景だ。こういった学問や分野は、かねてから新製品や新サービスの開発に貢献してきた。しかし、IDEOでは、こういった人々を同じチーム、同じ空間、同じプロセスの中で連携させている。経営学修士（ＭＢＡ）たちが、学問の垣根を超えて美術学修士（ＭＦＡ）や博士（もちろん、時にはＣＥＯ、ＣＦＯ、ＣＴＯ）と協力し合うようになるにつれて、活動や任務の境界はますますあいまいになっていくだろう。

ＩＤＥＯには、「いかなる個人よりも全員の方が賢い」という有名な格言がある。そして、これこそが組織の創造力を解き放つ鍵となる。私たちは、従業員に素材、行動、ソフトウェアに関する専門的なアドバイスを求めるだけではなく、三つのイノベーション空間（着想、発案、実現）のすべてに積極的にかかわるよう求めている。しかし、多彩な経歴や専門分野を持つ人々をプロジェクトに参加させるには、忍耐が必要だ。それぞれの専門知識に自信を持ちながらも、その垣根を超える心構えをも持った個人を見つけなければならないからだ。

個人が異分野連携的な環境で能力を発揮するには、二次元の強みを持っている必要がある。つまり、マッキンゼー・アンド・カンパニーによって有名になった「Ｔ型人間」でなければならないのだ。縦軸は、プロジェクトの結果に対して明確な貢献をもたらす専門的な技術を持っているかどうかを指す。コンピューター研究所であれ、機械工場であれ、建築現場であれ、この能力を身に付けるのは難しいが、このような能力を持った人を見つけるのはそれと比べればまだ易しい。もちろん、文字通り何千枚もの履歴書をかき分ける必要があるかもしれないが、その労力に見合う見返りはある。

しかし、それだけでは十分とはいえない。技術者、職人、研究者として一人前の腕を持つデザイナーの多くが、現代の複雑な問題を解決する上で避けては通れない、乱雑な環境を生き抜くのに苦労している。彼らは確かに価値ある役割を果たしているが、デザインの実行という下流工程の世界で生きる運命にある。それとは対照的に、デザイン思考家は、「Ｔ」の横軸を備えた人々だ。心理学を学んだ建築家、ＭＢＡを取得したアーティスト、マーケティング経験を持つエンジニアなどがその例だ。クリエイティブな組織は、その能力はもちろん、分野の垣根を超えて共同作業する資質をも兼ね備えた人材を常に探している。これこそが、単なる「複数分野《マルチディシプリナリー》」のチームと、「異分野連携《インターディシプリナリー》」のチームの違いなのだ。単なる複数分野のチームでは、一人ひとりが自分の専門分野を擁護するため、折衝が長引き、中途半端な妥協に落ち着くことが多い。しかし、異分野連携のチームでは、アイデアが全員で共有され、一人ひとりがそのアイデアに対して責任を負うのだ。

チームのチーム

デザイン思考は、集団思考とは正反対の考え方だが、面白いことに集団で行なわれる。「集団思考」は、ウィリアム・Ｈ・ホワイトが一九五二年にフォーチュン誌で説明したように、人々の創造性を抑制することが多い。一方、デザイン思考は創造性を解き放つ。有能で、楽観的で、協力的なデザイン思考家が集まると、化学変化が起き、予期せぬ作用や反応が生まれる場合もある。

しかし、そこまでたどり着くためには、このエネルギーを効率よく送り込まなければならない。それを実現するひとつの方法は、巨大なチームをひとつ作るのではなく、小さなチームをたくさん作るというものだ。

巨大なクリエイティブ・チームで仕事を行なうことも珍しくないが、それはほとんどの場合、プロジェクトの実現段階の話だ。一方、着想段階では、小規模で集中的なグループが必要になる。こういったグループの仕事は、全体の枠組みを形作ることだ。一九八四年八月、マツダのチーフ・デザイナーの俣野努《またのつとむ》が経営陣にミアータ（日本ではロードスター）のコンセプトを提案したとき、彼の仲間はふたりのデザイナー、ひとりのプロダクト・プランナー、そして数人のエンジニアだけだった。しかし、プロジェクトの終了間際には、チームは三〇〜四〇名にまで膨れ上がっていた。建築、ソフトウェア、エンターテインメントの巨大プロジェクトでも同じことがいえる。次に映画をレンタルする機会があったら、クレジットで制作準備段階にかかわった人々を確認してみてほしい。基本的なコンセプトを開発したのは、監督、脚本家、プロデューサー、美術監督の少数チームであるはずだ。「援軍」が到着するのは、それよりずっとあとなのだ。

目的がシンプルで明確なら、このアプローチは有効だ。問題がより複雑な場合は、中核チームの人数を最初から増員したいと思うかもしれないが、創造プロセスよりもチーム内のコミュニケーションに時間が取られてしまい、スピードや効率が大幅に低下する場合が多い。では、どのような代案が考えられるだろう。少数精鋭チームの効率性を保ちながら、より複雑なシステム・レベルの問題に立ち向かうには、どうすればよいか。新たなテクノロジーを適切にデザインして賢く導入すれば、少数チームの能力を発揮する助けになることが明らかになってきている。

デジタル・コラボレーションの利点は、分散する巨大なチームを築き上げられることではない。巨大なチームを作れば、解決しようとしている政治的・官僚的な問題はかえって複雑化するだけだろう。むしろ、私たちの目標は、少数チームの相互扶助ネットワークを築くことだ。その好例が、オンラインでイノベーションを募る世界的企業、イノセンティブだ。Ｒ＆Ｄで問題を抱える会社がイノセンティブ社のネットワークに課題を投稿すると、数万人の科学者、エンジニア、デザイナーに公開され、解決策が提案される仕組みだ。つまり、分散型、分権的、相互扶助型のネットワークであるインターネットは、新たな形態の組織を築き上げる「手段」というよりも「モデル」なのだ。オープンソースでオープンエンドなインターネットを利用すれば、ひとつの問題に数々の少数チームのエネルギーを注ぎ込むことができるのだ。

先進企業は、もうひとつ似たような問題と格闘している。複雑で多国籍なサプライ・チェーン、テクノロジー・プラットフォームの急激な変化、さまざまな消費者団体の突発的な誕生や消滅など、われわれを取り巻く問題が複雑化するにつれ、数多くの専門家の関与が欠かせなくなる。さまざまな専門家の手を借りるのは、物理的に同じ場所に集まっている場合でも十分に大変だが、世界中に点在する専門家から重要なアドバイスが必要な場合には、いっそう大変になる。

こういったリモート（遠隔）コラボレーションの問題を解決するために、数々の試みが行なわれている。テレビ会議は、一九六〇年代に発明されたが、八〇年代になってデジタル電話網が技術的に実現してから、急激に広まった。ようやく最近になって、テレビ会議はリモート・コラボレーションの効果的な手段として、定着の兆しを見せている。一方、電子メールは、集団作業にはほとんど役立っていない。インターネットは、情報の移動には役立っているが、人々をまとめる効果はほとんどない。クリエイティブ・チームは、言語的にはもちろん、視覚的・物理的にも思考を共有する必要がある。私は、メモを取るのがあまり得意ではない。むしろ、誰かがホワイトボードにスケッチをしたり、ポスト・イットにメモを書いたり、壁にポラロイド写真を貼ったり、床に座って簡単なプロトタイプを製作したりしている部屋にいたいと思うタイプだ。しかし、このように互いのアイデアをその場でやり取りする代わりとなりうるリモート・コラボレーション・ツールはいまだに聞いたことがない。

これまで、遠く離れたグループに関するイノベーション活動では、「クリエイティブ・チームの原動力とは何か」、「どうやってグループのコラボレーションをサポートするか」といった内容が理解されてこなかった。データの保存・共有や、体系的な会議の実施といった機械的な作業に重点が置かれ、「アイデアを生み出す」、「コンセンサスを築き上げる」といった、はるかに複雑な作業はおざなりにされてきた。しかし、最近では明るい変化の兆しが見られるようになっている。ソーシャル・ネットワーキング・サイトの登場によって、短期的な見返りがなくても、人々はコミュニケーションを図り、共有した上で、「発信」することが分かってきた。ツイッターやフェイスブックは、いかなる経済モデルでも予測できない成功を遂げた。ヒューレット・パッカードやシスコシステムズが開発中の新たな「テレプレゼンス」システムなどの技術的イニシアティブは、現在のテレビ会議システムに大きな飛躍をもたらすだろう。

それより小規模なツールも数多く出回っている。「常時接続」のビデオ・リンク（通称「ワームホール」）を利用すれば、さまざまな場所にいるチーム・メンバーと好きなときに対話を行なったり、別の街、州、大陸にいる専門家に連絡を取ったりできる。よいアイデアがタイミングよく浮かぶとは限らないし、せっかく浮かんでも、週一回のミーティングとミーティングのあいだにしぼんで消えてしまう場合もあるため、この機能は重要なのだ。メッセンジャー、ブログ、ウイキも、チームが発想やアイデアを公開・共有する新たな手段となる。チームの誰かに中学生の家族でもいれば、高額なITサポート・チームの手を借りなくてすむのが利点だ。これらのツールは、どれもほんの一昔前まで存在しなかったものだ（テクノロジー分野のビジョナリー、ケヴィン・ケリーが指摘しているように、われわれが現在知る形のインターネットでさえ誕生から当時まだ数千日しか過ぎていなかった）。これらすべてが、コラボレーションに関する新しい実験、そしてチーム同士のインタラクションに関する新たな発想へとつながっている。組織でデザイン思考について真剣に取り組む人々なら、こういったツールの活用を推奨するはずだ。

イノベーションの文化

グーグルのオフィスにはすべり台、ピンクのフラミンゴ、実物大の恐竜がある。ピクサーには海の家がある。ＩＤＥＯでは一触即発でフィンガーブラスター（やわらかいゴムの弾を飛ばすおもちゃの弓矢）の大戦争が始まるだろう。

いずれの企業も、クリエイティブな文化では有名だ。そして、その証拠に気付かない方が難しい。しかし、こういったイノベーションのシンボルは、あくまでもシンボルでしかない。クリエイティブであるために必要なのは、会社が普通と違っていたり、風変わりであったり、北カリフォルニアに所在したりすることではない。本当に必要なのは、実験を行ない、リスクを冒し、能力を最大限に発揮できる社会的・空間的な環境だ。せっかく頭脳明晰なＴ型人間を探し出し、異分野連携のチームを立ち上げ、チーム同士のネットワークを築いても、仕事が最初から決められている環境で働かされるのなら、ほとんど意味がない。組織の物理的な空間と心理的な空間の組み合わせによって、働く人々の生産性が決まるのだ。

前もって許可をもらうのではなく、あとから許可を求める方がよいとされる文化、つまり成功には報酬を与えるが、失敗しても許される文化は、新たなアイデアを生み出す際のひとつの大きな障害を取り除く。二一世紀に必要なのは適応力とたゆみないイノベーションであるというゲイリー・ハメルの主張が正しいとすれば、創造性をウリにする組織は、それを反映・強化する環境を育む必要がある。規則を緩和するということは、人々に愚かな行為を許すことではなく、人々に全員の役割を許すということだ。これは、多くの企業が躊躇するステップだ。しかし、従業員が断片化されていると、組織自体も断片化されている場合が多い。私は、〝クリエイティブ〟なはずのデザイナーが会社の中で孤立してしまっているケースを数多く目撃している。当のデザイナーはスタジオの中で悠々自適な時間を過ごしているかもしれないが、その結果、組織から隔離され、さまざまな角度からの創造活動が難しくなる。つまり、そのようなデザイナーは他者の持つ知識や専門技術から切り離されてしまう一方、ほかの同僚たちは、「自分たちはビジネス・スーツと厳格なビジネス倫理の世界に生きているつまらない人間だ」というメッセージを受け取り、やる気をなくしてしまう。もしデザイナー、マーケター、エンジニアが同じテーブルについていれば、アメリカの自動車産業は市場の変化に迅速に対応できていたかもしれない。

アメリカの社会科学では、「まじめな遊び《シリアス・プレイ》」という概念には長く豊かな歴史があるが、マテル社のアイヴィー・ロスほど、この言葉を実践的な意味で理解している人はいないだろう。同社の女の子向けプロダクト・デザイン担当上級副社長のロスは、社内のさまざまな部門同士のコミュニケーションや連携が滞っていることに気付いた。この問題を解決するために彼女が考案したのが、「カモノハシ」プロジェクトだ。これは一二週間にわたる実験のコードネームで、社内各所から参加者を別の場所に集め、独創的な新製品のアイデアを生み出すというものだ。ロスはファースト・カンパニー誌に次のように話した。「ほかの会社には精鋭チーム《スカンクワークス》が設けられていますが、私たちのプロジェクトはその名も〝カモノハシ〟です。カモノハシを辞書で調べると、〝さまざまな種の珍妙な寄せ集め〟と書かれていたので、ぴったりだと思ったのです」

実際、このプロジェクトには、経理、マーケティング、エンジニアリング、デザインなど、マテル社のこれ以上ないといっていいほど多様な〝種〟が集まった。参加の唯一の条件は、三カ月間、「カモノハシ」プロジェクトにフルタイムで身を捧げること。新製品を開発した経験や創作の教育を受けた経験がある人はほとんどいなかったため、最初の二週間は「創造性のブート・キャンプ」に当てられた。ブート・キャンプでは、児童の発育から集団心理学まで、さまざまな分野の専門家の話を聞き、即興劇、ブレインストーミング、プロトタイプ製作など、幅広いスキルを身に付ける。残りの一〇週間で、女の子の遊びの新たな方向性を探り、イノベーティブな製品コンセプトを考案する。期間が終わるころには、経営陣にアイデアを提案する準備が整っているというわけだ。

カモノハシ・プロジェクトは、カリフォルニア州エル・セグンドにある本社の「陰」で行なわれたが、企業のあらゆるルールに疑問を投げかける場となった。ロスは定期的に新たなチームを結成し、日常業務ではできない実験をする環境を作り出した。彼女の思惑どおり、カモノハシの卒業生の多くが、このプロジェクトで学んだ手法やアイデアを利用すると心に決めて、それぞれの部門に戻っていった。しかし、生産性を重視する文化に戻ると、アイデアを実践するのは容易ではなかった。不満を募らせる者はおろか、ついには会社を去る者までいた。

つまり、厳選された人々を、スカンクであれカモノハシであれ、危険を厭わない生物向けの環境に呼び集めるだけでは十分とはいえないのだ。確かに、想像力を解き放つ効果はあるが、再び組織に戻る手はずも整えておくべきだ。Ｐ＆Ｇのクローディア・コチカは、「クレイ・ストリート」プロジェクトを考案したとき、その必要性を理解していた。シンシナティのダウンタウンのロフト・ビルにちなんで名付けられたクレイ・ストリート・プロジェクトでは、プロジェクト・チームが日々の雑務から離れ、デザイナーの思考を実践できる。クレイ・ストリートの考え方では、ヘアケアやペットケアなどの各部門がプロジェクトの資金と人材を提供し、特に有望なアイデアを考案したチームは、アイデアの実現・展開を支援される。この温室のような環境で、古びたハーバルエッセンス・ブランドは斬新な新製品群に生まれ変わり、好評を博した。クレイ・ストリートの卒業生は、新たなスキルやアイデアを身に付けて各部門に戻り、会社の完全な後押しのもと、そのスキルやアイデアを活用できるというわけだ。

プロセスの推進に役立つ物理的空間

時に、デザイン思考は手を出しづらいほど抽象的に見えるが、その本質は思考の「具体化」である。もちろん、チームやプロジェクトを通じて具体化されることもあるが、イノベーションの物理的空間の中で具体化されることもある。会議やマイルストーンを重視する文化では、創造プロセスの中心にある探求や反復といったプロセスを促進するのが難しい場合もある。幸い、施設《ファシリティ》を利用できれば、物事を迅速化する《ファシリテート》ことができる。IDEOでは、プロジェクトの期間中、チームに専用の「プロジェクト・ルーム」を割り当てる。ひとつの部屋では、あるグループがクレジット・カードの将来について考えている。隣の部屋では、あるチームが入院患者の深部静脈血栓症を予防する機器の考案に取り組んでいる。別の部屋では、ビル&メリンダ・ゲイツ財団の依頼で、インド農村部への安全な飲料水の供給システムの計画を練っている。こうしたプロジェクト・スペースには、たまっていく調査資料、写真、ストーリーボード、コンセプト、プロトタイプをいつでも参照できるよう、十分な広さが設けられている。これらのプロジェクト資料を一度に確認できるようにすることで、資料をファイル・フォルダー、ノート、パワーポイントのスライドとして保管しておくよりもはるかにすばやくパターンを見つけ出し、クリエイティブな綜合力を促すことができるのだ。プロジェクト・スペースを適切に設置し、プロジェクト専用のウェブ・サイトやウィキを利用してチーム・メンバーが外出中でも連絡を取り合えるようにすれば、メンバー同士の連携や、社外パートナーやクライアントとのコミュニケーションが楽になり、チームの生産性を大幅に向上させることができる。

このようなプロジェクト・スペースは創造プロセスにおいて非常に重要なので、IDEOのクライアントにもできるだけ輸出している。たとえば、P&Gはオハイオ州シンシナティにイノベーション・センター「ジム」を設立した。R＆Dチームは、この施設を利用してプロジェクトを推進し、すばやく具体的なプロトタイプを製作することができる。スチールケース社は、ミシガン州グランドラピッズに学習センターを設立した。これは企業の教育施設であり、デザイン思考用のスペースも兼ねている。学習センターのチーム・ルームやプロジェクト・スペースは、経営手法の講義を受ける従業員、会社の製品によるコラボレーション強化について学ぶ顧客、将来の戦略を練るシニア・エグゼクティブたちで常に予約がいっぱいだ。こうした考え方は、高等教育にも取り入れられるようになった。ＩＤＥＯのチームは、スタンフォード・センター・フォー・イノベーションズ・イン・ラーニング（ＳＣＩＬ）の教育研究の専門家と共同で、調節や再構成の可能なＳＣＩＬのフロア・スペースを考案した。デザイン思考は試行的・実験的な性質を備えているので、柔軟性は成功の重要な鍵となる。技術者の日常を描いたユーモア漫画『ディルバート』でも述べられているように、型どおりのスペースでは型どおりのアイデアしか生まれないのだ。

　この例には、階級や生産性の文化からリスクと探求の文化に転換するにあたって、ひとつの重要な教訓が潜んでいる。このような転換を首尾よく行なった人々は、今までよりも積極的に仕事に参加し、高いやる気を保ち、生産性を大幅に向上させられる場合が多いということだ。新しいアイデアを形にし、世に送り出すことに大きな満足感を抱くようになるので、自然と朝早くから夜遅くまで働くようになる。一度この満足感を経験すると、ほとんどの人々が手放したくなくなるのだ。

一世紀にわたる創造的問題解決の歴史の中で、デザイナーたちは「着想《インスピレーション》」、「発案《アイディエーション》」、「実現《インプレメンテーション》」（私のいう「イノベーションの三つの空間」）を渡り歩く道具を手に入れてきた。私が言いたいのは、現代ではこれらのスキルを組織全体に広める必要があるということだ。特に、デザイン思考を〝上流〟、つまり戦略的な意思決定が下される重役室の近くへと移動させる必要がある。今日では、デザインはデザイナーに任せておくには重要すぎるのだ。

経営者が「デザイナーのように考えよ」と言われて違和感を覚えるのと同じように、苦労してデザインの学位を取得した人々は、自分がスタジオ以外で果たす役割を想像すると困惑するかもしれない。しかし、もはや成熟の域に達したデザイン分野にとって、これは必然の流れと考えるべきだ。新しい作品を製作する、新しいロゴを作る、魅力的な（少なくとも無難な）筐体《きょうたい》に驚異のテクノロジーを組み込む、といった二〇世紀のデザイナーの課題は、二一世紀をかたどる課題とはいえない。現代を特徴付けるのはブルース・マウのいう「マッシブ・チェンジ（大規模な変革）」であり、これに対処するためには、誰もがデザイナーの思考を身に付ける必要があるのだ。

私は、デザインを組織のDNAに組み込むよう企業に訴えつづけているが、デザイナーにもデザイン手法そのものを変革しつづけるよう訴えたい。われわれの目まぐるしい世界には、芸術家、職人、孤高の発明者の居場所はなくならないだろう。しかし、あらゆる業界で、新たなデザイン手法を求める地殻変動が起こりつつある。協働的《コラボレーティブ》で、個人の創造力を抑制するのではなく増幅させる手法。焦点が明確であると同時に、柔軟で、予期せぬ状況にもすばやく対応できる手法。製品の社会的、技術的、商業的な要素を最適化するだけではなく、それらの適切なバランスを取る手法。次世代のデザイナーは、スタジオや工房の中だけでなく、重役会議でも力を発揮できなければならない。そして、成人の非識字率から地球温暖化まで、あらゆる問題をデザインの問題としてとらえる習慣を身に付ける必要があるのだ。

第2章　ニーズを需要に変える

――人間を最優先に

数年前、オフィスの電話システムに関するプロジェクトの調査段階で、ＩＤＥＯはある旅行会社の従業員に聞き取り調査を行なった。その従業員は、電話会議を行なうための驚くほど効果的な「代替策」を考案していた。ありえないくらい複雑な会社の電話システムと格闘する代わりに、別々の電話でひとりずつに電話をかけ、デスクの上に受話器を並べていたのだ。左側の受話器は、ミネソタ州ミネアポリスにいるジュディ。右側の受話器は、フロリダ州タンパにいるマーヴィン。そして、三人で複雑な旅程を練っていたのだ。苦労してインターフェイスを開発したソフトウェア・エンジニアは、きっとこんな嘆きを漏らしただろう。「マニュアルくらい読みやがれ《リード・ザ・ファッキン・マニュアル》」。しかし、デザイン思考家にとっては、正しい行動や間違った行動などというものはない。どんな行動にも意味があるのだ。

デザイナーの仕事は、ピーター・ドラッカーの見事な表現を借りれば、「ニーズを需要に変える」ことだ。一見すると、簡単に聞こえる。人々の望むものを探り出し、与えればよい。しかし、そんなに簡単なら、ｉＰｏｄ、プリウス、ＭＴＶ、イーベイのような成功例がなぜもっと転がっていないのだろう。その答えは、人間を物語の中心に据えていないからだ。人間を最優先にすることを学ぶ必要があるのだ。

「人間中心のデザイン」や、イノベーションにおける「人間中心」の重要性について、数多くの本や記事が書かれている。しかし、真の成功例がこれほど少ないのだから、私たちはニーズを見出し、それにデザインで応えるのが難しい理由を自問する時期に来ているといえるだろう。人間の抱える基本的な問題とは、人間は不便な状況に適応するのに長けているということだ。そのため、自分がシートベルトの上に座ったり、手に暗証番号を書き留めたり、ドアノブに上着をかけておいたり、自転車をチェーン鍵で公園のベンチにくくり付けたりしていることに、気付いてさえいない場合も多い。「顧客に何が欲しいかと尋ねたら、もっと速い馬が欲しいという答えが返ってきただろう」と述べたヘンリー・フォードは、この点を理解していたのだ。単に人々に望みを尋ねるだけのフォーカス・グループやアンケートといった従来の手法では、めったに重要な洞察を得られないのはそのためだ。従来の市場調査の手法は、漸進的な改良の参考になる場合もあるだろう。しかし、常識を打ち破り、競争を一変させ、パラダイム・シフトを起こすような画期的なアイデア、つまり誰もが頭を掻きながら「なぜ今まで誰も思い付かなかったのだろう」と首をひねるようなアイデアにはつながらない。

したがって、私たちの真の目標は、より高速なプリンターや使い心地のよいキーボードを開発して、表面化されたニーズを満たすことではない。それは、デザイナーの仕事だ。「デザイン思考家」の仕事とは、人々が自分でさえ気付いていない内なるニーズを明らかにする手助けを行なうことだ。そのためには、どのようなアプローチが必要か？　漸進的で平凡な変化ではなく、地図を塗り替えるような飛躍的な発想を生み出すには、どのような手段が必要なのか？　本章では、成功するデザイン・プログラムの三つの要素に注目したいと思う。それは、互いに相乗効果を持つ「洞察《インサイト》」、「観察《オブザベーション》」、「共感《エンパシー》」という三つの要素だ。

洞察《インサイト》――他者の生活から学び取る

「洞察」は、デザイン思考の主要な要素のひとつだ。洞察は一般的に、すでに私たちの身の回りにあるものを測定し、すでに私たちの知っていることを明らかにする、定量的データから得られるものではない。より優れた出発点は、現場におもむき、通勤者、スケートボーダー、看護師が日常生活をどうやりくりしているかを実際に観察することだ。心理学者でヒューマン・ファクター研究の第一人者であるジェーン・フルトン・スーリは、人々が日常的に行なうさまざまな「考えなしの行動」について述べている。ハンマーをドア・ストッパーの代わりに使う店主。机の下を這い回るコンピューター・ケーブルの束を区別するためにラベルを付けるオフィス・ワーカー。

製品の消費者、サービスの顧客、ビルの住人、デジタル・インターフェイスのユーザーなど、ごく普通の人々が自分でニーズを表明できることはめったにない。しかし、そうした人々の実際の行動を観察することで、満たされていないさまざまなニーズを明らかにする、貴重な手がかりが得られる場合があるのだ。

デザインは基本的にクリエイティブな活動だが、それは神秘的・空想的な意味ではない。「分析」という枠組みの中では、抜けている数値を求めるだけですむが（とはいえ、私のように高校の代数学で苦労した人なら、これがどんなに手強い作業かが分かるだろう）、「デザイン」という枠組みの中では、解《ソリューション》がどこかで発見されるのを待っているわけではない。解は、チームのクリエイティブな作業の中にこそあるのだ。創造プロセスは、今までに存在しなかったアイデアやコンセプトを生み出すものだが、そういったアイデアやコンセプトは、専門のコンサルタントを雇ったり、「統計学的に平均的な」人々に調査やアンケートを行なったりすることで生み出されるものではない。日曜大工の愛好家たちの変わった習慣や、修理工場の不条理な状況を観察することで得られるものなのだ。したがって、プロジェクトの原動力となる「洞察」段階は、その後のエンジニアリング段階に匹敵するほど重要である。だからこそ、どこからでも洞察を得る心構えが必要なのだ。

「デザイン」が「デザイン思考」へと進化するにつれて、デザイナーの活動は「製品の創造」から、「人と製品との関係の分析」、さらには「人と人との関係の分析」へと進化を遂げてきた。

実際、近年のデザイナーたちは、服薬コンプライアンスや、ジャンク・フードから健康的な間食への転換など、社会的・行動的な問題へと活動の幅を広げている。これは驚くべき進展だ。あるときＩＤＥＯは、疾病管理予防センターから、子どもに蔓延する肥満の問題を解消してほしいという依頼を受けた。私たちは、大きな社会的影響を持つ問題に定性的な調査手法を用いる絶好の機会と考え、その依頼に飛び付いた。ヒューマン・ファクターの専門家チームは、洞察を求めて、サンフランシスコの「フィーリング・グッド・フィットネス」主催者、ジェニファー・ポートニックに連絡を取った。

ジェニファーは、昔からジャザサイズのダンス・インストラクターになる夢を抱いていた。しかし、ふくよかなＸＬ体型だったため、企業の契約条件に抵触した。それは、「フランチャイズ加盟者は〝健康的な外見〟でなくてはならない」という内容だった。彼女は「健康的」と「大柄」は矛盾するものではないと反論し、裁判を起こして世界的な注目を勝ち取り、ジャザサイズに差別的な体型の条項を削除させることに成功した。ジェニファーのエピソードは、後天的・遺伝的な特徴のせいで差別を受けてきたあらゆる体型の男女に勇気を与えた。しかし、デザイン思考家にとっても、別の意味で刺激になった。釣鐘曲線《ベル・カーブ》の末端で成功した彼女は、肥満の問題を新しく鋭い視点で見直すきっかけを与えてくれたからだ。たとえば、肥満の人はみな痩せたいと思っている、幸せは体重に反比例する、太った人々は自己管理ができないという前提から開始すれば、肥満の問題を先入観でとらえることになるのだ。

プロジェクト・チームは、ジェニファー・ポートニックのたったひとつの例から、若者の肥満という問題に対して、膨大な統計よりはるかに多くの洞察を得ることができた。そして、観察から洞察を得る最大の利点は、定量的なデータとは対照的に、どこにでも転がっていて、しかも無料で手に入るということだ。

観察《オブザベーション》——人々のしないことに目を向け、言わないことに耳を傾ける

世界の大手デザイン・コンサルタント会社のオフィスに足を踏み入れて、多くの人々が真っ先に口にするのは、「みんなどこに行ってしまったのか」という疑問だ。もちろん、模型工房やプロジェクト・ルームの中、コンピューター画面の前で過ごす時間も長いが、最終的な商品の利用者と会うために、社外で過ごしている時間の方がずっと長い。スーパーの買い物客、オフィス・ワーカー、学校の生徒たちは、プロジェクトが終わっても私たちに小切手を書いてくれるわけではないが、最終的な顧客には違いない。こういった人々の生活、仕事、遊びの場におもむくことが、彼ら彼女らを知る唯一の手立てなのだ。したがって、IDEOが引き受ける大半のプロジェクトでは、集中的な観察期間が設けられ、人々のすること（しないこと）に目を向け、言うこと（言わないこと）に耳を傾ける。しかし、これにはある程度の練習が必要だ。

誰を観察するのか。どのような調査手法を用いるのか。集まった情報からどうやって有益な推

論を導き出すのか。解決に向けた「綜合」プロセスをいつ始めるのか。それらを判断するのは決してたやすくない。人類学者なら誰しも認めるように、観察で重要なのは量より質だ。どういう判断を下すかが、得られる結果に大きな影響を及ぼすこともある。したがって、企業が現在の市場の中心を占める人々の購買習慣を理解しようとするのは無理もない。バービーの秋物であれ、昨年発売の自動車に搭載する翌年の機能であれ、アイデアが大成功するかどうかを裏付けるのはこういった人々だからだ。しかし、釣鐘曲線の中央に注目するだけでは、既知の事実を再確認するにすぎず、奇抜で意外な事実を発見できることは少ない。奇抜で意外な洞察を得るには、一四〇〇体のバービー人形を所有しているコレクターや、プロの自動車泥棒など、釣鐘曲線の末端に位置する人々に注目する必要がある。そこにこそ、異なる生き方、異なる考え方、異なる消費習慣を持つ「極端な利用者《エクストリーム・ユーザー》」が潜んでいるからだ。

マニア、強迫症者、奇人変人と付き合うのは疲れることもあるが、人生は間違いなく面白くなる。幸いにも、常にこういった極端な人々に頼る必要があるわけではない。数年前、スイスのチリス社から新たなキッチン用品ラインのデザインを依頼されたとき、IDEOのチームは、手始めに子どもやプロのシェフの調査を行なった。いずれも、主力商品の本来のターゲットではなかったが、だからこそ価値ある洞察が得られた。缶切りに四苦八苦する七歳の少女は、大人がだましだまし行なう手先のコントロールの問題を浮き彫りにした。レストランのシェフが使っていた裏技は、清掃に関する意外な洞察をもたらした。そのシェフは、キッチン用品に特別な要求を持っていたからだ。末端にいる人々の極端な要求に注目することで、チームは「見た目の統一感」という常套手段を度外視することができた。そして、共通のデザイン言語で結ばれながらも、それぞれの道具にふさわしい柄を備えた製品ラインを生み出すことができたのだ。その結果、チリス社のキッチン道具の泡立て器、フライ返し、ピザ・カッターは今でも飛ぶように売れつづけている。

行動の転換

大半の人々は、訓練次第で鋭い観察者、さらには熟練した観察者になることができるが、中にはこのプロセスのあらゆる段階を経験豊富な専門家に任せている企業もある。実際、現代のデザイン業界の大きな特徴のひとつは、学界以外で働くことを選んだ教養豊かな社会科学者たちが数多く存在しているということだ。第一次世界大戦後、経済学者がちらほらと政界に加わるようになり、第二次世界大戦が終わると、社会学者が少しずつ民間企業に参入するようになった。こういった人々は、以前の学界仲間からは常に憂慮の対象とみなされていた。しかし今日では、行動科学の独創的な研究が、人間中心のデザイン思考を重視する企業の支援で行なわれている場合もある。

先駆的な半導体メーカーとしてもっともよく知られているインテル社は、人間中心の研究活動に注力してきた。同社の「人間および慣習調査グループ（People and Practices Research Group）」の心理学者、人類学者、社会学者は、フランス文学専攻という異色の経歴を持つ主任エンジニアのマリア・ベザイティスの指揮のもと、世界的な重要性を持つ地域的な行動を探して、モロッコのムスリム女性のモバイル決済やポートランドのＡｉｒｂｎｂ《エアビーアンドビー》のホストなどについて調査している。二〇〇五年にインテル初のユーザー・エクスペリエンス・グループを立ち上げた文化人類学者のジェネヴィーヴ・ベルは、世界中を回り、人々が車内、台所、スポーツ大会、宗教的行事でテクノロジーを利用する様子を観察してきた。いわゆる「アウトサイド・イン」のアプローチだ。

なぜシリコンバレーの半導体メーカーが、常識破りの社会科学者たちを雇い、東ヨーロッパや西アフリカの文化的慣習を調査しているのか？　今日では、世界人口の約半数がようやくインターネットにアクセスできるようになった。インテルは、残りの半数がオンライン・アクセスを手に入れたときのために、準備を整えておく必要があると考えているのだ。

観察から洞察を抜き出し、それを未来の製品やサービスの参考にするという原理に従っている業界の大手はインテルだけではない。近年、調査を土台にしたユーザー・エクスペリエンス（ＵＸ）デザインという分野が爆発的に成長し、驚くほど多様な定量的・定性的手法がデザイナーのツール・キットに加わった。ＩＢＭ、マイクロソフト、グーグル、ＳＡＰなどの企業はみな、どんなに複雑なテクノロジー製品の根底にも人間が存在していて、人間のニーズ、嗜好、理解が製品の命運を握っていると認識するようになった。実際、Uber《ウーバー》やAirbnb、リンクトインやフェイスブック、フィットビットやネットフリックスのような消費者志向の企業では、熟練したUX調査員の需要が高まっている。

学界の社会科学者と産業界の社会科学者は、ともに同じ学位を持ち、同じ学術誌を読み、同じ学会に参加するという点では、職業的な類似点もあるが、違いもある。一般的に、研究者は科学的な目的をモチベーションにしているが、ベザイティスやベルのような調査員は、調査結果が持つ長期的で実用的な意味合いに目を向けている。しかし、両者に共通するのは仕事に対するプロフェッショナル精神だ。彼らの仕事はリトル・リーグとプロ野球の関係と同じくらい、トレンドの見極め、流行の観察、季節的な市場調査とかかわっている。

さらにその次の段階に位置するのが、プロジェクトの限られた時間の中で働く新たなタイプのエスノグラファーたちだ。各々の学問について個別に理論を構築していく学者や、インテルやマイクロソフトの研究グループに属する社会科学者たちとは対照的に、エスノグラファーたちはデザイナー、エンジニア、マーケターなどが属する異分野連携のチームに参加してこそ力を発揮する。こういった人々の共有体験は、プロジェクトの期間全体を通じて、かけがえのないアイデアの源泉となるのだ。

私は、IDEOの同僚たちが、このようなエスノグラフィー活動のモデルを実践するのを何度となく目撃してきた。アメリカで低所得者向けおよび所得混合型（訳注／生活保護を受けるような低所得層と、通常の所得層の人々が共存して生活する住宅地。低所得層を刺激する狙いがある）の公営住宅を開発する最大のNGO団体、ザ・コミュニティ・ビルダーズのプロジェクトで、私たちは人類学者、建築家、ヒューマン・ファクターの専門家から成るチームを立ち上げた。全員が手分けをして、建築業者、都市計画家、自治体当局、地元の起業家やサービス業者にインタビューを行なったが、そこで立ち止まらなかった。本当の洞察が得られたのは、チームがケンタッキー州の所得混合型コミュニティ「パーク・デュバル」に住む、所得水準も経歴も異なる三家族の家に寝泊まりしたときだった。

このアプローチは、その後のあるプロジェクトでさらに顕著になった。プロジェクト・チームは、NGOが人間中心のデザインを実践し、アフリカやアジアの自給自足農家のニーズを満たすことができるようにするためのツール・キットを開発しようとしていた。そこで、NPO団体の国際開発エンタープライズ(IDE)のパートナーたちとともに、エチオピアやベトナムの農村で夜を明かした。当然ながら、当初、現地の人々は光輝くSUVに乗ってあらわれた人類学者や援助機関の職員に疑いの眼差しを向けていただろう。しかし、次第に両者の間には一定の信頼が築かれ、誠実で、共感的で、互いに尊重し合える雰囲気が生まれていった。

インテル、ノキア、IDEOなどの行動科学研究者は教育を受けた専門家だが、クライアントにその役目を「任せ」、観察という重労働を代わりに行なってもらう場合もある。私たちは、プロクター・アンド・ギャンブル(P&G)のCEO、アラン・G・ラフリーにポケット・サイズのノートを手渡し、活気あるバークレーのテレグラフ・アベニューにレコードを買いに行ってもらうことさえ厭わない。ラフリーは、会社の重役室やリムジンの曇りガラスの窓から外の世界を見渡して満足しているCEOたちに批判的なことで有名だ。彼は顧客が生活、仕事、買い物をする場所に喜んで出かけることでも知られている。このような視点こそが、盛んに報じられている「マス・マーケティングは死んだ」という彼の言葉の土台になっているのである。

また、クライアント自身が先陣を切り、洞察の所在のヒントを与えてくれる場合もある。医療の質改善研究所（ＩＨＩ）やロバート・ウッド・ジョンソン財団とともに行なわれた緊急治療室のケアに関するプロジェクトの中で、ＩＨＩグループのメンバーのひとりが、インディ５００の体験談を語った。レースの周回中、レースカーが煙を吹きながらピットに入ると、最先端の工具を持って待ち構えた経験豊富なプロの精鋭チームが、状況を瞬時に判断し、ものの数秒間で必要な修理を終えてレースを再開するのだ。言葉を少し入れ換えれば、まさに運ばれてきた救急患者を迅速に手当する病院の外傷センターの正確な描写になる。もちろん、私たちは実際の緊急治療室の環境を調査し、勤務中の医師や看護師の様子を観察した。しかし、インディ５００のピット、近隣の消防署、休み中の小学校の校庭など、「類似」した状況を観察することで、狭い視野から抜け出せる場合も多いのだ。

共感《エンパシー》――他人の身になる（または他人の担架に横たわる）

数日間、数週間、数カ月間にわたって前述のような調査を行なうことも可能だが、調査が終わって手元に残ったのが実地調査のメモ、ビデオテープ、写真の山のみなんてことにならないように、観察対象の人々と根本的なレベルでつながり合う必要がある。この段階を私たちは「共感《エンパシー》」と呼んでいる。共感こそ、学問的な思考とデザイン思考を隔てる大きな違いだろう。私たちの目的は、新しい知識を生み出したり、理論を検証したり、科学的仮説を実証したりすることではない。確かにこれらは私たちの共有する知的風景には欠かせない一部だが、それは大学の研究者たちのする仕事だ。デザイン思考の役割とは、観察から洞察を、そして洞察から生活に役立つ製品やサービスを生み出すことなのだ。

共感は、人々を実験用ラットや標準偏差とは別物として考える心理的習慣である。私たちが他者の生活を「参考」にして新たなアイデアを生み出す際に、まず理解しなければならないのは、一見すると説明不能な人々の行動が、厄介で複雑で矛盾した世界に対処するためのその人なりの戦略であるという点だ。七〇年代にゼロックス・パロアルト研究所で開発されたコンピューター・マウスは、エンジニアによるエンジニアのための複雑な技術装置であった。一日の終わりに必ず分解して掃除しなければならないというのは、エンジニアにとっては完璧に理に適っていた。

しかし、発足まもないアップルコンピュータ社から、「残りの普通の人々のため《フォー・ザ・レスト・オブ・アス》」のコンピューターを作りたいという依頼を受けたとき、私たちは共感の価値を初めてまざまざと思い知らされた。

エンジニアやマーケティング幹部と同じように、デザイナーも、単純に自らの基準や期待を一般化しようとすると、機会の幅を狭めるはめになる。三〇歳の男性は、六〇歳の女性とは違った人生経験があるだろう。金銭的に余裕のあるカリフォルニア人は、ナイロビ郊外で暮らす小作農とはほとんど共通点がないはずだ。どんなに有能で良心的なインダストリアル・デザイナーでも、爽快にマウンテン・バイクを乗り回したあとにデスクにつけば、関節リウマチで苦しむ祖母にとって使いやすいキッチン用品をデザインするのは難しいかもしれない。

私たちは、「共感」を通じて、洞察の橋渡しをしたいと考えている。他者の目を通じて世界を観察し、他者の経験を通じて世界を理解し、他者の感情を通じて世界を感じ取る努力を行なっている。二〇〇〇年、セントルイスにあるＳＳＭデポール病院の社長兼ＣＥＯ、ロバート・ポーターが、あるビジョンを携えてＩＤＥＯを訪れた。彼は、テッド・コペルがキャスターを務めるＡＢＣのニュース番組「ナイトライン」で、アメリカのショッピング・カートを一週間でデザインしなおすというＩＤＥＯの挑戦企画をたまたま目にし、自分の病院の新棟にＩＤＥＯのプロセスを利用できないかと相談しに来たのだ。しかし、私たちにもビジョンがあった。共同作業を通じてデザイナーと医療従事者を結び付ける、奇抜で斬新な「共同デザイン」プロセスを取り入れる絶好の機会と考えたのだ。そこで、私たちは病院の中でもっとも過酷な環境から手を付けることにした。それが緊急治療室だ。

チームの中心メンバーのひとり、クリスチャン・シムサリアンは、テクノロジーや複雑なシステムのエスノグラフィー調査に関する高度な専門知識を頼りに、患者の経験をとらえようと考えた。そのためには、患者になりきって、受付から検査まで実際に緊急治療室を体験するのが最善の方法だろう。彼は足の怪我を装い、緊急治療室の一般的な患者の身になってみた（そして、実際に担架に横たわってみた）。彼は、受付のプロセスがいかに分かりづらいかを身をもって感じた。目的も理由も伝えられないまま、ただ待つよう指示されるストレスを肌で感じた。さらに、名前も分からない職員に車椅子を押され、無機質な廊下を進み、恐ろしい両開きの扉を通り抜けて、強烈な光と騒音に包まれた緊急治療室に入っていく心許なさにじっと耐えた。

誰にでも、新車を購入する、見知らぬ街の空港を出る、年老いた両親の老人ホームを検討するといったように、初めてじかに経験する物事がある。このような状況では、見慣れたものなど一切なく、そつなく行動するためのパターンもまだ身に付いていないので、普段よりもはるかに神経を研ぎ澄まして物事を観察するはずだ。クリスチャンは、患者着の下にビデオカメラをそっと忍ばせ、外科医、看護師、救急車の運転手が試したこともない方法で、患者の経験を記録した。

彼が覆面捜査から戻ると、チームは未編集のビデオを確認し、患者の体験を改善するさまざまな機会を見つけ出した。しかし、それよりも大きな発見があった。天井の防音タイル、無機質な廊下、質素な待合室を延々と見ているうちに、職員の効率や施設の品質というよりも、このような細部こそが新たな病院作りの鍵になるということが浮き彫りになってきたのだ。うんざりするほど退屈なビデオを通じて、デザイン・チームはクリスチャン（つまり、患者）の体験する病院の不透明なプロセスを実感することができた。チームの誰もが、右も左も分からず、不案内で、不慣れな状況に置かれたときの退屈さと不安の入り混じった感情を抱いていた。

チームは、ふたつの相反する物語が同時進行していることに気付いた。病院側は、「患者の旅」を保険の確認、治療の優先順位付け、ベッドの割り振りとしか見ていなかった。患者側から見れば、ただでさえストレスのたまる状況が、そのせいでさらに不快な経験となるわけだ。この一連の観察を通じて、チームはこう結論付けた。病院は、医療業務や管理業務にまつわる合理的な考慮事項と、人間の立場に立った感情的な考慮事項のバランスを取る必要がある。この洞察が、IDEOのデザイナーとデポールの病院職員による壮大な「共同デザイン」プログラムの基礎となった。このプログラムの中で、デザイナーたちは患者の経験を改善するさまざまな機会を探し出した。

クリスチャンが緊急治療室を訪れたことで、患者の体験を多層的に理解することができた。もっとも明白なレベルでいえば、患者の置かれている物理的環境が理解できた。患者が見ているものを見て、患者の触れているものに触れることができた。緊急治療室は人でごった返してピリピリとしており、患者には何が起きているのかほとんど見当も付かないことが分かった。狭苦しいスペースや細い廊下、その中で起こる体系的なやり取りと突発的なやり取りの両方を実感することができた。そして、緊急治療室の施設は、（必ずしも不合理なことではないが）患者の快適性というよりも、病院職員のニーズに基づいてデザインされているようだと推測することもできた。一見すると取るに足らないような物理的事実が積み重なると、洞察から新たな洞察が生まれていくものなのだ。

ふたつ目の理解は、物理的な理解というよりも認知的な理解である。患者の旅をじかに体験することで、チームは洞察を機会に変える重要なヒントを得ることができた。患者は状況をどう理解するのか？　新しい患者は物理的・社会的な空間をどう渡り歩くのか？　患者は何に困惑しやすいのか？　これらの疑問は、私たちのいう「隠れた」ニーズ、つまり切実ではあるものの人々がうまく言葉にできないニーズを把握する上では欠かせない。緊急治療室に運び込まれる不安な患者（あるいは、マリオットホテルにチェックインする疲れた旅行者、アムトラックの切符売り場に並ぶイライラした乗客）に共感してこそ、その経験を改善するよりよい方法を思い浮かべることができるのだ。私たちは、このような洞察を利用して、新しい物事に照準を合わせることもあるが、それとは正反対に、ごく普通で慣れ親しんだ物事に目を向ける方がうまくいく場合もある。

七〇年代にゼロックス・パロアルト研究所で史上初のグラフィカル・ユーザー・インターフェイスの開発に取り組んでいたティム・モットとラリー・テスラーが、コンピューター画面を机の上に見立てるというデスクトップ・メタファーを提案したのも、ごく普通で慣れ親しんだ物事を認知的に理解した結果だった。このコンセプトによって、コンピューターは科学者にしか価値のない近寄りがたい新技術から、オフィスや家庭でさえ使えるツールへと変わったのだ。それは、その三〇年後に新興企業のジュニパー・フィナンシャルから依頼を受けたときも同じだった。ジュニパーは、現代の銀行にも社屋、金庫室、窓口が必要かどうかを検討していた。

オンライン・バンキングという未踏の領域に足を踏み入れるにあたって、ＩＤＥＯはまず人々のお金に対する考え方について詳しく理解しようと考えた。請求書を支払う、ＡＴＭから現金を引き出すといった「行動」プロセスとは違って、お金に対する考え方という「認知」プロセスは目に見えないため、理解するのは容易ではなかった。そこで、チームは厳選した被験者に、「お金の絵を描いてもらう」という手法を利用することにした。といっても、財布にしまったクレジット・カードや、ハンドバッグに入っている小切手帳ではなく、お金が生活において果たす役割を絵に描いてもらったのだ。ある被験者（通称「開拓者《パスファインダー》」）は、家庭をあらわすモノポリーのような小さな家と、４０１ｋ年金プラン、賃貸不動産の絵を描いた。彼女は長期的な保障に目を向けていたからだ。別の被験者（通称「傍観者《オンルッカー》」）は、一方にお金の山、もう一方に品物の山を描いた。彼女はすがすがしいほど率直に、「お金を稼いで、モノを買うんだもの」と説明した。「傍観者」は完全に日々の金銭事情にしか意識を向けておらず、将来の計画はまったくといっていいほど立てていなかった。このような認知的な実験を足がかりに、調査員、戦略家、デザイナーから成るチームは緻密な市場分析を行ない、ジュニパーがターゲット市場を定め直せるよう手助けした。その後、ジュニパー・フィナンシャルはバークレイズに買収され、同社のクレジット・カード部門に組み込まれたが、それはオンライン・バンキングという当時未開の領域で効果的なサービスを築き上げた初めての経験だった。

機能的・認知的な理解に加えた三つ目の理解は、感情的な理解だ。感情的な理解は、人々の感情に訴えかけるアイデアを考案する際に欠かせない役割を果たす。対象となる母集団の人々はどのような感情を抱いているのか？　何に心を揺り動かされるのか？　何に刺激を受けるのか？　政党や広告代理店は、昔から人々の心の弱みを利用してきたが、「感情的な理解」は、企業が顧客を敵に回すのではなく味方に付けるきっかけにもなりうるのだ。

パームパイロット（訳注／一九九六年発売のタッチパネル式の手のひらサイズの携帯情報端末〔ＰＤＡ〕）がスマートフォンやタブレットなどのデジタル機器に先がけた見事な発明であることに異論はないだろう。そして、当然のごとく幅広い賞賛を得ている。発明者のジェフ・ホーキンスは、小型の携帯デバイスの最大の敵は、多機能なラップトップ・コンピューターではなく、むしろわれわれの多くが一日に何度もシャツのポケットやハンドバッグから出し入れするシンプルな紙の日記帳だという洞察を足がかりにした。九〇年代中盤に「パーム」の開発に取りかかったとき、ジェフは従来の常識に逆らい、高度な技術をそぎ落とした製品を開発することに決めた。ソフトウェア・エンジニアの手にかかれば、スプレッドシート機能、色鮮やかなグラフィックス、ガレージのドアの自動開閉機能をパームに搭載することもできただろうが、それは眼中になかった。連絡先リスト、カレンダー、ToDoリストといった必要最低限の作業をより効率的にこなせること。それだけで十分だった。

パームの最初のバージョンは、新しもの好きの技術通たちにヒットした。しかし、そのずんぐりとした灰色のプラスティックの形状には、一般大衆の想像力に火をつける要素はひとつもなかった。そこで、このとらえどころのない品質を追求するために、ジェフはIDEOのデニス・ボイルと手を組み、「機能」面だけでなく「感情」面でも訴求力のあるデザインに再度取り組んだ。インターフェイスの大半は据え置きだったが、装置の物理的な質（デザイナーのいう「フォーム・ファクター」）が見直された。まず、ポケットやハンドバッグにすんなり収まるよう、薄くする必要があった。収まらなければ、デニスはチームに始めからやり直させた。さらに、滑らかで、上品で、洗練された雰囲気にする必要があった。チームは、日本のカメラ・メーカーが用いていたアルミのプレス技術を探し出し、バッテリー・メーカーでさえ動作するかどうか疑問を持っていた再充電可能な電源を見つけ出した。追加された改良は、その努力に見合う価値があった。パームVは一九九九年に発売されると、たちまち六〇〇万台以上を売り上げた。携帯用PDAの市場を切り開いた要因は、価格の低さでも、豊富な機能でも、技術革新でもなかった。エレガントなパームVは、約束した機能をすべて実現しただけでなく、その洗練された外観とプロフェッショナルな雰囲気によって、まったく新たな消費者に感情的なレベルで訴えかけたのだ。

個人の枠を超えて

一人ひとりの消費者を心理学の一要素としてしか理解しようとしなければ、そこで立ち止まってしまうかもしれない。これまで、私たちは人々を自然の生息環境の中で観察し、その行動から洞察を引き出すすべを身に付けてきた。統計学者の冷静で客観的な目で観察するだけでなく、共感を持って人々に接する必要があることを学んできた。しかし、個人への共感だけでは不十分だ。共感があったとしても、デザイナーの間では「市場」は「多くの個人の集合」という考え方がいまだに優勢だ。デザイナーがグループ同士のインタラクション（相互作用）の仕方にまで考えを広げるケースは少ない。一方、デザイン思考家は一歩先に進み、全体は部分の総和よりも大きいという前提を出発点にしている。

インターネットの成長に伴って、私たちはグループ内の人々同士の社会的インタラクション、さらにはグループ同士のインタラクションにまで理解の幅を広げなければならなくなった。ソーシャル・ネットワーキング・サイトから、携帯電話サービス、広大なオンライン・ゲームの世界に至るまで、大半のウェブベース・サービスでは、さらに巨大なグループ内部やグループ同士の動的なインタラクションを理解することが欠かせない。人々は個人として何を実現しようとしているのか？　どのようなグループ効果（「スマートモブズ」や「仮想経済」など）が形成されているのか？　オンライン・コミュニティのメンバーが原子、蛋白質、レンガから成る退屈な現実世界に戻ると、行動にどのような影響が出るのか？　現代では、グループ効果を理解せずに何かを生み出すことなど考えられない。椅子ひとつ取ってもそうだ。

大手オフィス家具メーカーのスチールケース社の場合、顧客と膝を交えて適切な職場環境の計画を立てるとき、デザイナーがネットワーク分析の手法を用いて、組織内の人々のインタラクションを理解し、同じ場所に配置すべき部署、部門、個人を把握する。そのあとになって初めて、デスク、収納、人間工学に基づくエルゴノミック・チェアなどについて検討しはじめるのだ。このようなアプローチは、オフィス内部またはオフィス間での知識共有を促進するシステムをデザインする場合にも利用できる。人々に時間の使い方や定期的に連絡を取る相手を尋ねるだけでは、偏った情報しか得られない。本人に悪意はなくとも、人間の記憶というものはあやふやで、人々がありのままだと思い込んでいる情報しか得られないだろう。ビデオ・エスノグラフィー（カメラで長期間にわたって集団の行動を録画し、観察してデータを取る方法）やコンピューターの相互作用分析などの手法を利用することで、人々やグループの動的なインタラクションに関して、正確なデータを収集することができる。

もうひとつ考慮しなければならないのは、文化的な違いという厳然たる事実だ。私たちは、消費者とのつながり方を考え直すよう強いられはじめている。メディアが氾濫し、世界的に相互接続された社会の現実に直面するにつれて、文化的な違いというテーマは「ポリティカル・コレクトネス」に関する悪い冗談から、私たちの懸念の中心へと移ってきた。クリスチャン・シムサリアンの行なった緊急治療室の直接観察も、アメリカ郊外ではなくサハラ以南のアフリカで行なわれていたら、まったく異なる洞察が得られていただろう。

このような現実は、デザイナーは専門知識の源であるという理想化されたイメージにさらなる打撃を加える。そして、そういった専門知識は学校で教え、実務を通じて磨き、よりよいデスク・ランプやデジタル・カメラを求める人々へと普遍的に応用することができるというイメージを覆す。しかし、ゆっくりと時間をかけて文化を理解すれば、新たなイノベーションの機会が切り開かれる場合もある。そして、自国の文化を超えて影響を及ぼす普遍的なソリューションの発見につながる可能性もある。しかし、その根底には必ず「共感」があるのだ。

この「洞察→観察→共感」という流れは、最終的にもっとも興味深い疑問へとつながる。もし文化がそれほど多様であり、「手に負えない暴徒」という二〇世紀のイメージが、「集団の知恵」という二一世紀の発見に進化したとするなら、集合知を利用してデザイン思考のパワーを完全に解き放つことはできないか？　デザイナーを、異文化に飛び込み、できる限り客観的に現地の人々を観察する勇猛果敢な人類学者ととらえるべきではない。私たちに必要なのは、創造者と消費者の境界を融合させる、斬新で奇抜なコラボレーション形態を生み出すことだ。デザイン思考家は、「消費者に対する私たち」であっても、「消費者を代表する私たち」であってもならない。「消費者と手を取る私たち」でなければならないのだ。

従来、消費者は分析の対象と見なされてきた。それどころか、強引なマーケティング戦略の不幸な餌食とみなされることさえあった。しかし、これからは、デザイン・チームのメンバー同士だけでなく、チームと消費者のより密接なコラボレーションを築いていくべきだ。ハワード・ラインゴールドの「スマートモブズ」の研究や、ジェフ・ハウの「クラウドソーシング」（より正式には「分散参加型デザイン」）でも実証されているように、新しいテクノロジーがこのようなつながりを築き上げる前途有望な方法を示唆している。

消費者がデザインや開発の過程で果たす役割についての考え方は、急激に変化している。従来、企業は新製品を考案すると、マーケティングの専門家や広告のプロをずらりと取り揃え、多くの場合は恐怖や虚栄心につけ込んで、消費者に製品を売り込んでいた。しかし、次第により繊細なアプローチへと変わっていった。消費者のもとにおもむき、生活や体験を観察し、そうして得られた洞察から新しいアイデアを生み出すようになった。今日では、このような「エスノグラフィー」モデルさえも古くなりつつある。新たなコンセプトやテクノロジーによって支えられたアプローチへと移りつつあるのだ。

私の同僚のジェーン・フルトン・スーリは、「デザイナーが消費者のために創る」から「デザイナーが消費者とともに創る」、さらにはユーザー生成コンテンツやオープンソース手法を利用して「消費者自身が創る」デザイン・モデルへと進化を遂げる中で、すでに次なる段階を模索しはじめている。確かに、「誰もがデザイナー」という考え方は魅力的だが、消費者が既存のアイデアをより効率的・安価にするのではなく、自分の手で画期的なアイデアを生み出せるかどうかは、今もってまったく不明だ。オープンソース手法を用いて価値あるブランドを構築できたのは、ファイアフォックス・ウェブ・ブラウザーを有するモジラを筆頭にして、ほんの数社だけだろう。

しかし、だからといって、ユーザー生成コンテンツが興味深くないというわけでも、イノベーションのるつぼをかき乱す「次なる大きな潮流《ネクスト・ビッグ・シング》」になる可能性を秘めていないというわけでもない。音楽の世界では、ユーザー生成コンテンツが、マスメディアによるトップダウン型の支配が行なわれていた時代よりもはるかに大規模な消費者の関与や参加につながると考えられている。確かにそうかもしれないが、どんなに熱烈なオープンソース・デザインの擁護者でも、デザイン界のモーツァルト、ジョン・レノン、マイルス・デイヴィスが生まれていないことは認めるだろう。少なくとも、これまでは。

したがって、今のところもっとも大きな機会が潜んでいるのは、「企業が新製品を作って消費者が受動的に消費する」という二〇世紀の考え方と、「消費者自身が必要なものすべてをデザインする」という未来的なビジョンの中間の領域といえよう。その領域では、創造者と消費者の「コラボレーション」の度合いが増し、企業と個人の両方のレベルで境界があいまいになる。個人は、「消費者」、「顧客」、「利用者」といったステレオタイプな位置付けではなくなり、創造プロセスの能動的な参加者とみなされるようになる。同じように企業も、「私有」と「共有」、「組織」と「消費者」の境界の融合を受け入れる必要があるだろう。消費者の幸福、安らぎ、快適性が企業を成功に導くからだ。

創造者と消費者とのコラボレーションを高めるイノベーティブな戦略の兆しは、あらゆる場所に見られる。デジタル・テクノロジーを通じて社会の構造を強化する方法について検討するEU支援のイニシアティブでは、ロンドンのロイヤル・カレッジ・オブ・アートのトニー・ダンとビル・ゲイヴァーが、日記や安価なビデオカメラを利用した「カルチュラル・プローブ」という手法を生み出した。これにより、年配の村民に日常生活のパターンを記録してもらうことができた。テレビゲームやスポーツ・アパレルなど、より若者文化に特化した業界では、コンセプトの開発からテストに至るまで、開発プロセスのあらゆる段階で開発者が技術通の若者と協力し合うのが通例になっている。ニューヨークのスウェット・エクイティ・エンタープライゼス（この名称は、プロジェクトに資金ではなく汗の資本《スウェット・エクイティ》、つまり時間や労力を注ぐという意味から来ている）は、ナイキ、日産、ラジオシャックといったさまざまな企業と提携し、都市部の高校生とともに新製品を共同開発している。これらのスポンサー企業は、「街角《ストリート》」（重役室よりも信頼できる創造性の源泉ともいえる）から最先端の洞察を得ると同時に、恵まれない都市部の若者に教育やチャンスを与えるために、継続的な投資を行なっているというわけだ。

消費者をデザイナーとしてアイデアの創造、評価、開発に参加させるために、ＩＤＥＯが考案した手法のひとつが、「アンフォーカス・グループ」だ。さまざまな消費者や専門家をワークショップという形で集め、特定のテーマに沿って新たなコンセプトを探っていくというものだ。従来のフォーカス・グループでは、「ごく平均的な」人々が無作為に集められ、〝マジックミラー〟ごしに観察されるが、アンフォーカス・グループではユニークな人材を見つけ、能動的で協働《コラボレーティブ》的なデザイン・プロセスに参加してもらう。

ひとつ、忘れられない出来事がある。女性向けの靴の新しいコンセプトを模索していた私たちは、カラー・コンサルタント、火渡りを伝授するスピリチュアル指導者、太ももまである革のブーツに妙に夢中な若い母親、目玉が飛び出るほどセクシーなピンヒールを正装のアクセントにしている女性リムジン・ドライバーを招いた。言うまでもなく、彼女たちは靴、足、人間の状態の間にある心理的つながりについて強いこだわりを持っていた。彼女たちをサンフランシスコの喧騒へと帰すまでに、興奮するようなアイデアが次々と生まれた。秘密の小物入れが付いたヒールや足つぼマッサージ用の突起が付いた靴といったアイデアは却下されたものの、人々が靴に本当に求めているものを理解する後押しになった。

一九四〇年秋のある日、インダストリアル・デザイナーのレイモンド・ローウィのオフィスをジョージ・ワシントン・ヒルが訪れた。ヒルは、アメリカン・タバコ・カンパニーの社長で、アメリカのビジネス史ではもっとも個性的な人物のひとりだ。彼が「ラッキーストライクのパッケージを改良できたら、五万ドルを出そう」とローウィに言うと、ローウィはそのギャンブルを快く引き受けた。帰り際、ヒルはローウィの方を向き、いつできそうかと尋ねた。すると、ローウィはこう答えた。「さあ、分かりませんね。気持ちのいい春の朝かなんかに、ラッキーのパッケージをデザインする気分になったら、ものの数時間でできるでしょう。そのときはご連絡します」

現代では、斬新な発想が浮かぶまでじっと椅子に座って待たなければと思うことはない。インスピレーションには常に偶然の要素が含まれるが、一八五四年に細菌学者のルイ・パスツールが有名な講演の中で述べたように、「偶然は心構えのある者にしか微笑まない」のだ。観察の手法、共感の原則、個人の枠を飛び越える努力などは、すべてデザイン思考家が洞察を得る心構えをするための方法と考えられるだろう。こうした洞察は、一見すると平凡な物事から奇妙な物事まで、日常生活の習慣からその習慣を脅かす例外的な物事まで、あるいは平均的な人々から極端な人々まで、さまざまな場所に転がっている。少なくとも現時点では、このような洞察を体系化・定量化することはおろか、定義することさえできない。したがって、洞察を得ることは、デザイン・プロセスのもっとも厄介な部分でもあり、もっとも興奮する部分でもあるのだ。洞察がいつどこで生まれるのかを予知できるアルゴリズムなど、存在しないのである。

第3章　メンタル・マトリクス
――「この人たちにはプロセスというものがまるでない！」

デザイン思考を組織に広めるひとつの方法は、クライアントにデザインの現場を経験してもらうことだ。その目的は、クライアントに魔術師の内幕をのぞき込むスリルを与えることではない。クライアント自身が舞台に上がり、積極的に参加した方が、間違いなくずっとよい結果が得られるからだ。しかし、混乱は覚悟すること。たとえば、熱狂的な芝居好きが舞台裏に招待されたらどうなるだろうか。そこで、混沌とした世界を目撃することになるだろう。どんなに芝居が完璧でも、舞台裏では土壇場で衣装の修繕が行なわれ、木材がそこかしこに転がっている。ハムレットが舞台の袖でタバコを吹かし、オフィーリアが携帯電話でおしゃべりをしているかもしれない。IDEOのあるクライアントのように、狂乱してオフィスに電話をかけ、「この人たちにはプロセスというものがまるでない！」と嘆きたくもなるだろう。

しかし、その彼女は、数週間後にはすっかり考えを改め、自社でもデザイン思考を推進するようになった。彼女の会社は、厳格な構造、規律、そして「プロセス」が持ち味の実績ある重厚な組織だった。突然の悟りが訪れた場合は常にそうであるように、苦労が始まるのはそこからだ。デザインの威力を目の当たりにし、デザインを自ら実践するのと、それを自分の思考に吸収し、組織構造の中に忍耐強く取り入れるのとでは、訳が違う。デザイン学校で長い年月を過ごしてきた人々が、仕事の仕方に関する揺るぎない固定観念を振り払うのは難しい。より方法論的な学問に通じた人々は、リスクの高さや許容誤差の狭さに不安を抱くかもしれない。

初めての訪問者に、この見知らぬ新天地を案内する最善の方法とは何だろうか？　実際にデザイン思考を実践するに越したことはないが、デザイン思考を体験している感覚を味わってもらうことは可能だ。完璧なロード・マップとはいえなくとも、目印くらいなら提供できるかもしれない。

第1章で述べたとおり、デザイン・チームはプロジェクトの過程で重なり合う三つの空間を行き来する心構えを持つべきだ。考えうるありとあらゆる情報源から洞察を収集する「着想《インスピレーション》」という空間。その洞察をアイデアに置き換える「発案《アイディエーション》」という空間。最善のアイデアから具体的で緻密な行動計画を生み出す「実現《インプレメンテーション》」という空間。これらは、厳格な方法論に従った手順というよりも、重なり合う「空間」と言った方が正しい。洞察が予定どおりに得られることはめったにないし、どんなに都合の悪いときでも、機会が訪れたらつかまなければならない。あらゆるデザイン・プロセスは、さまざまな期間を循環している。無秩序な実験と突然のひら

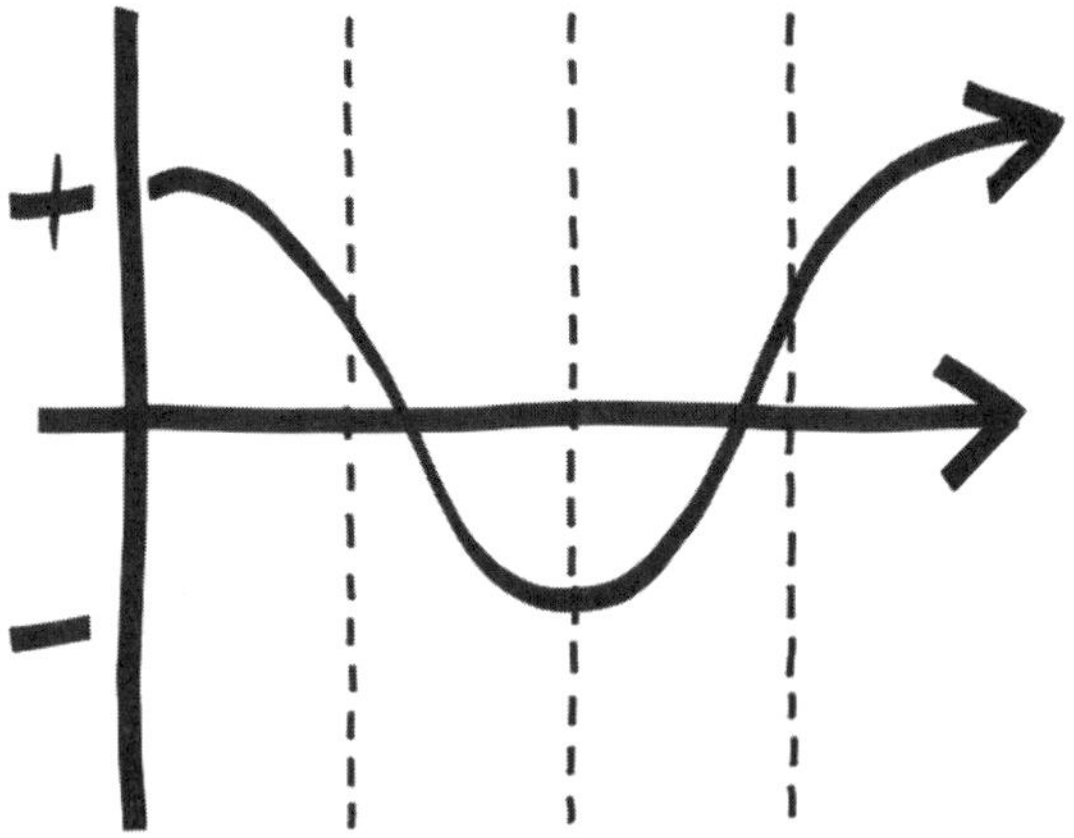

めきを繰り返す曖昧模糊とした期間。ビッグ・アイデアに思いを巡らす期間。細部にすべての集中が注がれる長い期間。そして、これらの段階では、チームの気分も必要な戦略もそれぞれ異なる。それを理解しておくことは、チームの士気を保つためにも重要なのだ。

このプロセスにうんざりしたＩＤＥＯのデザイナーのひとりが、上のようなプロジェクト・ムード・チャートを考案したことがある。このチャートは、プロジェクトの各段階におけるチームの気分をかなり正確に言い当てている。

新しいチームが情報収集のために実地調査に向かうときは、楽観的な気分で満ちあふれている。しかし、データの整理やパターン探しといった「綜合」のプロセスになると、ストレスがたまりはじめる。あいまいな直感に基づいて重要な判断を下さざるをえない気分になるからだ。しかし、そこを過ぎると徐々に軌道に乗りはじめる。発案《アイディエーション》プロセスになると具体性が増し、新しいコンセプトが形になりはじめる。プロトタイプ製作の段階に差しかかると、プロセスはピークを迎える。どんなに見栄えや動きが悪くても、機能が多すぎたり少なすぎたりしても、プロトタイプは見て触れられる進歩の証となる。最適なアイデアがまとまると、プロジェクト・チームはあえて楽観的にふるまうが、ときおり極度のパニックに襲われる。恐怖が完全に消えることはないが、経験豊富なデザイン思考家ほど心の準備ができており、一時的な気分の落ち込みに惑わされない。デザイン思考は、山から山に優雅にジャンプするようなものではなく、私たちの心の強さやコラボレーション能力を試すものだ。しかし、忍耐には驚くほどの成果で応えてくれるのだ。

収束的思考と発散的思考

デザイン思考を体験するということは、「収束的思考」、「発散的思考」、「分析」、「綜合」という四つの心理状態の間でダンスをするということに等しい。それぞれに特有の心理と手法があるが、音楽が突然かけられたとき、自分がプロセスのどこに位置しているのか、どちらの足から踏み出すべきなのかを理解するのは困難な場合もある。新しいデザイン・プロジェクトを開始する上では、時には適切なパートナーを選び、ダンス・フロアを片付け、直感を信じるのが最善策である場合もあるのだ。

私たちの社会には、論理的・演繹的な思考の重要性が深く刻み込まれている。西洋社会と東洋社会における問題解決のアプローチについて研究した心理学者のリチャード・ニスベットは、「思考の地理」が存在するとまで述べている。西洋人は、物理、経済、歴史、いずれの分野の問題でも、一連の情報を受け取って「分析」し、ひとつの答えに「収束」するよう教えられている。時には、たったひとつの正解ではなく最善の答えを求めなければならないこともあるし、同程度に魅力的な選択肢の中からひとつを選ばなければならないこともあるだろう。たとえば、五人の友人と相談して夕食の場所を決める場面を思い浮かべてほしい。集団思考は、ひとつの結論に収束する場合が多い。

収束的思考は、既存の選択肢の中から判断を下す場合には実用的な方法だ。しかし、未来を探求したり、新たな可能性を生み出したりする場合には、収束的思考ではうまくいかない。たとえば、じょうごを思い浮かべてほしい。大きく開いた口の部分は、初期のさまざまな可能性をあらわす。すぼんだ口の部分は、収束された答えをあらわす。これは、試験管に溶液を満たす場合や、厳密な解を導き出す場合にはもっとも効率的だ。

問題解決において、収束的思考が解を導き出す原動力だとすれば、発散的思考の目的は選択肢を増やすことだ。たとえば、消費者の行動に関するさまざまな洞察、新製品や新サービスのさまざまなビジョン、インタラクティブな体験を生み出すさまざまな方法について考える場合に威力

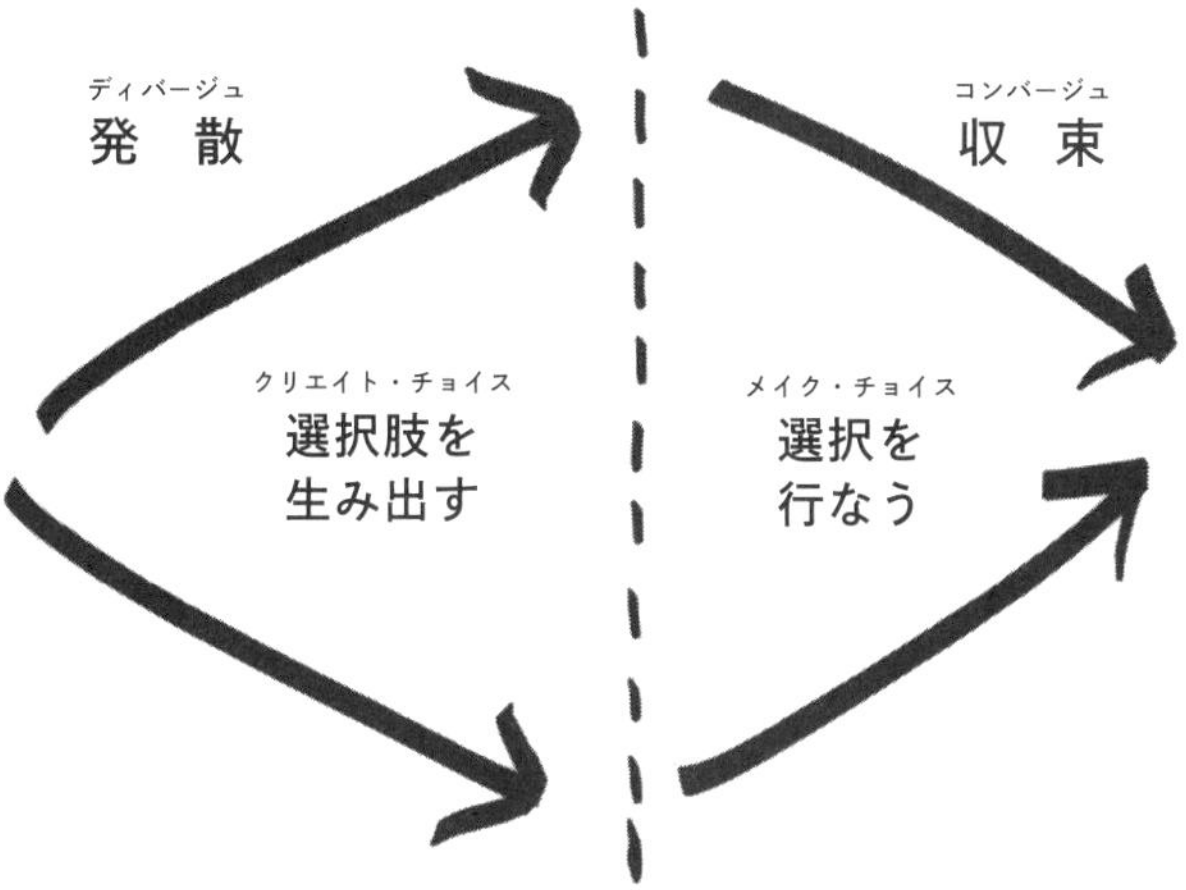

を発揮する。相反する複数のアイデアを照らし合わせて検証することで、より大胆で、独創的・破壊的で、心をつかむアイデアが生まれやすくなる。量子化学者のライナス・ポーリングはそれを見事に言いあらわしている。「よいアイデアを手に入れるには、まず多くのアイデアを手に入れることだ」。そして、彼は二度のノーベル賞を受賞した。

　しかし、現実的になることも必要だ。選択肢が多いほど複雑さは増し、物事は難しくなる場合がある。特に、予算やスケジュールの管理を仕事にしている人々にとってはそうだ。大半の企業は、問題や選択肢の範囲を絞り、明確で漸進的な方法を重視する傾向がある。こういったやり方は、短期的に見れば効率的かもしれないが、長期的に見れば、組織は保守的になり、柔軟性を失い、競争を一変させる他社のアイデアに太刀打ちできなくなる可能性が高い。したがって、発散的思考は、イノベーションにとって障害物ではなく、むしろ近道なのだ。

だからといって、私たち全員が右脳系のアーティストになって発散的思考を実践し、最高の結果を期待せよと述べているわけではない。デザインの教育現場でアートとエンジニアリングに同等の重きが置かれているのは極めて当然なのだ。デザイン思考家のプロセスは、発散的思考と収束的思考をリズミカルに行き来するようなものだ。そして、その行き来を繰り返すほど、あいまいさは低下し、具体性が増していく。発散的思考の段階では、新たな選択肢を生み出すことが目的だが、収束的思考の段階ではその逆だ。「選択肢を消去」し、「決定を下す」のがこの段階だ。いい線まで行っていたアイデアを切り捨てるのは名残惜しいが、この瞬間にこそ、プロジェクト・リーダーの外交的手腕が試されるのだ。小説家のウィリアム・フォークナーは、本の執筆でもっとも難しい部分を問われると、「最愛のものを切り捨てなければならないことだ」と答えた。

分析《アナリシス》と綜合《シンセシス》

デザイナーは盛んに「機能過多《フィーチャー・クリープ》」を嘆く。「機能過多」とは、本来ならシンプルなはずの製品に、価格と複雑さを増すだけの不要な機能がどんどん追加されていく現象を意味する（一九五八年のＲＣＡ社の最初のテレビ・リモコンにはボタンがひとつしかなかった。私の家のリモコンには、四四個もボタンがある)。デザイン思考家が気を付けなければならないのは、「分類過《カテゴリー・ク》多《リープ》」とでも呼ぶべき問題だ。とはいえ、議論を円滑に進めるため、ふたつの新たな用語を追加しておこう。それが、「分析《アナリシス》」と「綜合《シンセシス》」だ。これらは、発散的思考と収束的思考の自然な補足用語だ。

分析的な思考形態がなければ、大企業の経営や家計の管理を行なうことはできない。もちろんデザイナーも、スポーツ・スタジアムの看板を考案している場合や、発がん性のあるポリ塩化ビニルの代替品を模索している場合に、分析的な手法を用いて複雑な問題を分解し、より詳しく理解しようとする。しかし、創造プロセスでは「綜合」、つまり部分をつなぎ合わせてアイデア全体を生み出す集約的行為が必要になる。データを収集したら、全体をえり分けて意義のあるパターンを見つけ出す必要がある。「分析」と「綜合」はいずれも同じくらい重要で、それぞれが選択肢を生み出して決定を下すプロセスにおいて欠かせない役割を果たしている。

デザイナーはさまざまな方法で調査を行なう。フィールドでのエスノグラフィー・データの収集。インタビューの実施。特許、製造プロセス、ベンダー、下請け業者の評価などだ。メモ、写真、ビデオをとったり、会話を録音したり、飛行機に乗ったりすることもある。さらには、競合他社を研究することもあるだろう。事実やデータの収集によって、時には驚くほど膨大な情報が蓄積する。しかし、そのあとはどうするのか？　ある時点で、チームは腰を落ち着け、集中的な「綜合」の段階に取りかかる必要がある。数時間から一週間、時にはそれ以上の時間をかけて、収集した膨大なデータを整理・解釈し、一貫した物語を作り上げるのだ。

大量の生の情報から価値あるパターンを抽出する「綜合」という行為は、基本的にはクリエイティブな行為だ。データはただのデータでしかなく、事実は決して自ら声を発してはくれない。データは、時には非常に技術的な内容の場合もある。たとえば、高度な医療機器の開発に取り組んでいる場合はそうだ。あるいは、純粋な行動データの場合もある。たとえば、コンパクトで省エネな蛍光灯を普及させるという問題に取り組んでいる場合が挙げられる。いずれにせよ、デザイナーは物語の達人と考えることができる。説得力や一貫性があり、信頼できる物語を築き上げる能力が問われるのだ。デザイン・チームで、ライターやジャーナリストが機械技師や文化人類学者と肩を並べて仕事する機会が増えているのも、不思議ではない。

いったん〝原材料〟が一貫性のある刺激的な物語へと綜合されると、もう一段高いレベルの綜合が始まる。プロジェクト概要書に、一見すると矛盾する目標が記載されていることは珍しくない。簡単な例を挙げれば、低価格と高品質。あるいは、短納期なのに未証明のテクノロジーを利用しなければならない場合もあるだろう。このような場合には、プロセスが簡素化され、仕様や機能が削られる傾向にある。そうすると、必ずといっていいほど、利便性のために製品の一貫性が犠牲になるのだ。

一方では発散的プロセスと収束的プロセス、もう一方では分析的プロセスと綜合的プロセスの間を絶え間なく行き来すること、それがデザイン思考の種《たね》なのである。しかし、これで話は終わりではない。ガーデニングをする人なら誰しも認めるように、どんなに丈夫な種でも、岩地や不毛の地に蒔けば干からびてしまう。したがって、まずは土壌の整備が必要だ。チームや個人から、もっと上流、つまり企業に注目を向けなければならない。「デザインの組織」から「組織のデザイン」に注目を移すと考えてもいいだろう。

実験意欲

発散的思考と収束的思考、詳細な分析と綜合的な判断との間のダンスの振付の名人といえば、アメリカが生んだもっともクリエイティブなデザイン・コンビともいえるチャールズ＆レイ・イームズだろう。カリフォルニア州ベニスのワシントン大通り九〇一番地にある有名なオフィスで、イームズ夫妻とそのパートナーたちは四〇年間にわたってさまざまなデザイン実験を行なった。想像しうるありとあらゆるものが実験の対象になった。アメリカ・モダニズムの代名詞となった成形合板の椅子。かの有名なパシフィック・パリセーズのケース・スタディ・ハウス＃８。ふたりの手がけた博物館展示や教育映画『パワーズ・オブ・テン』。しかし、その裏側で体系的な実験が行なわれていたことは、完成したプロジェクトを見ただけでは分からない。この例からも分かるとおり、クリエイティブ・チームには、間違いを犯す時間、空間、予算を与えるべきなのだ。

デザイン思考のメンタル・マトリクスをマスターした個人、チーム、組織に共通するのは、基本的な実験意欲である。つまり新しい可能性に心を開き、新たな方向性に目を向け、常に新たなソリューションを提案することに意欲的なのだ。六〇年代のシリコンバレーの黎明期、当時ヒューレット・パッカード（ＨＰ）の野心的な若手エンジニアだったチャック・ハウスは、仕事を失うかどうかの瀬戸際に立たされていた。直感に従って、彼は会社の命令を無視し、大画面のブラウン管を開発する秘密の精鋭チーム《スカンクワークス》を立ち上げた。この極秘のプロジェクトが、商業的にヒットした最初のコンピューター・グラフィックス・ディスプレイへとつながり、ニール・アームストロングが月面着陸を行なった際の宇宙動画の送信や、マイケル・ドゥベーキ医師の最初の人工心臓移植モニターなど、さまざまな用途に用いられた。最終的に、チャックはＨＰの技術部長に任命され、かつて個人的に研究の禁止命令を出した創業者のデイヴィッド・パッカードの隣にオフィスを構えた。そして、部屋の壁には「抵抗勲章《メダル・オブ・デファイアンス》」が飾られた。それから時は流れ、現在彼はスタンフォード大学で「メディアＸ」を運営している。これは、インタラクティブ・テクノロジーの研究者と、技術的な進歩やイノベーションに力を注ぐ企業を結び付ける、産学連携のプロジェクトだ。今日、グーグルや３Ｍなどの企業は、科学者やエンジニアに勤務時間の最大二〇パーセントを個人的な実験に費やすよう奨励していることで有名だ。

　リスクの許容は、企業のビジネス戦略だけでなく、企業文化とも大きなかかわりがある。自由な探求という環境が、資源の無駄を助長すると述べる人もいる。毛沢東国家主席が提唱した「百《ひゃ》花斉放《っかせいほう》」運動は完全な失敗に終わった。しかし、抑圧された中国の革命時代とは対照的に、現代のグローバル経済は真の「大躍進」を遂げようとしている。実験を奨励する組織には、何の成果にもつながらないプロジェクトや、組織の歴史を知る人々が話題にしたがらないプロジェクト（世界初のPDAのアップル・ニュートンなど）もあるだろう。しかし、こういった取り組みを「無駄」、「非効率的」、「冗長」とみなすのは、イノベーションよりも生産性を重視する文化や、漸進主義という負のスパイラルに陥る危険性のある企業の特徴ともいえる。

近年のデザイナーがバイオミミクリー（生体模倣）という新たな科学を取り入れようとしているのは不思議ではない。バイオミミクリーとは、四五億年分の学習曲線を持つ「自然」が人類に対して何らかのヒントを教えてくれるだろうという考え方に基づく学問だ。たとえば、無害な接着剤、最小構造、効率的な断熱、空気力学的な流線形などがその例だ。健全な生態系に備わっている驚くべき多様性は、まさに継続的な実験にほかならない。新たな物事を試し、何がうまくいくかを確かめる行為そのものだからだ。したがって、これからは分子のレベルだけではなく、企業や組織というシステム的なレベルでも、自然を見ならう必要があるだろう。しかし、実験意欲がありすぎるのもそれはそれで危険だ。企業には生態系のように時間がふんだんにあるわけではない。ダーウィンには申し訳ないが、いわゆる「インテリジェント・デザイン」の実践を拒否すれば、リーダーは怠慢のレッテルを貼られてしまうだろう。必要なのは、ボトムアップによる実験と、トップダウンによる指示の適切なバランスなのだ。

このアプローチの原則は次のとおりだ。とはいえ、「言うは易《やす》く行なうは難《かた》し」である。

①最善のアイデアが生まれるのは、デザイナーやエンジニアだけでなく、もちろん経営陣だけでもなく、組織の生態系全体に、実験を行なう余地がある場合だ。

②変化しつづける外的要因（新技術、顧客基盤の変化、戦略上の脅威やチャンス）にもっともさらされている人々こそ、状況の変化に対応するのにもっとも適していて、さらに対応する意欲を持っている。

③アイデアの良し悪しは、誰がそのアイデアを発案したかに基づいて判断してはならない（この原則は、声に出して繰り返してほしい）。

④口コミ《バズ》を生み出すアイデアを優先すべきである。アイデアは、組織の支持を得る前に、どんなに小さくても、生の声による支持を得るべきである。

⑤アイデアを育てたり、切り落としたり、採り入れたりするには、上層部の「園芸」スキルが必要である。MBAはこれを「リスク許容度」という言葉で表現している。私はこれを「トップダウン的要素《トップダウン・ビット》」と呼んでいる。

⑥組織に方向感覚をもたらし、イノベーターが常に指示を待たずにすむように、包括的な目標を明確にする必要がある。

これらの原則は、イノベーションのほとんどの分野に応用できる。これらの原則を適用することで、個人の創造性の種を根付かせることができるのだ。たとえ、それがスーパーマーケットの売り場であっても。

ホールフーズ・マーケットのCEO、ジョン・マッケイは、一九八〇年の創業以来、このボトムアップによる実験という考え方を経営に取り入れている。今や自然食品やオーガニック・フードの世界最大の小売チェーンとなったホールフーズは、各店舗の従業員を小さなチームに分け、ホールフーズの顧客によりよいサービスを提供するための実験を行なわせている。たとえば、さまざまな陳列アイデアや、地元の顧客ニーズを満たす厳選商品などだ。そうすれば、各店舗は地域あるいは近隣に合った特色を出せるようになるだろう。また、店舗責任者は、よいアイデアをその場にとどめておくのではなく、会社全体に発信して共有するよう勧められる。こうした取り組みはいずれもそれほど革命的には思えないが、マッケイが創業当初から行なってきたのは（彼がテキサス州オースティンで一店舗のスーパーから始めたとき、従業員は総勢一九名だった）、全従業員が企業全体のビジョンを理解・認識し、ビジョンに貢献できるようにすることだ。これらの考え方は、組織のあちこちで起きているイノベーションの導き役となっているのだ。

これまでのエピソードと同様に、この話にも教訓がある。ボトムアップ型の実験の成果を、無秩序なアイデアや未実現の計画のままうやむやにしてはならないということだ。たとえば、ボトムアップの創造性を取り入れるために、投書箱を用意している企業がある。しかし、失敗に終わる場合が多い。そして、経営者は、「なぜ恩知らずな従業員たちは、投書箱を壁に設置しておけば中にコーヒーを流し、オンラインに設置すれば掲示板を荒らすのだろうか」と首をひねるのだ。そこまでは行かなくとも、せいぜい漸進的でつまらないアイデアしか生まれないだろう。あるいは、提案を行動に移す明確なメカニズムがないために、結果的に何も変わらないという場合も多い。必要なのは、企業のピラミッドのトップにいる人々が変えるという強い意識を持つことだ。そうすれば、ピラミッドの下方にいる人々からよりよいアイデアが返ってくるだろう。そして、有望な実験は組織をあげてサポートし、適切な資源や明確な目標を提供することでプロジェクトを維持していくべきなのだ。

私には、あるプロジェクトをサポートすべきか否かを判断するシンプルな方法がある。ただし、慣れるまでには少し時間がかかった。私は、何か新しい物事を試す許可を求める慎重な文面のメモを受け取ると、同じくらい慎重になる。しかし、異様に興奮した集団に駐車場で待ち伏せをされ、自分たちのとびきりクールなプロジェクトについて、我先にと説明されると、熱意が私に伝わり、アンテナがピンと立つのだ。このようなプロジェクトの中には、失敗するものもある。労力は無駄になり（無駄とは何かはさておき）、お金を失う（この意味は明らかだろう）。しかし、たとえそうであっても、私と同郷の詩人、アレキサンダー・ポープのこんな格言を心に留めておくべきだろう。「過《あやま》つは人の常、許すは神の業《わざ》」

楽観主義の文化

実験意欲と明らかに対をなすのが、楽観主義の文化だ。世界の動向によっては、楽観主義の文化を維持するのは難しいが、ひねくれてしまった組織で好奇心が育たないのは事実だ。アイデアは実現する前に摘み取られ、リスクを冒す人々は追い出される。将来を嘱望されているリーダーたちは、昇進のチャンスを失う恐れから、成果のあやふやなプロジェクトへの参加を避ける。プロジェクト・チームは神経過敏で疑心暗鬼になり、経営陣が本当は何を望んでいるのかと勘ぐるようになる。経営陣が破壊的イノベーションや自由気ままな実験を促進しようとしても、誰も許可なしには前に進もうとしない。これでは、スタートする前から敗北が決まっているようなものだ。

楽観主義、つまり状況がきっと今よりもよくなるという確固たる信念がなければ、実験の意志は絶えず打ち砕かれ、ついにはしぼんでしまうだろう。前向きに奨励するといっても、すべてのアイデアが平等だと称する必要はない。見識ある判断を下すのは、やはり上層部の責任だ。しかし、自分のアイデアに公正な注目が捧げられていると感じれば、従業員たちは自信を抱くようになるのだ。

デザイン思考の力を活用するには、個人、チーム、組織全体で楽観主義を養う必要がある。誰もが、満たされていないニーズに応え、世界に好影響を及ぼす画期的なアイデアを生み出す力が自分にある（少なくとも、チームにある）と信じる必要があるのだ。一九八五年にいったん取締役会から解雇された後、一九九七年夏にアップルに復職したスティーブ・ジョブズは、すっかり士気の落ちきった社内の現状を目の当たりにした。従業員たちが一五以上の製品プラットフォームに分かれ、生き残りを賭けて競争し合っていたのだ。そこで、大胆さで知られるジョブズは、企業の提供商品を一五種類から四種類に削った。プロフェッショナル向けのデスクトップとラップトップ、そして「残りの普通の人々のため」のデスクトップとラップトップだ。すべての従業員が、自分たちのプロジェクトはアップルのビジネスのきっかり四分の一を占めており、バランスシートを精査する経理担当者によって潰される心配はないという事実を理解していた。楽観主義が広まり、士気は一八〇度転換した。その後の歴史は、知ってのとおりだ。楽観主義には自信が必要であり、自信は信頼のもとに生まれる。そして、信頼とは双方向に築かれるものなのだ。

企業が楽観的で、実験好きで、リスクに寛容かどうかを確かめるには、五感を用いるのがよい。格子状に整然と並ぶベージュ色の狭苦しいパーティション部屋ではなく、色とりどりの雑然とした風景が広がっているか、目で確かめてみよう。低く抑えられた会話ばかりが続くのではなく、時には騒がしい笑い声がわき起こるかどうか、耳を傾けてみよう。IDEOでは、飲食料品業界の仕事も数多く行なっているため、食品科学者を雇っているし、業務用キッチンも備えている。そのため、文字通り興奮の「匂い」が漂っていることも多い。それらすべてが交わる場所に目を向けてみてほしい。そこから、新しいアイデアが生まれるからだ。たとえば、私は階下に降り、レゴでプロトタイプを製作したり、即興劇を演じながら新しいサービス・インタラクションを練ったりしているチーム・メンバーを観察するのが好きだ。中でも見学していて特に楽しいのは、ブレインストーミングだ。

ブレインストーミング

ビジネススクールの教授たちは、盛んにブレインストーミングの価値をめぐる学術記事を書いている。これからもぜひそうしてほしい（私の親友にもビジネススクールの教授がいるが、執筆で忙しくてなかなか連絡が取れない）。やる気さえあれば、個人で作業した方が同じ時間でより多くのアイデアを生み出せるという調査結果もあるし、ブレインストーミングは心臓の健康にとっての運動と同じくらい、創造性にとって欠かせないものであるという事例研究もある。そのどちらにも一理ある。

ブレインストーミングに懐疑的な人々はこう主張する。上司がよかれと思っていても、互いに見ず知らずで、懐疑的で、信頼のない人々を集め、困難な問題についてブレインストーミングを行なわせるくらいなら、個人で問題について考える方が、よほど有効なアイデアを生み出せるのではないか。逆説的かもしれないが、ブレインストーミングは、体系から脱却するための体系的な手法だ。したがって、慣れが必要なのだ。

クリケット、サッカー、アメリカン・フットボールと同じように、ブレインストーミングにもルールがある。ルールは選手が高いパフォーマンスを発揮できるようにするための〝フィールド〟を整備するものだ。ルールがなければ、参加したグループが共同作業するための枠組みがないので、ブレインストーミング・セッションは型どおりの会議か、話す人ばかりで聴く人のいない、非生産的な言い合いで終わってしまう。しかし、あらゆる家庭にスクラブルやモノポリーの独自ルールがあるように、どの組織にもブレインストーミングの独自ルールがある。ＩＤＥＯの場合は、ブレインストーミング・セッションの専用室を設け、ルールを文字通り壁に書いている。「判断を焦らない」、「野蛮なアイデアは歓迎」、「話題から逸れない」などのルールがあるが、中でも私が最重要視しているのは、「他者のアイデアをもとに考える」というルールだ。これは、「汝、殺すなかれ」や「汝の父母を敬え」に匹敵するような戒律だ。あらゆる参加者に、それまでのアイデアをもとに考え、それを前進させる機会を与えるものだからだ。

少し前、私たちはナイキのキッズ向け商品の開発に取り組んでいた。ＩＤＥＯは熟練のおもちゃデザイナーを数多く抱えているが、時には専門コンサルタントの手を借りる方がよい場合もある。そこで、私たちは土曜の朝のアニメ番組が終わるのを待って、八〜一〇歳の子どものグループをパロアルトのスタジオに招待した。まずはオレンジ・ジュースとフレンチ・トーストで子どもたちを手なずけると、男の子と女の子をふたつの別々の部屋に分け、指示を与え、一時間ほど作業に取り組んでもらった。結果を集計すると、ふたつのグループの違いが明らかになった。女の子は、二〇〇個を超えるアイデアを考案したのに対し、男の子は五〇個がやっとだった。この年齢の男の子は、集中したり、話を聞いたりするのが苦手だ。真のコラボレーションを行なう上で、こういった能力は欠かせない。しかし、女の子は正反対だった。幸い、この違いの原因が遺伝なのか、文化規範なのか、生まれ順なのかを判断するのは私の仕事ではないが、このブレインストーミングの比較実験で明らかになったのは、他者のアイデアをもとに考えることによる威力の紛れもない証拠だ。男の子は、自分の考えを表明するのに夢中になるあまり、ブレインストーミングの仲間から出されたアイデアにほとんど気を配っていなかった。一方、女の子は、こちらが促したわけでもなく、活発で、しかも連続した会話を行なっていた。つまり、アイデアはすべてその前のアイデアと関連していて、次なるアイデアへのジャンプ台の役割を果たしていた。女の子たちは互いに刺激し合い、その結果、よりよいアイデアを生み出していたのだ。

　ブレインストーミングは、必ずしもアイデアを創出する究極の手法ではないし、あらゆる組織の構造に組み込めるわけではない。しかし、幅広いアイデアの開拓が目的の場合には、真価を発揮する。選択を行なう場合にはそのほかのアプローチも重要だが、選択肢を生み出す場合には、適切なブレインストーミング・セッションに勝る方法はないだろう。

ビジュアル・シンキング

デザインの専門家たちは、何年もかけて絵の描き方を学ぶ。絵を描くのは、アイデアを図式化するためではない。それは、現代では安価なソフトウェアで実現できる。むしろ、デザイナーが絵の描き方を学ぶのは、アイデアを「表現」するためだ。言葉や数値でも表現できないことはないが、アイデアの機能的特徴と感情的要素の両方を同時に明らかにできるのは、絵のみだ。アイデアを正確に描くには、どんなに緻密な言語でさえも不要な判断を下す必要がある。どんなに美しい数式でも解決できない審美的問題に対処する必要がある。目の前の課題がヘア・ドライヤーであれ、田舎の週末の隠れ家であれ、年次報告書であれ、絵を描くには判断力が必要だ。

ビジュアル・シンキングにはさまざまな形態がある。客観的な図式化のみに絞って考えるべきではない。実際、絵を描く能力さえ必ずしも必要ではない。一九七二年一一月、数人の生化学者が、長いカンファレンスを終え、ホノルルの夜のカフェテリアでくつろいでいた。そこで、カクテル・ナプキンを取り出し、繁殖するバクテリアの大まかな絵を描き、意見を交換した。数年後、スタンリー・コーエンはノーベル賞の授賞式に出席するためにストックホルム行きの飛行機に乗り、ハーバート・ボイヤーはジェネンテック社の駐車場に赤いフェラーリを駐めていた。

子どもは誰でも絵を描く。しかし、言葉重視の論理的な大人へと成長していく過程で、絵を描くという初歩的な能力を忘れてしまうのだ。スタンフォード大学のプロダクト・デザイン・プログラムの創設者であるボブ・マッキムや、多方面で活躍するイギリスのエドワード・デ・ボノのような創造的問題解決の専門家は、マインドマップや2×2のマトリクスなど、アイデアを価値ある方法で模索・表現する視覚的な枠組みの考案に、多くの創造力を注いだ。

私の場合、絵でアイデアを表現すると、言葉で表現しようとしたときとは異なる結果が得られる。しかも、たいていはより早く。同僚とアイデアを議論している場合は、近くにホワイトボードかスケッチブックを用意する。視覚的に処理しないと、行き詰まるのだ。レオナルド・ダ・ヴィンチのスケッチブックは有名だが（一九九四年のオークションでダ・ヴィンチのハマー手稿（訳注／その後、レスター手稿に改称された）を落札した収集家は、ほかでもないビル・ゲイツだった）、レオナルドは自身のアイデアを練るためだけにスケッチブックを使っていたわけではない。彼は路上で立ち止まり、理解したい物事を書き留めることも多かった。雑草のもつれ、日向ぼっこをしている猫の丸み、水路にできる水の渦などだ。さらに、彼の機械図面を調べると、すべてが自分自身の発明のスケッチであるという神話は嘘だということが分かる。熟練したデザイン思考家と同じように、レオナルド・ダ・ヴィンチは絵を描く技術を使って、他者のアイデアを足がかりにして考えていたのだ。

貼るべきか、貼らざるべきか《トゥ・ポスト・オア・ノット・トゥ・ポスト・イット》

今では、つつましいポスト・イットの誕生秘話を知っている人が大半だろう。六〇年代、3M社で働いていた科学者のスペンサー・シルヴァー博士は、たまたま興味深い性質を持つ接着剤を生み出した。それは「粘弾性共重合体ミクロスフィア」、つまりくっつかない接着剤だった。当然のことながら、上司はその接着剤に使い道を見出せず、彼をほとんど相手にしなかった。すると、彼の同僚のアート・フライが、教会の賛美歌集からしおりがずり落ちないようにするために、この接着剤を使うことを思い付いた。そのとき、この黄色い小さな紙のすばらしい使い道が見つかったのだ。ポスト・イットは、今や売上高一〇億ドル規模の製品となり、3M社でもっとも価値ある資産のひとつとなっている。

ポスト・イットは、組織がいかに受け腰になり、すばらしいアイデアを摘み取ろうとしているかをあらわす実例だ。しかし、このありふれた小さな粘着紙は、それ自体が重要なイノベーション・ツールとしても使われている。プロジェクト・ルームの壁を彩るポスト・イットは、数知れないデザイン思考家たちの役に立ってきた。ポスト・イットを利用して、まずは多岐にわたる洞察を記録し、次にそれを意味あるパターンに並べ替えるのだ。淡い輝きを放つポスト・イットは、インスピレーションの源泉である発散的段階から、ソリューションへのロード・マップである収束的段階までの流れを具現化する役割を果たしている。

ブレインストーミングやビジュアル・シンキングなど、私がこれまでに述べてきたデザイン思考家の手法は、「選択肢を生み出す」という「発散的」プロセスで役立つ。しかし、「選択を行なう」という「収束的」段階に進まなければ、さまざまな選択肢を出すのはただの遊びにすぎない。クリエイティブなアイデアを生み出す楽しい遊びから、ひとつの答えを導き出す段階へと進むには、収束的なプロセスが欠かせない。しかし、だからこそ、デザイン・チームにとってはもっとも難しい作業でもあるのだ。機会さえ与えられれば、デザイン・チームは果てしなく発散的思考を続ける。より面白いアイデアはいつでも近くに転がっているからだ。そして、チームが意気揚々とアイデアを生み出している間に、予算が底を突いてしまうかもしれない。ここで効果を発揮するのが、ポスト・イットなのだ。ポスト・イットは、収束的プロセスで役立つもっともシンプルな道具のひとつだ。

プロジェクト・レビューを行なうために全員が一堂に会すると、もっとも魅力的で見込みのあるアイデアを選び出すプロセスが必要になる。そんなとき、ストーリーボードが役立つ。ホテルのチェックイン時、銀行口座の開設時、購入したての電子機器の利用時に、利用者が経験する出来事を、マンガのように順序立てて説明するパネルだ。ストーリーボードは、シナリオの別案を作り出すのにも役立つ。しかし、遅かれ早かれ、ある程度のコンセンサスが必要になる。そして、コンセンサスが議論や上司の命令で生まれることはまずない。必要なのは、グループの直感を引き出すための道具だ。その点においては、惜しみなく使えるポスト・イットに敵うものはない。

ＩＤＥＯでは、ポスト・イットを使ってアイデアを「バタフライ・テスト」にかけている。

非凡なデザイン思考家で、シリコンバレーのデザイン・パイオニアのひとりであるビル・モグリッジによって発明されたバタフライ・テストは、まったく科学的ではないものの、大量のデータから重要な洞察を引き出す際には驚くほど効果を発揮するプロセスである。たとえば、詳細な調査、何度ものブレインストーミング・セッションやプロトタイプ製作を終えて、プロジェクト・ルームの壁全体が有望なアイデアで埋め尽くされたとしよう。チーム・メンバーは、それぞれポスト・イットの「投票」用紙を何枚か受け取り、部屋を歩き回りながら壁一面のアイデアを吟味し、推進すべきだと思うアイデアにポスト・イットを貼り付けていくのだ。すると、ほどなくして、どのアイデアがもっとも多くの「蝶《バタフライ》」を惹き付けたのかが明らかになる。もちろん、政治や人間関係など、さまざまな要素がからんでくるだろう。しかし、コンセンサスとはそういうものだ。ギブ・アンド・テイク、つまり妥協と創造性の組み合わせで決まるのだ。最終結果に影響を及ぼす要素はほかにもある。このプロセスは多数決の問題ではなく、最良のソリューションを導き出すチームの能力を最大化するためのものだ。混乱は付きものだが、驚くほど効果的で、しかもさまざまな特色を持つ組織に応用できる。

私は３Ｍの宣伝をするつもりはない。ポスト・イットは、ちょっとした思い付きを書き留めたり、見直したり、切り捨てたりするのに便利だが、すべてのデザイン・プロジェクトに絶対共通の要素、つまり「デッドライン」に対処する上で役立つ数々の道具のひとつでしかない。デッドラインは必ず付いて回るものだが、デザイン思考の発散的思考や探求の段階では、デッドラインがさらなる重要性を持つ。デッドラインが意味するのは人々ではなくプロセスだ。デッドラインとは、すべてが終わり、最終評価が開始される将来の定点である。この定点は、一見すると独断的で有難くないものにも思えるが、経験豊富なプロジェクト・リーダーほど、デッドラインを利用して「選択肢」を「決断」に変えるすべを知っている。少なくともプロジェクトの初期段階では、毎日デッドラインを設けるのは賢明とはいえない。かといって、六カ月先まで延ばすのも非効率的だ。チームにとって経営陣の助言、検討、見直し、決断がもっとも必要な時期を見定めるには、判断力が必要なのだ。

私はいまだに、「好きなだけ時間をかけてかまいません」と言ってくれるクライアントに出会ったことがない。あらゆるプロジェクトには制約がある。技術的な制約、スキルの制約、知識の制約といった具合に。しかし、その中でももっとも厳しい制約は、おそらく日程の制約だろう。日程は利益に直結するものだからだ。アメリカでもっとも野心的な最初のデザイン思考家ともいえるベンジャミン・フランクリンは、若い商人に宛てた手紙で、「時は金なり」と記した。

最後に紹介するのが、デザイン思考のもっとも強力な道具だ。それは、ＣＡＤでも、高速のプロトタイプ製作でも、オフショア製造でもない。それは私たちの両耳のあいだにある〝インターネット〟である。つまり、共感、直感、パターン認識、並行処理といった能力を備えた神経ネットワークだ。少なくとも当面は、機能性と感情的な価値を合わせ持つ複雑なコンセプトを組み立てられるのは、人間だけだろう。機械はどんどん進化を続けているが、「人間」と「人間が道具として使う高度な機械」とを区別するのは、まさにこの能力なのだ。多種多様な可能性をひとつの現実へと収束したり、詳細な分析をひとつの形へと綜合したりする方法を教えてくれるアルゴリズムがあらわれないかぎり、この才能を持つ熟練したデザイン思考家たちの活躍する場はなくならないだろう。

人々が複雑怪奇なデザイン思考の世界に飛び込むのを躊躇する理由はいくつかある。創造性は著名なデザイナーしか持ち合わせていない内なる才能だから、自分は現代アートの美術館にでも行ってデザイナーが作った椅子やランプをうっとりと鑑賞しておくくらいが賢明だと思っている人もいるだろう。あるいは、創造性は教育を受けた専門家たちだけが持つ特別なスキルだと思い込んでいるからかもしれない。実際、われわれはヘア・カットから家の装飾まで、すべてを〝デザイナー〟に頼っている。それとは逆に、デザイナー崇拝に縁のない人たちの中には、ブレインストーミング、ビジュアル・シンキング、物語といった定性的なツールをマスターすることと、デザインのソリューションを導き出す能力とを混同してしまう人もいる。さらには、精密な枠組みや方法論がなければ、現状を理解することなどできないと考える人もいるだろう。こういう人々は、チームの士気が下がると、離れていく傾向がもっとも強い。そして、プロジェクトのライフサイクルの中では、士気の下がる場面は必ずやってくる。こういった人々が理解していないのは、デザイン思考は芸術でも科学でも宗教でもないという点だ。つまるところ、デザイン思考とは、インテグレーティブ・シンキング（統合思考）を行なう能力なのだ。

高名なトロント大学ロットマン・スクール・オブ・マネジメントの学長、ロジャー・マーティンは、世界の偉大な経営者たちを観察する絶好の立場にいる。彼は特に、偉大な経営者の多くが共通して持っている能力、つまり相反する複数の考えから新しい解決策を導き出す能力に注目している。五〇回以上もの詳細なインタビューに基づいて書かれた著書『インテグレーティブ・シンキング』で、マーティンは「相反する考えを対比させて新しい解決策を導く思考ができる人は、ひとつの考えしか追えない人よりも、困難な問題に取り組むときに優位に立てる」と述べている。インテグレーティブ・シンキングができる人々は、問題にとって重要なポイントの範囲を広げる方法を知っている。「AかBか」を嫌い、「AもBも」を重視する。非直線的な関係や多方向の関係を矛盾ではなくインスピレーションの源泉と見るのだ。成功する経営者ほど、「複雑さを愛する」とマーティンは述べている。こういった経営者たちは、少なくとも解決策の模索段階では、複雑さを受け入れる。複雑さこそ、もっとも確かな創造性の源泉だからだ。つまり、経営者の資質とは、私がこれまで述べてきたデザイン思考家の資質と同じなのだ。これは決して偶然の一致ではない。そして、「相反するふたつの考えを同時に扱える」能力は、遺伝子の宝くじに当選した人たちの専売特許ではない。偉大なデザイン思考家の持つスキル、つまり複雑な情報の山からパターンを探し出す能力、断片から新しいアイデアを綜合する能力、自分とは異なる人々に共感する能力は、誰でも養うことができるのだ。

将来的には、神経生物学者がわれわれをMRIスキャナーにつなぎ、インテグレーティブ・シンキングを行なっているときに活性化する脳の箇所を特定できる日が来るだろう。そうすれば、インテグレーティブ・シンキングの効果的な実践方法を教える新たな戦略が立てやすくなるかもしれない。しかし、少なくとも現段階では、私たちの仕事は脳の中で起きている出来事を理解することではなく、頭の中の考えを外に追い出し、ほかの人々と共有して、最終的に具体的な戦略へと置き換える方法を見出すことなのだ。

第4章　作って考える
——プロトタイプ製作のパワー

私がデザイン思考家としての道のりを歩みはじめたのは、レゴがきっかけだった。七〇年代初頭、私が九歳か一〇歳のころ、イギリスは周期的な不況を迎えた。冬になると、炭坑労働者たちはストライキを決行した。発電所には石炭が不足し、需要を満たす電力が供給されず、たびたび停電が発生した。そこで私は自分なりに考え、家にあったレゴを残らず引っ張り出し、暗闇で光る不思議なライト・ブロックを使って巨大な懐中電灯を作った。私は母親が灯りのもとで夕食を料理できるように、自信満々で懐中電灯を手渡した。それが、私の製作した最初のプロトタイプだった。

一〇歳になるころには、何年もの集中学習を通じて、プロトタイプ製作のパワーを理解していた。幼いころ、私は組立て玩具のレゴやメカノを使い、何時間もかけて、さまざまな形やサイズの宇宙船、恐竜、ロボットで埋め尽くされた世界を製作した。ほかの子どもと同じように、私はモノを想像力の糧にし、両手を使って考えていたのだ。この物理的な世界と抽象的な世界との行き来こそ、私たちが世界を探検し、想像力を解き放ち、新たな可能性に心を開くもっとも初歩的なプロセスのひとつなのである。

大半の企業は、このような子どもじみた探求を置き去りにして、報告書の作成や書類の記入といった、より重要な作業に目を向けている人々でいっぱいだ。しかし、デザイン思考を取り入れている組織には、訪問者を驚かせるひとつの特徴がある。子ども部屋と同じように、至るところにプロトタイプがあるのだ。プロジェクト・ルームをのぞき込むと、四方八方にプロトタイプが置かれている。廊下を歩けば、プロトタイプが過去のプロジェクトの語り手になってくれるだろう。X-ACTOナイフやマスキング・テープから、五万ドルのレーザー・カッターまで、さまざまなプロトタイプ製作ツールが散らばっている。予算や設備はそれぞれだが、プロトタイプ製作が会社の本質となっているはずだ。

フランク・ロイド・ライトは、幼少期にフレーベルの「恩物《おんぶつ》」（一八三〇年代、フリードリッヒ・フレーベルが子どもに幾何の原理を学ばせようと考案した幼児教育向けの玩具）で遊んだ体験が、創造の情熱に火をつけたと語っている。彼は自伝の中で、「カエデの積み木の感触が、今でも指に残っている」と述べている。史上もっとも偉大なプロトタイプ製作チームともいえるチャールズ&レイ・イームズは、プロトタイプ製作を通じて、時には何年もかけてアイデアを探求・改良していった。それが、二〇世紀の家具の革命へとつながったのだ。イームズの代名詞ともなったラウンジ・チェアはひらめきによって生まれたのか、と熱烈なファンに聞かれたチャールズは、「そうです。といっても、いわば三〇年がかりのひらめきですが」と答えた。

実験を歓迎する態度は、クリエイティブな組織の血液ともいえるものだが、プロトタイプ製作（とりあえずプロトタイプを製作してみようという態度）は、実験意欲の最大のあらわれである。プロトタイプというと、製造直前の製品の完成モデルを思い浮かべがちだが、その定義をプロセスのもっと初期の段階まで拡大する必要があるだろう。大雑把でシンプルな調査など、物理的なモノ以外もプロトタイプに含めるべきだ。さらに、インダストリアル・デザイナーでなくとも、プロトタイプ製作という習慣を取り入れることはできる。これから説明するように、金融サービス会社のエグゼクティブ、小売業者、病院の管理責任者、都市計画者、交通技術者でさえ、デザイン思考の根幹をなすプロトタイプ製作に参加することはできるし、また参加するべきなのだ。デイヴィッド・ケリーは、プロトタイプ製作を「両手を使った思考」と称し、仕様書や計画を中心とした抽象的思考と対比させている。いずれにも価値があり、独自の役割があるわけだが、プロトタイプ製作は新しいアイデアを生み出し、それを推進する上ではるかに効果的なのだ。

やっつけ仕事でかまわない

貴重な時間をスケッチ、模型、シミュレーションに費やすのは、仕事が遅くなるだけではないかと思うかもしれないが、プロトタイプ製作はむしろ「より早く」成果につながる。これは直感に反するかもしれない。アイデアを「実物化する」よりも、頭の中で「考える」方が時間はかからずにすむのではないか？　確かにそうかもしれない。しかし、それは一発で適切なアイデアを考え出すことのできる、ひと握りの天才にのみ当てはまる話だ。深く考えなければならない問題は、たいてい複雑だ。したがって、色々な方向性の中からひとつを選び出すには、早い段階で何度も実験を行なうのが最善である場合が多い。アイデアを形にするのが早ければ早いほど、それを検証して改良し、最適なソリューションに狙いを定めるのも早くなるのだ。

最先端の手術器具を提供するジャイラスACMIは、低侵襲手術の技術を開発する先進企業だ。二〇〇一年、IDEOはジャイラスACMIと共同で、繊細な鼻腔組織の手術を行なうための新たな器具の開発に乗り出した。プロジェクトの初期に、チームは六人の耳鼻咽喉科の外科医と会い、手術の手順、今までの器具の問題点、新しいシステムに求める特徴などについて話し合った。すると、外科医のひとりが、あいまいな言葉とぎこちない手振りで、ピストル・グリップの付いた装置がほしいと説明した。面談が終わったあと、IDEOのデザイナーのひとりがホワイトボードのマーカーと三五ミリ・フィルムの容器を手に取り、近くに転がっていたプラスティックの洗濯ばさみにテープでくっつけ、洗濯ばさみを引き金のように握った。この初歩的なプロトタイプのおかげで、議論は進み、全員が考えを共有できた。その結果、打ち合わせ、テレビ会議、買い物を何度も行なったり、飛行機のチケットを買ったりせずにすんだ。おまけに、プロトタイプの人件費・原材料費は0ドルだった（マーカー・ペンでさえきっちりと元に戻した）。

プロトタイプ製作を用いると、プロジェクトを迅速化させられるだけでなく、さまざまなアイデアを並行して模索することができる。初期のプロトタイプは簡素で、ラフで、安上がりな方がいい。アイデアにかける投資が大きくなるほど、そのアイデアにのめり込むことになる。高度なプロトタイプを製作するために過剰な投資を行なうと、ふたつの悪影響がある。ひとつ目は、平凡なアイデアが実現に近づきすぎてしまうということだ。最悪の場合には、最終段階まで進んでしまう。ふたつ目は、最小限のコストで、より有望で斬新なアイデアを発見する機会を生み出すという、プロトタイプ製作の本来の目的が損なわれてしまうということだ。プロダクト・デザイナーたちは、安価で扱いやすい材料を用いる。ボール紙、サーフボード・フォーム、木材。さらには、身近に転がっているモノや素材まで。接着剤、テープ、ホッチキスでくっつけ、アイデアを大まかに再現できるものなら、何でもかまわない。IDEOの最初で最高のプロトタイプは、会社がまだ八人のむさ苦しいデザイナー集団にすぎなかった時代に生まれた。パロアルトのユニバーシティ・アベニューの婦人服店の上にあるスタジオで、ダグラス・デイトンとジム・ユルチェンコが、バン・ロールオン・デオドラントのチューブに付いていたローラー・ボールをプラスティックのバター皿の底に取り付けた。それからほどなくして、アップルコンピュータは最初のマウスを出荷した。

これくらいで十分だ

　プロトタイプには、役立つフィードバックを得てアイデアを前進させるのに必要な時間、労力、投資さえかけてやれば十分だ。プロトタイプが複雑で高額になるほど、「完成品」に近づいてしまい、建設的なフィードバックが得にくくなるばかりか、フィードバックに耳を貸すのが難しくなる。プロトタイプ製作の目的は、実用的な模型を作ることではない。アイデアを形にし、強みと弱みを明らかにし、より精巧で緻密な次世代のプロトタイプの方向性を明らかにすることだ。したがって、プロトタイプの範囲は絞る必要がある。初期のプロトタイプの目的は、アイデアに実用的な価値があるかどうかを把握することだ。最終段階では、プロトタイプを世に送り出し、最終製品の対象利用者からフィードバックを求める必要がある。この時点になると、潜在顧客が粗削りな部分や詰めの甘い部分に惑わされないように、それまでよりもプロトタイプの外見的な特徴に配慮が必要になる。たとえば、たいていの人々は、ボール紙の洗濯機が動く光景を思い浮かべるのに苦労するだろう。

　近年では、プロトタイプをすばやく、しかも高精度に作製する驚くべきテクノロジーが出回っている。たとえば、超精密レーザー・カッター、CADツール、3Dプリンターなどだ。こうして作製されたプロトタイプは、時に精巧すぎる場合もある。スチールケース社のあるエグゼクテイブが、発泡スチロールでできた非常に精密な模型の椅子を実物と勘違いし、上に座って破壊してしまった。それは、ベクター社のチェアの四万ドルのプロトタイプだった。どんなにすばらしいテクノロジーでも、あまりに早い時期に緻密で精巧すぎるプロトタイプを製作するために用いてしまえば、何の意味もないだろう。「必要最低限のプロトタイプ製作」とは、プロトタイプから何を学びたいかを把握し、その目的を満たせるだけの精度で製作するということだ。経験豊富なプロトタイプ製作者は、「これくらいで十分だ」と言うタイミングを心得ているのだ。

実体のないプロトタイプを製作する

ここまで説明してきたプロトタイプの大半は、物理的な製品の場合だ。つまり、つまずいたり、足の上に落としたりすると、痛みを感じるモノだ。しかし、作ろうとしているのがサービス、バーチャル体験、組織のシステムの場合にも、同じ原則が当てはまる。

形にして、アイデアを模索、評価、促進できるものなら、何でもプロトタイプといえる。私は、高度なインスリン注射器具がレゴから誕生するのを見たことがあるし、コードを書きはじめるずっと前に、ソフトウェア・インターフェイスの模型がポスト・イットで作られるのを見たこともある。さらに、地域の銀行サービスの新たなコンセプトを説明するために、クライアントの前で劇が演じられている光景を目撃したこともある。薄っぺらいフォーム・コア（非常に軽くて丈夫で安価なボール紙のような素材）をマスキング・テープで留めただけの「カウンター」を背景にして。いずれの場合も、誰かに見せてフィードバックを得るのにふさわしい媒体を通じて、アイデアが表現された。

映画業界では、古くからこの手法が実践されている。ずっと昔、映画が演劇の録画版にすぎなかったころは、台本からそのまま映画を撮ることも可能だった。しかし、監督が野心的になり、観客の要求が高まるにつれ、何台ものカメラやさまざまな特殊効果が用いられるようになった。そこで、撮影前に映画の構想をまとめる方法として、ストーリーボードが登場した。ストーリーボードによって、すべてのシーンをあらかじめ入念に計画できるようになった。そのおかげで、監督が編集室に入ってから、重要なアングルや決定的なショットにミスや抜けがあることに気付かずにすむようになった。映画制作がより高度になると、ストーリーボードはさらに重要な役割を果たすようになった。特に、その草分け的な存在はウォルト・ディズニー・スタジオのアニメーションだ。ストーリーボードというプロトタイプ製作ツールのおかげで、アニメーターは細部に取りかかる前に、ストーリーにほつれがないかどうかを確認できるようになった。今日では、高度で高価なデジタル特殊効果がハリウッドを席巻しており、映画制作者たちはコンピューターベースのストーリーボードや「アニマティック」（訳注／各シーンを簡単に映像化したもの）を利用して、実作業に取りかかる前に、場面の動きを検証するようになった。

映画などのクリエイティブ産業から取り入れられた手法は、実体のない「経験」のプロトタイプを作る方法を示している。その一例がシナリオだ。シナリオは物語の一形式で、想定される将来の状況や状態を言葉や絵で説明するというものだ。たとえば、まず私たちが興味を持っている人口統計学的集団に合うキャラクターを設定する（ふたりの子どもを抱えるバツイチのキャリア・ウーマンなど）。そして、彼女だったら電気自動車の充電器やオンライン薬局をどう利用するかを〝観察〟するために、彼女の日課に基づいたもっともらしいシナリオを作り上げるのだ。

Ｗｉ－Ｆｉ通信の登場から間もないころ、医療、エネルギー、教育などの業界向け通信プラットフォームを提供するボセラ社はあるシナリオ動画を制作した。従業員が声で操作する「通信バッジ」を装着して、社内ネットワークのあらゆる場所にいる同僚たちと連絡を取り合う様子が描かれている。架空のＩＴサポート・チームのやり取りを追ったこのショート・ムービーは、潜在的な投資家にコンセプトを説明する上で、技術概要書やパワーポイント・スライドよりもはるかに効果的だった。ソニーも、九〇年代初頭に最初のオンライン・コンセプトの開発に取り組んでいたとき、同じ手法を利用した。デザイン・チームは、東京の一〇代の若者の生活に基づいてシナリオを制作し、若者が新しい種類のオンライン・ゲーム・サイトで双方向型テレビゲームをプレイしたり、一緒にカラオケをしたりする様子を描いた。インターネットの黎明期、経営者たちはこのようなもっともらしいフィクションを観ることで、インターネットが新たなサービスやビジネス・モデルの土台になる様子を思い描くことができたのだ。

シナリオにはもうひとつ重要な価値がある。シナリオは、人々をアイデアの中心に据えることで、技術的・外見的な細部に迷い込むのを防ぐ働きがあるのだ。私たちが相手にしているのは「モノ」ではなく、心理学者のミハイ・チクセントミハイのいう「人とモノとの交流」なのだという事実を思い出させてくれる。プロトタイプを製作することで、アイデアを形にし、アイデアから学んだり、アイデア同士を比較評価したり、アイデアを改良したりすることができるのだ。

新サービスの開発に役立つシンプルなシナリオ構造のひとつが、「カスタマー・ジャーニー（顧客の旅）」だ。これは、架空の顧客が経験するサービスを最初の段階から最後の段階まで図式化したものだ。開始点は架空の場合もあるし、航空券を購入する人々や、屋根にソーラー・パネルを設置するかどうか悩む人々を観察することから直接得られる場合もある。いずれの場合も、カスタマー・ジャーニーを描く利点は、顧客とサービスやブランドが接点を持つ場所が明らかになるということだ。この「タッチポイント」の一つひとつが、顧客に価値を提供する（あるいは、顧客を永久に手放す）機会となるのだ。

数年前、アムトラック社はボストン、ニューヨーク、ワシントンDC間の高速列車サービスを提供して、東海岸の交通を改善する機会を探りはじめた。アムトラックの依頼でIDEOが後の「アセラ・プロジェクト」に参加するころには、照準は列車そのもの、つまり座席のデザインにまで絞られていた。チームは、ほかの乗客たちに混じって何日も列車に乗ると、列車による旅のプロセス全体をあらわすシンプルなカスタマー・ジャーニーを作り上げた。大半の乗客にとって、列車の旅は「駅に向かう」、「駐車場を探す」、「切符を買う」、「ホームを探す」といった一〇のステップで成り立っていた。もっとも特筆すべき洞察は、乗客は八番目のステップになってやっと列車の座席に着席するということだった。言い換えれば、列車の旅の体験の大半は、列車自体とまったくかかわりがなかったのだ。そこでチームは、それ以前のすべてのステップを、好意的な体験を生み出す機会ととらえた。座席のデザインのみにとらわれていたら、このような機会を見逃していたに違いない。当然ながら、このアプローチのおかげでプロジェクトははるかに複雑になったが、デザインからデザイン思考へと目を向ければ、そうなるのが普通なのだ。ワシントンからニューヨークまでの旅に関係するさまざまな利害のバランスを取るのは容易ではないが、アムトラックは最後までやり遂げ、より完璧で満足度の高いカスタマー・エクスペリエンスを生み出すことに成功した。軌道、ブレーキ・システム、車輪に数々の問題が報じられたものの、アムトラックによる新たなアセラ・エクスプレス・サービスは人気を博している。カスタマー・ジャーニーこそ、その最初のプロトタイプだったのだ。

演じる

レゴで遊ぶことが、子どもにとって「両手で学ぶ」手段だとすると、大人のプロダクト・デザイナーにとっては、フォーム・コアやコンピューター駆動のフライス盤がその手段だ。とすれば、サービス（人々が銀行、クリニック、運転免許センターで行なう体験）のイノベーションにおいては、何が「両手で学ぶ」手段になるだろうか。そのほかのさまざまな製品と同じように、やはりもっとも信頼できる相談相手は、子どもである。子どもは二〜三人集まると、すぐにお医者さんごっこ、看護師さんごっこ、海賊ごっこ、エイリアンごっこ、ディズニーのキャラクターごっこを始める。こちらから促さなくても、複雑なプロットやサブプロットがいっぱい詰まった長大な演劇を始めるのだ。研究によると、この種の遊びは楽しいだけでなく、大人として行動する際の心理的な台本を形成する働きもあるという。

マリオットが所有する長期滞在型ホテル・ブランドのひとつ、タウンプレイス・スイーツは、長期契約のコンサルタントなど、出張旅行者に特化したサービスを提供している。こういった人々は、何日か自宅を離れるだけではないため、通常よりもくつろげるホテルを求めている。部屋でより頻繁に仕事をし、何度も週末をホテルで過ごし、自分の足で近所を散策する人も多い。マリオットは、このような出張客に特有の体験を見直そうと考えた。

従来、建築設計の問題のひとつは、実物大のプロトタイプ製作が事実上不可能という点だった。単純に、費用がかかりすぎるからだ。そこで、独創性に富んだ「空間デザイナー」のチームは、サンフランシスコ・ベイビュー地区の物騒な界隈にある古い倉庫を借り、フォーム・コアを使って、エントランス・ロビーや一般的なゲスト用スイートルームの実物大模型を作った。その模型は、空間の外観を再現するためのものではなく、デザイナー、クライアント・チーム、ホテルのオーナー経営者たち、さらには〝顧客〟がさまざまなサービス体験を演じ、本物の空間でリアルタイムに適切な体験を模索していくための舞台の役割を果たした。参加者全員が、プロトタイプにポスト・イットを貼り、変更を提案するよう奨励された。その結果、さまざまなイノベーションが生まれた。たとえば、リピーター特有のニーズに合った地元の情報が掲載された個人専用のガイドブック。あるいは、ゲストが磁石のタイルを貼って注目のレストランなどの目印を追加していくことのできる、ロビーの巨大なウォール・マップも考案された。これは一種の「オープンソース・ガイドブック」といってもいいだろう。思いついたことをその場で演じられるこの実物大の空間のおかげで、デザイン・チームは豊富なアイデアを思い浮かべ、検証することができた。さらに、アイデアの良し悪しを肌で感じることもできた。調査や仮想シミュレーションをどれだけ重ねても、同じような結果は得られなかっただろう。

思いついたアイデアを気軽に演じられるようにすることは、体験のプロトタイプを製作しようと考えている人々にとっては、明らかに重要だ。マテル社のアイヴィー・ロスは、「カモノハシ」プロジェクトの新しい参加者に対して、セッションの最初の数週間をかけて即興劇の技法まで教えている。役者仲間のアイデアをもとにして考える、アイデアの良し悪しをすぐに判断しない、といった基本を身に付けるだけで、プロトタイプのリアルタイムな共同製作は成功しやすくなる。素人が演じる体験のプロトタイプは、確かに間抜けに見えるかもしれない。したがって、ネクタイを緩め、ハイヒールを脱ぎ、即興でアイデアを模索するためには、一定の自信が必要なのだ。

プロトタイプを野に放つ

プロトタイプ製作の大半は、閉ざされたドアの内側で行なわれる。その理由は明白だ。多くの場合、競合他社（時には経営陣）に内情を知られないように、アイデアの機密性を守り、情報の漏洩をなるべく抑える必要があるからだ。従来の企業なら、フォーカス・グループや顧客面談を実施するだろうが、エレクトロニック・アーツ社など、より先端を行く企業は、ゲームの開発中にゲーマーを定期的に招き、ゲームのテストを行なったりしている。このような管理された環境は、製品の機能性を検証する上では十分に有効だ。正常に動作するか？　落としても壊れないか？　部品はうまくかみ合っているか？　普通の人でもオン／オフのスイッチを見つけられるか？　実際、製品のこのような側面は、プロジェクト・チームのメンバー自身でも検証できる場合が多い。しかし、サービスの場合、事情は複雑になる。特に、複雑な社会的インタラクションに依存するサービスならなおさらだ。たとえば、携帯電話は、利用者同士や、利用者とシステムの目に見えないインタラクションに頼っている。したがって、現代の複雑なアイデアでは、プロトタイプを野に放ち、どう生き残り、順応するかを確かめる必要があるのだ。

ドイツの携帯電話会社、T－モバイルは、携帯電話を通じたソーシャル・グループの構築方法について検討しはじめたとき、似た関心を持つ人々のネットワークに目を向けた。そういう人々は、連絡を取り合えるだけでなく、写真やメッセージの共有、計画の立案、スケジュールの同期など、さまざまなやり取りをPCよりもはるかにすばやく簡単に行なうことのできる携帯電話を求めているのではないかと考えたのだ。本来なら、Tーモバイルのアイデアを表現するためのシナリオやストーリーボードを制作したり、携帯電話上で動作するシミュレーションを作成したりすることもできただろう。しかし、それでは「社会的《ソーシャル》」な側面を見落としてしまう可能性があった。社会的な側面を検証するには、サービスのプロトタイプを世に送り出すしかなかった。デザイン・チームは、二種類のプロトタイプをノキアの数台の携帯電話に搭載し、スロバキアとチェコの少人数のユーザー・グループに配付した。二週間足らずで、どちらのプロトタイプが魅力的か、そしてその理由が明らかになった。好評だったのは、カレンダー内のイベントに基づいてソーシャル・ネットワークを築き上げるというアイデアだった。この結果にはチームも驚いた。というのも、チームは利用者が共有の電話帳を作れるようにするというもう一方のアイデアを支持していたからだ。プロトタイプを世に送り出したおかげで、新たなサービスの利用方法に関する真の証拠を得られただけでなく、見込みの薄いアイデアを深追いせずにすんだ。ただし、この画期的な手法には、唯一の欠点があった。実験期間が終わっても、携帯電話を返したがらない利用者が何人もあらわれたのだ。

「プロトタイプを野に放つ」ことのもうひとつの形態として利用が高まっているのは、仮想世界やソーシャル・ネットワークだ。これらのサービスを利用すると、企業は実際に投資を行なう前に、検討中のブランドやサービスについて消費者の意見を知ることができる。その成功例のひとつが、スターウッド・ホテル・チェーンだ。二〇〇六年一〇月、スターウッドは展開予定の「アロフト」ブランドの3Dプロトタイプをコンピューターで作成し、セカンドライフ（訳注／ユーザーがアバターとなり、ほかの多数のユーザーと共存しながら現実とは別の生活を送ることができるインターネット上の仮想空間サービス）の仮想世界に投入した。それから九カ月間、仮想の宿泊客たちが、全体的なレイアウトに関する意見はもとより、シャワー・ブースにラジオを設置する、ロビーをアース・カラーに塗り直す、といったさまざまな提案をスターウッドに続々と寄せた。十分なフィードバックが集まると、スターウッドは「改装」のために仮想ホテルを閉鎖した。再オープンすると、賑やかなサイバー・パーティーが催され、流行に敏感なアバターがロビーで踊り、バーで浮かれ、プールに集った。実際のホテルの建設が始まったら、高価な仮想プロトタイプはどうするのか？　スターウッドは、使わなくなった「土地《シム》」を、若者のオンライン・エンパワーメント・グループ「テイキング・イット・グローバル」に譲渡した。

　スターウッドのアロフト・ブランドは、若く、都会的で、流行に敏感なハイテク通の顧客の心をとらえようと考えていた。ちょうど、セカンドライフの世界を旅しているようなタイプの人々だ。仮想プロトタイプの利点は、より保守的な企業でも、実験的なプロトタイプ製作に着手しやすいという点だ。仮想プロトタイプ製作を利用すれば、企業はよりすばやく潜在顧客と接点を持ち、世界各地の人々からフィードバックを得ることができる。繰り返しも簡単だ。そして、オンライン・ソーシャル・ネットワークを利用したプロトタイプ製作の可能性を探る企業が増えるにしたがって、私たちはプロトタイプの評価に長けていくだろう。しかし、あらゆるプロトタイプ製作の媒体と同じように、制約もある。セカンドライフなどの仮想世界では、アバターが顧客の代わりとなる。しかし、それが実際に誰なのかは分からないため、見かけと現実が一致するとは限らない。したがって、一定のリスクを伴うのだ。

自社のビジネスについて考える

形のあるモノや実体のないサービスのプロトタイプ製作については、これまで説明してきたとおりだが、新しいビジネス戦略、新しいビジネス契約、新しいビジネス組織のデザインといったより抽象的な課題についても、プロトタイプ製作の果たす役割はある。プロトタイプを利用すれば、抽象的なアイデアに生命を吹き込むことができる。そうすれば、組織全体がアイデアを理解し、アイデアと向き合うことができるのだ。

二〇〇四年、「ザ・ソプラノズ」や「セックス・アンド・ザ・シティ」などの番組で有名な、ケーブルテレビ・ネットワークのＨＢＯは、テレビ業界の風景が一変しつつあるという確信を抱いていた。ＨＢＯは、有料コンテンツ・サービスでケーブル・テレビ市場を独占していたが、これからはインターネット・テレビ、携帯電話、ビデオ・オンデマンドなどの新たな配信プラットフォームが重要さを増すと考え、こういった変化の影響について理解したいと考えていた。

長期間にわたる調査や消費者の観察プロセスの結果、デスクトップ・パソコン、ラップトップ、携帯電話、インターネット・プロトコル・テレビ（ＩＰＴＶ）など、急成長する新たなテクノロジー・プラットフォーム全体でシームレスに利用できるコンテンツを制作するという戦略にたどり着いた。ＨＢＯは積極的にケーブル・テレビへの帰属意識を緩め、テクノロジーにとらわれず、いつでもどこでも顧客がコンテンツにアクセスできるようにするべきである──私たちはそう結論付けた。さらに、テレビ番組を制作したあとで、ＤＶＤ化やモバイル・コンテンツ化について考えるのではなく、あらかじめほかのチャネルを念頭に置いた上で、番組を制作すべきだと訴えた。この野心的な方針が、基本的な前提に疑問を投げかけることは承知していた。ＨＢＯは、視聴者とメディアとの関係をより深く理解する必要があっただけでなく、社内に深く根付いた縦割り組織を取り壊す必要もあったからだ。

カスタマー・エクスペリエンスの魅力的なビジョンを築き上げるために、プロジェクト・チームはプロトタイプを製作し、ＨＢＯのニューヨーク本社の一五階フロアに設置して、ウォークスルー体験ができるようにした。これにより、シニア・エグゼクティブたちは、顧客がさまざまなデバイスからアクセスできるテレビ・コンテンツとどう対話するかをじかに確かめることができた。技術的・分析的な背景知識を提供するために、チームは壁いっぱいを使った未来のロード・マップを設置し、このプログラムが進むにつれて企業が直面するであろう技術的、事業的、文化的な課題を展示した。私たちの手がけた一五階フロアを歩き回りながら、マーケティング担当副社長のエリック・ケスラーは、「これは、HBOオンデマンドの将来ではなく、HBOの将来だ」と述べた。

このプロトタイプは、HBOの経営陣を現実的かつ説得力のある方法で未来にいざない、将来的な機会と課題の両方を視覚化することに成功した。HBOが有料テレビ・コンテンツをモバイル・プラットフォームに導入するために、シンギュラー社（現在のAT&Tワイヤレス）と交渉を行なったときも、一五階フロアのプロトタイプは共通の理解を築くのに大いに役立った（訳注／その後、スマホ、タブレットなどで動画が観られるHBO GOやHBO NOWといったオンデマンド・ストリーミング・サービスが開始された）。

変革の時期——組織のプロトタイプを製作する

HBOの例は、ビジネス戦略のレベルでも、両手を使って考える必要があることを示しているが、組織そのもののデザインについても、同じことが当てはまる。組織は、環境の変化に合わせて進化しなければならない。企業の「再編」はビジネス界では陳腐な決まり文句になっているが、それでも企業の命運を左右するもっとも複雑なデザイン問題のひとつであることは確かだ。しかし、企業の再編には、優れたデザイン思考の基本的な原理さえ取り入れられていない場合がほとんどだ。ブレインストーミングのない会議が開かれ、両手を使って考えた痕跡などまるでない組織図が描かれる。プロトタイプ製作の恩恵を受けることもなく計画が立てられ、指令が下される。

ＩＤＥＯがアメリカの自動車産業を救えたかどうかは分からないが、私たちならフォーム・コアとホット・グルーガンから始めただろう。

確かに、新しい組織構造のプロトタイプを製作するのは難しい。組織は、その性質から、縦横無尽に絡み合ったクモの巣に吊されているようなものだからだ。組織のほかの部分に影響を及ぼすことなく、一部の部署のみをいじることなど不可能だ。人々の人生にかかわるプロトタイプ製作は、デリケートな問題もはらんでいる。当然、ミスの許容範囲も狭い。しかし、このような複雑さを抱えているにもかかわらず、組織の変革にデザイナーのアプローチを用いている企業はある。

二〇〇〇年末に巻き起こったドットコム業界の超新星爆発によって、ぽっかりとブラックホールが開いた。その爆心地は、サンフランシスコ・ベイエリアだった。サンフランシスコの「マルチメディア・ガルチ」一帯では、デザイナー風のロフト・ビルが廃墟と化し、アーロン・チェアとカラフルなｉＭａｃだけが残った。シリコンバレーの幹線道路である国道一〇一号線沿いでは、月額一〇万ドルの広告が次々と姿を消し、起業家の卵たちは学位を取るために大学に戻った。新興企業と手を組む一方で、実績ある企業にインターネット時代の道案内をしてきたＩＤＥＯも、大きな打撃を食らった。ＩＤＥＯの歴史上初めて、企業の引き締めを強いられた。私は、ＩＤＥＯのヨーロッパ部門を指揮していたイギリスから呼び戻され、デイヴィッド・ケリーから手綱を引き継ぐことになった。当の彼は、ドットコム・バブルがはじけるまさに寸前に、絶妙のタイミングで身を引き、スタンフォード大学で学問生活に専念する決意を固めたのだった。こうして、ＩＤＥＯ２・０への転換を監督する責任は、私に委ねられた。

かつては四〇名以上の従業員を抱えないことを誇りにしていたＩＤＥＯも（いつでも正面玄関を閉じ、スクール・バスに乗って、ビーチに繰り出せるようにだ）、もはや一〇倍以上の規模に膨れ上がっていた。必死で平らな組織構造を維持しようとしたが、組織が成長したおかげで、三五〇人分のキャリア、福利厚生、そして夢を満たさなければならなくなった。リスクは高く、セーフティ・ネットもなかった。そこで、私はデザイナーになる決意をした。チームを作り、プロジェクトを立ち上げたのだ。企業の改革というプロジェクトを。

過去二〇年間以上にわたって、クライアントに人間中心のデザイン・プロセスを届けてきた私たちが、自分自身にそれを応用できないとしたら、おかしな話だ。そして、私たちはまさにそれをやり遂げた。「フェーズ１」では、プロジェクト・チームが方々に広がり、社内、クライアント、協力者のネットワーク、さらには競合他社のデザイナーたちに話を聞き、業界がどう進化しつつあるのか、自分たちの強みと弱みは何かを探った。話し合いは一連のワークショップへと発展し、最初のプロトタイプが生まれた。それは私たちの考える未来をとらえた一連の「ビッグ・アイデア」のプロトタイプだった。その中のひとつが、「design with a small d（dが小文字のdesign）」というアイデアだ。これは、美術館の台座やライフスタイル雑誌の表紙を飾る「オブジェ」を作る道具としてではなく、あらゆるレベルの生活の質を引き上げる道具としてデザインを利用しようという考え方だ。もうひとつのアイデアが、「Ｏｎｅ　ＩＤＥＯ」というものだった。ＩＤＥＯの未来は、私たちが独立したスタジオの集まりではなくて、相互接続されたひとつのネットワークとして機能できるかどうかにかかっているという考え方だ。三つ目のアイデアは、従来の「スタジオ」モデル（デザイナーの典型的な仕事の仕方だ）を捨てて、世界の実情に即した「グローバル・プラクティス」という前例のない新たな構造を取り入れるというものだった。たとえば、「ヘルス・プラクティス」では、メドトロニックの精密医療機器から、グラクソ・スミスクラインの教育パッケージまでを扱う。「Ｚｅｒｏ20」では、０歳から二〇歳までの子どものニーズに焦点を当てる。そのほかにも、インタラクティブ・ソフトウェア、カスタマー・エクスペリエンス、「スマートな空間」のデザイン、さらには組織の改革に専念するグループも設ける計画だ。この時点で、私たちはプロトタイプを実世界に展開する準備が整ったと確信した。いや、より正確に言えば、実世界をプロトタイプ化したのだ。

私たちは、ＩＤＥＯが本拠地のシリコンバレーから世界各地へと拡大してから初めて、全従業員を一カ所に集めて世界的なイベントを行なうことを決めた。上級機械技師がボストンから、入社間もないグラフィック・デザイナーがロンドンから、模型製作担当者がサンフランシスコから、ヒューマン・ファクター専門家が東京から、そしてわれらが誇る受付係のヴィッキーがパロアルトからベイエリアに集い、後の「ＩＤＥＯ　２・０」の始動に弾みを付けた。三五〇人の仲間、同僚、指導者の前に立ってイベントを開始した経験は、今でも私のキャリア史上最大の山として残っている。新組織の始動がすんなりいくとは思ってもいなかった。

イベントでは、三日間に及ぶ講義、セミナー、ワークショップ、ダンス、そして三五〇人が同時に参加する懐かしのコンピューター・ゲーム『ポン』（訳注／画面上で向かい合った二名で打ち合うピンポンのビデオゲーム）大会が開催され、大成功を博した。しかし、その翌年は、私の経験したもっともつらい年だった。プロトタイプを展開するにあたって、物語が自分とどうかかわっているのかを人々に理解してもらうまでには、何度も物語を繰り返す必要があるということを学んだ。そして、人々が行動を変えるまでには、さらに何度も繰り返さなければならないということも。私たちがひとつの地域を拠点とした小さな集団だったときとは違って、世界七カ所に経営チームの考えを反映させるのは易しくないということを学んだ。完全に自由な創造活動に慣れきっていたビジョナリー・デザイナーたちは、市場主導の業務にすんなりと馴染めないということも学んだ。

私たちがＩＤＥＯを再編したのは、柔軟で、機敏で、価値のある組織を維持し、現実化しつつある新たな世界の環境に対応しつづけられるようにするためだった。それから五年間で、当初の七つの業務部門のうちふたつは消滅し、ひとつが新たに追加され、ひとつはターゲットとなるクライアントの心をつかむために、内容と名前が二度変更された。組織というものは、継続的な変化が避けられない。そして、あらゆるものがプロトタイプでしかない。よいプロトタイプとは、完璧に機能するプロトタイプではなく、目的、プロセス、自分自身について何かを教えてくれるプロトタイプだ。私たちは、もっとも困難な時期にあっても、それだけは肝に銘じていた。

このように、プロトタイプ製作にはさまざまなアプローチが存在するが、ひとつの逆説的な共通点がある。プロトタイプ製作は、時間を取られるが、結果的にはスピードアップにつながるということだ。時間をかけてアイデアをプロトタイプにすることで、あまりにも早い段階でアイデアを複雑化させたり、見込みの少ないアイデアにいつまでも固執したりするという手痛いミスを防ぐことができるのだ。

これまでに述べたように、すべてのデザイン思考家は、れっきとしたデザイン分野で教育を受けているかどうかにかかわらず、三つの「イノベーションの空間」を行き来する。デザイン思考家は、プロジェクト期間全体を通じて「両手で考え」つづけながら、プロジェクトの完了に向けて精度を高めていく。したがって、プロトタイプ製作は、三つの空間すべてを同時に占めることができる手法のひとつといえるのだ。

プロトタイプ製作は、常に「着想《インスピレーション》」を与えるものだ。といっても、完成された芸術作品という意味でではなく、その反対だ。というのは、プロトタイプは新しいアイデアを刺激するものだからだ。したがって、プロトタイプ製作はプロジェクトの初期の段階で開始する必要がある。そして、どんなに雑でもかまわないから、すばやくたくさん作製することだ。プロトタイプは、チームが何かを学び取り、次の段階に進むのに「最低限必要な」精度でアイデアを形にするためのものだ。したがって、プロトタイプの精度が比較的低い段階では、製作を外部に委託するのではなく、チーム・メンバー自身で行なうのがたいていは最善だ。デザイナーなら、十分に設備の整った作業場が必要かもしれないが、「デザイン思考家」は、カフェ、会議室、ホテルのスイート・ルームでも、プロトタイプを「構築」できるのだ。

初期の段階でのプロトタイプ製作を促進するひとつの方法は、第一週目、あるいは第一日目の終わりまでにプロトタイプを完成させるといった目標を設定することだ。いったん目に見える形となれば、実際に試してみて、社内の経営陣や社外の潜在顧客からフィードバックを引き出しやすくなる。実際、最初のプロトタイプが完成するまでの平均時間は、組織のイノベーション度を測る指標のひとつといえる。中には、この作業に数カ月〜数年かかる組織もある。自動車業界はその典型例だ。しかし、もっともクリエイティブな組織なら、ものの数日でプロトタイプが完成することもある。

次に、「発案《アイディエーション》」の空間では、アイデアを形にし、市場の需要を満たすのに必要な機能的・感情的要素が盛り込まれているかどうかを確認するために、プロトタイプを製作する。プロジェクトが進むにつれ、プロトタイプの数は減り、精度は上がっていく。しかし、製作の目的は変わらない。アイデアに磨きをかけ、改良することだ。この段階で求められる精度がチームの能力を超えている場合は、模型製作者、ビデオカメラマン、ライター、役者など、外部の専門家に助けを求める必要もあるだろう。

イノベーションの三つ目の空間は、「実現《インプレメンテーション》」だ。その目的は、組織全体の支持を勝ち取れるよう、アイデアを明確に伝え、実証し、ターゲット市場で成功することを証明することだ。
ここでも、プロトタイプ製作の習慣が重要な役割を果たす。さまざまな段階で、プロトタイプは部品の中の部品を検証するのに役立つだろう。たとえば、スクリーン上のグラフィックス、椅子のひじ掛け、献血者と赤十字ボランティアとのインタラクションの細部などだ。しかし、プロジェクトが完了に近づくにつれて、プロトタイプはより完成形に近づいていく。高額で複雑になり、実物と見分けが付かないこともあるだろう。このころになると、すばらしいアイデアだという確信が芽生える。分からないのは、どれくらいすばらしいアイデアかということだけだ。

マクドナルドは、イノベーションの各空間にプロトタイプ製作プロセスを取り入れていることで有名な企業だ。たとえば、「着想《インスピレーション》」の空間では、デザイナーがスケッチ、簡単な模型、シナリオを使って、新たなサービス、商品、カスタマー・エクスペリエンスを模索する。これは内密に行なわれることもあれば、早い段階でのフィードバックを求めて、経営陣や消費者に公開されることもある。また、マクドナルドは「発案《アイディエーション》」の空間を促進するために、シカゴ郊外の本社に高度なプロトタイプ製作施設を建設した。ここで、プロジェクト・チームはさまざまな種類の調理器具、ＰＯＳ技術、店舗レイアウトを構築し、新しいアイデアを試すことができる。そして、新しいアイデアの「実現《インプレメンテーション》」準備がおおむね整うと、多くの場合はパイロット・テストという形で一部の店舗で検証されるのだ。

第5章　初心にかえる
――経験のデザイン

私は、サンフランシスコとニューヨークの間を飛行機でしょっちゅう行き来する。しかし、私にとっては楽しみな旅だ。イギリス出身の私にとって、ニューヨークはアメリカの象徴だ。初めて訪れたアメリカの都市でもあり、行くと思うといつもわくわくする。しかし、つい先日、ひたすら我慢続きのフライトを体験した。おんぼろの飛行機、狭苦しい機内、粗末な食事、つまらないエンターテインメント・システム、不便なスケジュール、無愛想なサービスが相まって、本来なら楽しいはずの飛行機の旅が台無しになってしまった。

二〇〇四年、９・１１テロの余波の覚めやらないころ、ユナイテッド航空は、このような問題を解決する試みとして、サンフランシスコ－ニューヨーク路線でｐ．ｓ．（「プレミアム・サービス」）という新たなサービスを導入した。この一撃で、ユナイテッド航空は競合他社を出し抜いてしまった。この路線の顧客の大多数は出張客だったため、ボーイング７５７のキャビンの大半はビジネス・シートに変更された。新たな座席配置によって、足元のゆとりも大幅に増したが、キャビンに開放感も生まれた。ビジネス客により豪華な食事サービスと個人専用のＤＶＤプレーヤーも提供されるようになった。

こういった改良によって、ユナイテッド航空のプレミアム・サービスは競合他社と一線を画すようになった。しかし、新しいサービスのある一面が、乗客である私の経験を一変させた。床面積の増加によって、機内での経験が生まれ変わったのだ。ほかの乗客の邪魔になることなく、荷物を持ち込む十分な余裕が生まれただけでなく、搭乗から離陸までのひどく退屈な二〜三〇分間が、「社交」の時間へと変わったのだ。私はほとんどのフライトで、ぐいぐいと座席の前を通り抜けようとする落ち着きのない乗客に惑わされることもなく、隣の乗客とおしゃべりをするようになった。ユナイテッド航空は、搭乗してからドアが閉まってトレイ・テーブルを戻すまでの時間さえも社交の場に変え、残りのフライトに期待を抱かせたのだ。その結果、私は出張時に今までにない興奮や期待感を抱くようになった。ユナイテッド航空の生み出した新たな経験は、私のスケジュールだけでなく私の感情とのつながりをも生み出しているのだ。

企業のジェット族としての私の経験には、デザイン思考の原理を取り入れる組織が抱えるひとつの複雑な問題が潜んでいる。飛行機に乗ったり、スーパーで買い物をしたり、ホテルにチェックインしたりするとき、われわれは単にひとつの機能をこなすのでなく、一連の経験をしている。優秀なエンジニアが製品に、建築家が建物に施すのと同じ配慮をもって、経験がデザインされていなければ、機能そのものが台無しになりかねない。そこで、本章では、経験のデザインに目を向けたいと思う。そして、記憶に残る有意義な経験を生み出すための三つのテーマについて検討したい。ひとつ目は、現代人はジョセフ・パインとジェームズ・ギルモアのいう「経験経済」の中に生きているという点。人々は、受動的な消費者から能動的な参加者へと変わりつつあるのだ。ふたつ目は、最良の経験とは、企業の本部で台本が練られるものではなく、サービスを提供する人々によって現場で届けられるものだという点。そして三つ目は、実行がすべてだという点。経験は、そのほかの製品と同じように、入念かつ緻密に作り上げなければならないのだ。

もはや優れたアイデアだけでは不十分

イノベーションの定義は、「優れたアイデアを効果的に実行すること」とされてきた。開始点としては悪くない。しかし、残念ながら、この命題の前半のみが過剰に重視されている。アイデア自体は優れているのに、「実行がお粗末」という単純な理由で勢いの得られなかった事例は数え切れないほどある。そのようなアイデアの大半は市場に姿をあらわすことさえない。そして市場に姿をあらわしたとしても、家電量販店やスーパーの倉庫を散らかすはめになるのだ。

新製品や新サービスがこのような運命をたどる理由はさまざまだ。むらのある品質、独創性に欠けるマーケティング、信頼できない流通、常識はずれの価格設定。しかし、あらゆるビジネス指標やビジネス・システムが万全でも、アイデアの実行がお粗末ならば、失敗する可能性は高い。製品が大きすぎる、重すぎる、複雑すぎるといったように、物理的なデザインに問題がある場合もあるし、販売スペースやソフトウェア・インターフェイスなど、新サービスのタッチポイントが消費者と結び付いていない場合もある。これらはデザインの失敗であり、たいていは修正可能だ。しかし、消費者が信頼できる性能とそれなりのパッケージ以上のものを求めているために、アイデアが失敗するケースも増えている。つまり、製品のさまざまな要素が一体となって、優れた経験を生み出さなければならない。これは、はるかに複雑な命題だ。

消費者の期待がこれほど高まっている理由について、さまざまな説明がなされてきている。中でももっとも説得力があるのは、ダニエル・ピンクのいわば「豊かさの精神力学」に関する分析だろう。彼は、著書『ハイ・コンセプト』の中で、基本的なニーズが満たされると（欧米の豊かな社会では、ほとんどの人々が満たされているはずだ）、われわれは有意義で感情的に満足できる経験を求めるようになると述べている。

製造業に比べて、娯楽、銀行、医療といったサービス経済が不釣り合いな成長を遂げていることを見れば、それは明らかだろう。さらに、こういったサービスは基本的なニーズを満たす段階をはるかに超えている。近年では、ハリウッド映画、テレビゲーム、グルメ・レストラン、社会人教育、エコツーリズム、ショッピング観光などが劇的な成長を遂げている。その価値は、これらのサービスが生み出す感情的な反応にあるのだ。

ウォルト・ディズニー社は経験ビジネスのもっとも分かりやすい例だろう。しかし、経験を単なる娯楽と同一視してはならない。経験とは、より深くて有意義なものであり、受動的な消費ではなく、能動的な参加を含むものだ。これは、さまざまなレベルで起こりうる。人魚姫と一緒になって歌う三歳の娘と並んで座るのは、娯楽をはるかに超えた経験だ。確かに、ディズニー・ワールドへの家族旅行はストレスも多い。食事はひどく、行列は長い。身長不足でスペース・マウンテンに乗れないと言われた末っ子が泣きじゃくることもあるだろう。しかし、訪問者の大半が、家族と過ごしたもっともすばらしい経験のひとつとして覚えている。

したがって、「経験経済」の真の意味は、単なる「娯楽」ではない。世界に大きな影響を与えた著書『経験経済』の中でパインとギルモアが述べている「コモディティ↓製品↓サービス↓経験」という価値のピラミッドは、私たちの経験が主に機能的なものから感情的なものへと根本的な変化を遂げていることを意味している。この変化を理解している数多くの企業が、今では経験の提供に力を注いでいる。機能的なメリットだけでは、顧客の心をとらえたり、ブランドを差別化して顧客を維持したりするには、もはや十分ではないと感じているのだ。

消費から参加へ

産業革命は、消費者だけでなく消費社会を生み出した。産業化経済を維持する規模を生み出すには、製品だけでなく、それに伴うサービスをも標準化する必要があった。これは価格の低下、品質の向上、生活水準の改善など、社会に驚くべき利益をもたらした。しかし、弊害もあった。次第に、消費者の役割がほとんど受動的なものへと変わっていったのだ。

一九世紀末にモダン・デザインを発明したイギリスの改革者たちは、この点を痛感していた。イギリスの工場から大量に流れ出す安価な商品の山は、もはやそれを作った労働者と何のつながりもなく、それを購入した消費者にとって何の価値もない——そんな世界を予見していたのだ。イギリスのアーツ・アンド・クラフツ運動に全身全霊を注いだウィリアム・モリスは、産業革命は世界に想像を超える富をもたらしたと同時に、世界から感性、情熱、人間の深いかかわりを奪い取ってしまったと誰よりも強く訴えた。彼は晩年、こう嘆いた。「考えてもみろよ。結局、石炭の燃えかすの山のてっぺんに残ったのは会計事務所だというのか？」

筋金入りのロマン主義者であったモリスは、工業化によって功利から芸術が切り離され、「有用な仕事と無用な労苦」の溝が広がり、商品のために自然環境が汚され、労働の成果を享受するという人間本来のすばらしい能力が損なわれたと考えた。モリスは、物質と経験という一見矛盾する要求を調和させるという使命を果たしきれないまま、一八九六年にこの世を去った。彼は、職人仲間たちが、「金持ちのために高いスキルを発揮するただのつまらない上流階級気取り」に成り下がってしまったことを嘆いた。しかし、こういった人々は、知らず知らずのうちに、二〇世紀のデザイン理論の源流となる考え方を生み出していたのだ。

われわれはいまだに、工業製品だけでなく情報製品も含めた膨大な製品から、価値ある経験を生み出そうともがきつづけている。そして、そういった製品を消費すると同時に、製品に消費されようとしている。法学者であり、スタンフォード大学のインターネット社会研究所の設立者でもあるローレンス・レッシグ教授は、ウィリアム・モリスと比べられると驚くかもしれないが、巨大メディアの時代においてわれわれの創造力を取り戻すために力を尽くしている。その中で、彼は巨大産業に対するモリスの対抗キャンペーンを継続し、デザインを社会改革の道具として用いるというすばらしい伝統を受け継いでいる。一連の著書、講演、オンライン対談の中で、レッシグはわれわれの大半が生産者だった産業革命前の世界から、大量生産されたメディアの消費者となった産業革命後の時代まで、いかに変遷を遂げてきたかを説明している。この流れは、多くの業界で逆向きにたどることができる。しかし、ウィリアム・モリスが後ろを振り返り、自分の手で製品を作る中世の職人たちという理想像を虚しく追い求めたのに対し、レッシグは前を向き、われわれが再び自分の手で経験を生み出す、産業革命後のデジタル時代を見据えている。

われわれが二〇世紀後半の受動的な消費の時代から、自らの経験に能動的に参加する時代へと再び戻りつつある例として、レッシグは音楽を挙げている。ラジオやレコード・プレーヤーが発明される前、作曲家たちは楽曲を出版社に売り、出版社が楽譜という形で顧客に販売していた。そして、顧客たちは自宅や家族の集会などで楽譜を演奏していた。しかし、新しい放送メディア技術が登場したことで、われわれは夕方に自宅で音楽を「演奏」するのをやめ、「聴く」側に回った。その媒体は、ラジオやレコード・プレーヤーから、ステレオ、ラジカセ、ウォークマンへと進化していった。ところが、デジタル音楽やインターネットの登場で、多くの人々が再び音楽の単なる聴き手から作り手に戻りつつある。今日では、ウェブから音楽を入手し、ミックス、サンプル、マッシュアップを制作し、完成した作品を配布するソフトウェア・ツールが数多く出回っている。アップル・ガレージバンドなどのアプリケーションを利用すれば、正式な教育を受けなくても、楽器を演奏できなくても、音楽を制作できる。その結果、今では七歳の子どもでさえ、学校のレポート用のパワーポイント・プレゼンテーションに、独自のサウンドトラックを制作することができるのだ。

生まれた世紀も、過ごした大陸も、直面した技術革命もまるで異なるウィリアム・モリスとローレンス・レッシグの運動は、経験デザイナーがこれから乗り越えなければならない認識の転換を如実に指し示している。見込み客に情報を一方的に押し付けるだけだったウェブ1・0が、顧客を惹き込む双方向型のウェブ2・0に進化したように（訳注／その後、推奨型（レコメンデーション）、個人特化型（パーソナリゼーション）、非中央集権型といった特徴を持つ多方向型のウェブ3・0へと進化した）、現代の企業はもはや人々を受動的な消費者として扱ってはいられないことを知っている。これまでの章で、参加型のデザインが新製品の開発の基準になりつつあると述べてきた。経験についても、同じことが言える。

デザインには、イメージ、形、質感、色、音、匂いを通じて私たちの感情を惹き付け、生活を豊かにするパワーがある。しかし、「デザイン思考」が持ち合わせている人間中心の性質は、次なるステップを指し示している。人々への理解や共感を利用すれば、積極的なかかわりや参加の機会を生み出す経験をデザインすることができるのだ。

経験をつくり上げる

ディズニーはスケールの大きな経験のもっとも力強い例といえるが（アナハイムのディズニーランドの訪問者は一日一〇万人をゆうに超えることもある）、現代では参加型の経験をウリにするブランドは増えつつある。中でも食品業界は、生産段階と販売段階の両方で変化を遂げているもっとも劇的な業界の例といえるだろう。五〇年代から六〇年代にかけて、ヨーロッパやアメリカでは地域の小売店が姿を消しはじめ、低価格だが無機質なスーパーマーケットへと置き換えられていった。パッケージング、化学保存料、冷凍、保管、長距離輸送などの産業プロセスの発展によって価格が引き下げられ、食品の自然な品質が失われただけでなく、食料の購入という人間社会の原点ともいえる経験から人間味が失われた。しかし、ファーマーズ・マーケット、地域密着型農業、スロー・フード運動、さらにはマイケル・ポーランの『ヘルシーな加工食品はかなりヤバい』やバーバラ・キングソルヴァーの『動物、野菜、奇跡（*Animal, Vegetable, Miracle*）』といった新たな書物の人気の高まりを見れば、消費者が食料の購入に関して今までとは異なる経験を求めていることが分かる。

本書の前半で、私はアメリカでもっとも成功している小売チェーンのひとつ、ホールフーズ・マーケットの人気について述べた。ホールフーズ・マーケットが成長しつづけているのは、単にオーガニック食品市場が成長しているからだけではなく、経験を重視しているからだ。生鮮食品の陳列、試食品、食品の調理や保存に関する詳しい情報、「健康的なライフスタイル」をうたうさまざまな商品など、店舗の隅から隅までが、私たちを惹き付け、長居させ、「参加」させるようデザインされているのだ。テキサス州オースティンにあるホールフーズの旗艦店では、顧客に料理をしてもらうという実験まで行なっている。

あらゆる機会で顧客を惹き込むとなると、経験価値ブランドのハードルは高くなる。格安航空会社のヴァージン・アメリカ（訳注／二〇一八年にアラスカ航空に統合）は、経験価値ブランドのひとつだ。同社のウェブ・サイト、サービス・インタラクション、広告は、いずれも顧客がチェックインや実際の機内サービスにすんなりと入っていけるように作られている。しかし、ユナイテッドは違う。プレミアム・サービス戦略は確かにすばらしいが、それ以外で経験面を向上させている部分は見当たらないからだ。しかし、世の中ではさまざまな実験が行なわれている。それも、私たちの予期せぬ場所で。

ミネソタ州ロチェスターにある著名な総合病院、メイヨー・クリニックは、ホールフーズ・マーケット、ヴァージン・アメリカ、ディズニーとはまったく異質な経験価値ブランドだ。多くの有名病院と同じように、メイヨーは職員の専門知識や、複雑な病気を治療する医師の技術で世界的に名高い。しかし、この病院が競合病院と一線を画すのは、最先端の研究だけでなく、患者の経験のイノベーションでも高い評価を得てきたという点だ。

二〇〇二年、内科部長のニコラス・ラルッソ医師と副部長のマイケル・ブレナン医師の率いるチームが、臨床経験の研究室を作るというアイデアを携えて、ＩＤＥＯを訪れた。既存の病院施設の実際の棟を使って、患者の新たな治療アプローチを考案、視覚化、プロトタイプ化する環境を作れないか？　私たちは、デザイン思考のハウツー・マニュアルから抜き取ったような一連の原理を利用して、ＩＤＥＯのプロセスから「ＳＰＡＲＣ（See-Plan-Act-Refine-Communicate、観察－計画－実行－改良－伝達）」という方法論を生み出し、二〇〇四年に最先端のＳＰＡＲＣイノベーション・プログラムとしてオープンした。私たちはＩＤＥＯのプロセスをメイヨー・クリニックに移植し、根付かせたのだ。

ＳＰＡＲＣ研究所は、臨床病院（正確には以前の泌尿器科）に組み込まれたデザイン・スタジオだ。その中で、デザイナー、ビジネス戦略家、医療・保健の専門家、そして「患者」が密接に連携し、患者と医療従事者の経験を改善するためのアイデアを練るのだ。ある意味では実験的な診療所でもあり、別の意味では病院のほかの部門に対する独立したデザイン・コンサルタント機関ともいえる。ＳＰＡＲＣでは、従来の診察室の見直しから、電子受付端末のインターフェイスのプロトタイプ製作まで、常にいくつものプロジェクトが進められている。ＳＰＡＲＣスタッフや協力者の努力は、きっと病院全体の患者の経験を一新することだろう。

もっとも遊び心に満ちたディズニーランドから、もっとも真剣なメイヨー・クリニックまで、経験はあらゆる分野で生み出すことができる。ＳＰＡＲＣの例からも分かるように、デザイン思考は製品や経験だけでなく、イノベーション・プロセスそのものにまで応用できるのだ。

行動を変えさせるべきか、変えさせないべきか

多くのブランド・マネジャー（政治家、健康推進者）がこんな苛立ちをあらわにするのをよく耳にする。「消費者（有権者、患者）さえ行動を変えてくれれば、すべてはうまくいくのだが」。残念ながら、人々に行動を変えさせるのは難しい。どんなに条件がよくてもそうなのだから、本人の抵抗に遭えばまず不可能だ。

人々に新しい物事を試してもらうひとつの方法は、人々が慣れ親しんでいる行動を土台にするという方法だ。第１章で紹介したシマノがその好例だ。ＩＤＥＯは、アメリカ成人の幼少期の記憶を呼び覚まし、コースティング（惰走）という新しい自転車体験を生み出すことに成功したのだった。それと同じくらい説得力のあるエピソードが、バンク・オブ・アメリカの例だ。ＩＤＥＯは同社から、既存の顧客を維持しながら新たな顧客を獲得できる商品アイデアを考案したいと相談された。そこで、ＩＤＥＯのチームはいくつかのコンセプトを考案した。ベビー・ブーム世代の母親を対象にしたサービスのアイデア。しっかりとしたお金の管理方法を親から子どもに教

えるための教材。しかし、あるアイデアが特に好感触だった。それは、顧客に貯金を促すサービスだ。まずは、人々の一般的な行動を理解することが先決だったので、私たちは人類学者の探検帽をかぶり、実地調査に出かけた。ボルチモア、アトランタ、サンフランシスコを訪れ、一般的なアメリカ人の生活の中で貯金がどのような役割を果たしているかを探った。

その結果、誰もがもっと貯金をしたいと考えているものの、実際にその戦略を持っている人は少ないということが分かった。それと同時に、多くの人々が有望な方向性を示すさまざまな無意識の行動を行なっていることも分かった。たとえば、切りのいい数字が好きなためか、延滞手数料に驚かなくてすむようにするためか、公共料金を多めに振り込む習慣を持つ人々がいた。もうひとつのタイプの「無意識の貯金」は、一日の終わりに余った小銭をビンに入れるという習慣だ（底なしの小遣い源に見える子どもにとっては楽しいが、ほんの数ドルの手数料で現金を勘定させられる銀行の窓口係にとっては憂うつの種だ）。プロジェクト・チームは、このような無意識の行動を利用して、人々に貯金を促すことができるのではないかと考えた。

数々の試行錯誤、検証、プロトタイプ製作を経て、二〇〇五年一〇月に展開されたのが、バンク・オブ・アメリカの新サービス「キープ・ザ・チェンジ（お釣りを貯めよう）」だ。「キープ・ザ・チェンジ」サービスでは、デビットカードの支払額が自動的にドル単位に切り上げられ、その差額が顧客の預金口座に振り込まれる。たとえば、朝にカフェでラテを買い、デビットカードで三ドル五〇セントを支払うと、現金で四ドルを支払った場合に受け取るはずの五〇セントのお釣りが預金口座に貯金されるというわけだ。コーヒーを飲むたびに、どんどん貯金がたまっていく。これが手軽な貯金方法だと考えているのは私だけではない。初年度、キープ・ザ・チェンジは二五〇万人の顧客を惹き付けた。別の言い方をすると、七〇万の新規当座預金口座と一〇〇万の新規預金口座が開設された。浪費家に複利について小難しい授業をしたり、お金の大切さを説いたりしても、これほどの成果を実現することはできなかっただろう。しかし、既存の行動に新しいサービスを結び付けることで、ＩＤＥＯは安心できるくらい馴染みがあり、しかもつい試してみたくなるくらい真新しい経験をデザインしたのだ。バンク・オブ・アメリカの顧客は、知らず知らずのうちに、今までなしえなかった（そしてなしえるとも思っていなかった）貯金を実現することができたのだ。

全員をデザイン思考家に変え、経験価値文化《エクスペリエンス・カルチャー》を築き上げる

ホテル業界ほど、魅力的な経験をデザインするのが難しく、しかも重要な業界はないだろう。誰でも、旅行中に心臓が止まりそうなくらいハラハラする出来事を経験した覚えがあるはずだ。そして、気の利くホテル従業員のおかげで、災難が最高の経験に変わったことがあるに違いない。おそらく、その正反対の経験もあるだろう。一度きりのインターフェイスを築き上げるだけですんだバンク・オブ・アメリカとは異なり、著名なホテル・チェーンは完璧なサービスを一貫して

提供できるかどうかで命運が決まる。そして、あらゆる経験価値ブランドと同じように、ホテル業界も人間に大きく依存している。

フォーシーズンズ・ホテルは、施設の豪華さだけでなく、サービスの質の高さでも有名だ。また、従業員の研修システムが充実していることも業界内ではよく知られている。従業員は、顧客のニーズを察し、同僚のアイデアに基づいて考える手法を学ぶ。これまで説明してきたように、これこそデザイン思考家に欠かせない資質だ。あるプログラムでは、入社から半年以上という条件を満たすだけで、世界の好きなフォーシーズンズ・ホテルに宿泊し、贅沢なホテル・サービスを自ら経験する資格が得られる。一見すると、単なる魅力的な福利厚生にも見えるが、実際には非常に巧妙な投資なのだ。身をもっておもてなしの意味を理解した従業員は、なるべく顧客の心に寄り添った経験を提供しようという意欲に燃えて、滞在先から戻ってくる。最高の経験は従業員から生まれることを、フォーシーズンズは熟知しているのだ。

経験価値文化を築き上げるには、紋切り型の製品やサービスにとどまらず、顧客一人ひとりに合わせたユニークな経験をデザインしなければならない。経験は、大量生産された製品や標準化されたサービスとは異なり、自分のために特別にあつらえられた経験と感じられてこそ価値を発揮するのである。この感覚は、時にテクノロジーを通じて得られる場合もある。たとえば、ヤフーはユーザーに検索ページのカスタマイズ機能を提供している。しかし、多くの場合は、経験を提供する人がタイミングよく特別なサービスや適切なサービスを付加できるかどうかにかかっている。このようなタイミング感覚は、マーケティング幹部が遠く離れた場所で何カ月や何年も前に立てた企業戦略から得られることはまずない。確かに本部のデザイン・チームは、顧客がする経験のすばらしい舞台を作り上げるという面では力を発揮するかもしれない。あるいは、経験を提供するのに役立つ台本を作ることもできるだろう。しかし、あらゆる機会を予測することは不可能だ。したがって、フォーシーズンズの研修プログラムは、決まり切った台本を覚えるのではなく、その場その場での対応を学ぶことを目的としている。真の経験価値文化とは、自発性の文化なのだ。

マリオット・インターナショナルの子会社であり、マリオット・ホテルの姉妹ブランドであるザ・リッツ・カールトンは、この点を理解し、ＩＤＥＯに依頼を持ちかけた。ザ・リッツ・カールトンは、リッツ・ブランドの五〇の高級ホテルすべてに経験価値文化を広める方法を検討していた。人間味やホテルの個性を失うことなく、すべてのホテルに「個人に特化した経験」という考え方を普及させることはできるのか？　一貫性のある調和の取れた経験を生み出す上で重要なのは、もちろん一貫性のある調和の取れた経験を生み出そうとしないという点だった。

そこで、ＩＤＥＯのデザイナー陣は、「セノグラフィー（舞台美術）」と呼ばれる二段階のプログラムを考案した。その目的は、総支配人たちに宿泊者のニーズを予測し、期待に応える道具を与えることだった。第一段階では、優れた経験価値文化とはどのようなものかを示す刺激的な例が詰まったツール・キットを作成した。芸術や演劇にヒントを得た視覚的な言語（背景、小道具、ムード）やオリジナルの写真を使って正確な感情的雰囲気を記録し、ホテル経営者を運営上の責任者ではなく、独特の経験を演出する創造性を持った芸術監督へと変えた。

「セノグラフィー」プログラムの第二段階では、それぞれのホテルが地域的な特徴やホテル特有の経営スタイルを持った独立王国として機能しているという事実に注目した。「セノグラフィー」プログラムでは、すべてのホテルに無難で均一なコーポレート・アイデンティティを提案したりはしなかった。むしろ、各支配人が想定されたシナリオに描かれた高い水準を満たせているかどうかを自分自身で判断し、場合によっては一からシーンを築き上げるためのテンプレートを開発した。これまで、ホスピタリティ業界では、個々の商品やアメニティが提供されてきた。しかし、私たちはサービスを、さまざまな出会いや強力な感情的影響をもたらす連続的なものと考えてほしかった。つまり、経験を通してストーリーを語ってもらいたかったのだ。

ホスピタリティ業界では、すばらしい経験を提供できるかどうかでブランドの価値が決まる。したがって、組織の文化を転換させることは、ロビーや車寄せのサービスをデザインするのとまったく変わらないくらい重要なのだ。従業員が機会を見つけたときにその場でとらえ、台本にない経験を率先して作り出す道具を与えることは、文化の転換には欠かせない要素といえる。私たちは、デザイナー集団が別の場所で作り上げたマニュアル・セットを手渡すのではなく、従業員自身がデザイン思考家になるよう促しているのだ。

アイデアを実行する

つい先日、私は同僚とミシガン州グランドラピッズを訪れ、夕方早くに新しいJWマリオット・ホテルに到着した。私たちは、町へ食事に繰り出そうと思っていたのだが、スチールケース社のパートナーのひとりに出迎えられ、ホテルの「特別室」に食事の手はずを整えてあると告げられた。タイタニック号の豪華な夕食会のイメージが脳裏をよぎった。そこで、私は時差ぼけを装ったのだが、無駄だった。私たちはレストランにエスコートされ、従業員用のドアからキッチンに案内された。副料理長、パティシエ、ウェイターとあいさつを交わすと、ついには総料理長室へと連れていかれた。そこにはテーブルが用意されていた。私たちは料理の本、開いたワイン・ボトル、お気に入りの音楽、大がかりなキッチンの作業の音に囲まれた彼のプライベートな領域、いわば〝聖域〟の奥深くまで入り込んだ。そのあとに待っていたのは完璧な食事だった。私たちは、総料理長と地元の特産品、キッチンの秘密、商売のイロハについて語った。その夜、私は食べ物について多くを学んだ。そして、デザインについてもっと多くの物事を。

高級レストランの総料理長でなくても、食事が単なる食品、栄養、食生活の問題ではないことは分かるだろう。友人を自宅の夕食に招くと、「経験」面についてさまざまな趣向を凝らすはずだ。料理は何がいいか？　屋内にするか、屋外にするか？　旧友と落ち着いた会話をできるような座席にするか？　ビジネス・パートナーを印象付ける座席にするか？　それとも、外国からの訪問者にくつろいでもらえる座席にするのか？　このプロセスについて考えることこそ、単に料理を作ることと、経験をデザインすることの違いなのだ。しかし、イベントの演出ばかりにとらわれないことも重要だ。サラダがしなびていたり、チキンがゴムのような味だったり、ワイン・オープナーが見つからなかったりしたら、せっかくの演出が台無しになってしまう。アイデアを経験に変えるためには、計画と同じくらい実行にも気を配る必要があるのだ。

ディナー・パーティーのような一度きりの経験は、優れた木工細工と似ている。木目が活かされていて、職人の味が出ている。不完璧さも魅力のひとつだ。しかし、何度も繰り返される経験の場合には、期待される経験を一貫して確実に提供できるよう、一つひとつの要素を精巧に作り上げなければならない。サービスのデザインは、ＢＭＷなどの偉大な製品を作り上げるあらゆる要素をデザインするのと同じことだ。デザイナーやエンジニアは、車内の匂い、座席の感触、エンジンの音、車体の外観のすべてが互いを高め合えるように、細部にまで気を配っている。

家のデザインに関していえば、建築家のフランク・ロイド・ライトは所有者の経験のあらゆる側面にまで細心の注意を払ったことで有名だ。グランドラピッズの郊外にある質素な住宅、マイヤー・メイ邸は、建物のレイアウト全体を通じて、所有者と客人のプライバシーを守るよう設計されており、隅々までその目的が追求されている。ダイニング・テーブルは、着席した全員から外が見えるよう配置されている。顔に当たる光を和らげるために、照明は天井ではなく、テーブルの四方にある柱に配置されている。背もたれの高い椅子は、集まった人々に密接な境界を作り出す。彼はさらに、食事する人々の視界をさえぎらないように、テーブルの中央に高い装飾品を置かないよう求めた。彼は家全体のごく細部に至るまで、暮らしの経験をデザインしたのだ。

ライトに批判的な人々の多くや、一部のクライアントから見れば、ちょっとやりすぎだった。彼に家具や窓装飾の交換許可をおそるおそる求める顧客の悲痛な手紙が山のように残っている。裕福な実業家、ヒバード・ジョンソンが、「家の屋根が雨漏りしていて、頭に雨水が落ちてくる」と電話で苦情を寄せると、ライトは「椅子をずらせばいいじゃないか」と言い返したといわれている。確かに彼は暴君だったかもしれないが（資金を提供するパトロンの数に比べて、注文するクライアントは少なかったといわれている）、建築家が家そのものだけでなく、そこで暮らす経験をも提供しようと思うなら、デザインと実行を連携させなければならないという信念を原動力にしていたのだ。

経験の青写真

ＣＡＤはおろか大型コピー機がない時代でも、建築業者や工場労働者のために、図面を複製する必要があった。そのために使われたのが、強烈なアンモニア臭を放つ化学反応を用いて、図面を青く複写する青写真である。今や「青写真」は、製造や建設で用いられる設計図と同じ意味を持つまでになった。青写真の一枚のページには、概略と詳細、最終目的と実際の実施方法の両方が記載される。エンジニアリングの青写真から製品が作られ、建築の青写真から建物が作られるように、「経験の青写真」は人間同士のインタラクションの細部を設計するための枠組みを提供する。もちろん、アンモニア臭なしで。

製造や建築の青写真と経験の青写真の違いは、オフィス・ビルや卓上ランプの設計図とは異なり、経験の青写真には「感情的」な要素も記載されるということだ。たとえば、人々がある経験を時間とともにどう旅するかを記録するのだ。しかし、青写真の役割は、その旅に振付を与えることではなく、もっとも重要なポイントを把握し、それを機会に変えることだ。経験の青写真というコンセプトが生まれたのは、マリオットが顧客とホテルの最初の（そして、おそらくもっとも重要な）接点に注目したときのことだった。それは、チェックイン経験だ。

マリオットは、顧客の旅の中でもっとも重要な瞬間と考えていたチェックイン経験を改善するために、すでに数百万ドルを投資していた。建築家が呼ばれ、業務マニュアルも整えられた。広告代理店も仕事に乗り出した。しかし、この戦略にはひとつだけ問題があった。その戦略は観察ではなく仮定に基づいて立てられていたのだ。マリオットの戦略では、疲れ切った旅行客がチェックイン・カウンターで愛想のいい表情に迎えられると、残りの宿泊期間がぱっと明るくなると仮定していた。しかし、全体像を詳しく観察すると、どんなにすばらしいチェックイン経験でも、旅行客にとってはゴール・ラインを切るというよりは、最後のハードルを飛び越えるという表現の方が近いということが分かった。

この前提を検証するために、デザイン・チームは飛行機を降りた旅行客を出迎え、ホテルまでタクシーまたはレンタカーに同乗し、チェックイン・プロセスを細部にわたるまで観察したあと、部屋まで同行した。旅行客は、部屋に入ってベッドにコートを放り投げると、テレビをつけてふうっと息を吐いた。それが、チームの発見した非常に重要な瞬間だった。この「息吐く瞬間」(あとでそう名付けられた)にこそ、もっとも明確なイノベーションの機会が潜んでいたのだ。チームの説得によって、マリオットは資源をこの方向に転換した。

経験の青写真は、エンジニアリングや建築の青写真と同じように、経験の構築に役立つ物理的な文書という形を取る。あらかじめ準備された台本や業務マニュアルと異なるのは、顧客の経験とビジネス機会を結び付けるという点だ。紛らわしい標識、無愛想なドアマンなど、顧客との関係を悪化させる要因はどこにでも転がっているが、独特で、顧客の心を満たし、記憶に残る経験を提供する機会はごくわずかだ。経験の青写真は、概略的な戦略文書であると同時に、重要な細部を緻密に分析したものでもあるのだ。

航空会社や病院から、スーパー、銀行、ホテルまで、経験が単なるモノよりもはるかに複雑なのは明らかだ。経験は場所や時間によって異なるため、適切にデザインするのは難しい。経験のデザインには、製品、サービス、空間、テクノロジーのデザインが含まれる場合もあるが、経験は私たちを測定可能な「功利」という快適な世界から、「感情的価値」という霞のかかった世界へといざなうものなのだ。

大成功を収めた最良の経験価値ブランドには多くの共通点があり、信頼できるガイドラインをいくつか導き出すことができる。ひとつ目は、優れた経験を生み出すには、消費者の積極的な参加が必要だということ。ふたつ目は、正真正銘で魅力的に感じられるカスタマー・エクスペリエンスは、往々にして経験価値文化の中で働く従業員自身によって提供されるということ。そして三つ目は、あらゆるタッチポイントに細心の配慮や注意を払うべきだということだ。経験は、ドイツの自動車やスイスの時計と同じように、細部にまで気を配ってデザイン・構築する必要があるのだ。

第6章　メッセージを広げる

——物語の重要性

G8加盟国の首脳を企業のマーケティング戦略に参加させるのは容易ではないが、数々の受賞歴がある日本の広告会社、博報堂の椊井真《かこいまこと》と伊藤由樹《いとうなおき》は、卓越した「クールビズ・キャンペーン」で、物語の力を使ってまさにそれを実現した。

二〇〇五年、環境省は、想像力に富む小池百合子大臣のリーダーシップのもと、博報堂に協力を仰いだ。環境省は、日本が批准した京都議定書の温室効果ガス削減目標を満たす活動に、日本人を積極的に参加させる方法を探っていた。それまでにも、政府はいくつかの試みを行なってきたが、大きな成功には結び付かなかった。博報堂は、日本社会の集団主義的な特質を活かして、ガス排出量の六パーセント削減という具体的な目標を実現するキャンペーンを提案した。環境省の調査によると、一年も経たない間に、「クールビズ」というスローガンは日本の全人口の九五・八パーセントという驚くべき認知度を実現した。

しかし、博報堂のチームは、キャンペーンの認知度を向上させるだけでは不十分だと考えた。本当に重要なのは、キャンペーンを有意義なものにすることだと気付いたのだ。このつかみどころのない目標を実現するために、博報堂は専門家グループの協力を仰ぎ、二酸化炭素の排出量を増減させる四〇〇の日常活動をリストアップした。その後、このリストは六つの主要な活動へと絞り込まれた。夏にエアコンの温度を上げ、冬に下げる。蛇口を締めて水を節約する。乱暴な運転を控える。スーパーでより環境に優しい商品を選ぶ。ビニール袋の使用を止める。使用していない電化製品のスイッチをオフにする。これらの活動は、参加のしやすさと影響力のバランスにかんがみて選ばれた。いずれも日常生活の中で実行できる活動だが、積もり積もれば大きな影響を及ぼすというわけだ。

キャンペーン初年度の対象になったのは、エアコンの問題だった。それまで、職場のエアコンは、スーツにネクタイ姿のビジネスマンが蒸し暑い日本の夏でも快適に仕事ができるように、二六度に設定されていた。一方、短いスカートの制服をはく女性従業員は、体を温めるために膝上にブランケットをかけていることが多かった。特に夏の間、建物をこの温度まで下げるには、膨大な量のエネルギーが必要だ。しかし、そのような「不都合な真実」がなかったとしても、この光景はあまりにも奇妙だったといえるだろう。

そこで、博報堂はクールビズを提唱した。毎年六月一日から九月三〇日までの期間、体を涼しく保てるように、よりカジュアルな衣服を着用することを認めるという運動だ。そして、エアコンの設定温度は、二六度から二八度に引き上げられた。わずかな調整だが、膨大なエネルギーの節約になった。しかし、日本にはこの名案を頓挫させかねない根強い慣習があった。保守的な日本のビジネスマンに服装を変えてもらうにはどうすればよいか？　印刷広告やテレビ・コマーシャルのキャンペーンでたたみかける代わりに、博報堂は二〇〇五年の愛・地球博でクールビズのファッション・ショーを開催した。多くのCEOやシニア・エグゼクティブたちが、軽量素材にノー・ネクタイというカジュアルなビジネス・ウェアに身を包んで歩いた。時の首相、小泉純一郎さえ、半袖シャツにノー・ネクタイという格好で、新聞やテレビ報道に取り上げられた。

このイベントは衝撃をもたらした。お上《かみ》に従う日本の伝統的な階級社会で、環境を守るためなら慣習（この場合、ビジネス・スーツ）から外れてもかまわない、というメッセージが広まったのだ。このメッセージをさらに強化するために、政府は登録した組織にクールビズのバッジを配付した。クールビズのバッジを着けている場合、カジュアルな格好をしていても同僚を非難してはならない。こうして、一〇〇年間で二度目のビジネス・マナーの「改革」が行なわれたのだ。三年後には、日本国内の二万五〇〇〇の企業がクールビズに登録し、二五〇〇万人がキャンペーンのウェブ・サイトで参加を宣言した。日本では、クールビズは冬期にエネルギーを節約するウォーム・ビズ活動へと発展している。さらに、中国、韓国、その他のアジア各国でも、クールビズのサイトが登場しはじめている。

クールビズで、博報堂はアイデアをキャンペーンへと変え、キャンペーンを数百万人の一般市民と政財界のエリートを巻き込む運動へと変えた。博報堂は、従来型の広告に頼る代わりに、会話を生み出した。人々の間に好奇心が芽生え、新聞や雑誌がこぞってこの現象を大きく取り上げた。ゴールデン・タイムのニュース番組もそれにならった。クールビズは「クールな物語」へと変わったのだ。

人間とそれ以外の種の違いについて、さまざまな考え方が提唱されている。二足歩行、道具の利用、言語、記号体系。物語を伝える能力も、人間の持つ特徴だ。ジャーナリストのロバート・ライトは、挑発的な著書『ノンゼロ（*Nonzero*）』の中で、四万年にわたる人間社会の歴史を通じて、意識、言語、社会は物語の技術と密接な関係を築き上げてきたと述べている。われわれが自分の考えを広める方法を身に付けるにつれて、社会構造は遊牧集団から部族、定住の村、都市や国家、そして国家を超えた組織や運動へと拡大してきた。それからほどなくして、日本人は欧米の衣服を身に着けても仕事に耐えられるように、夏には建物を冷やし、冬には温めるようになった。そしてついには、それをクールビズという物語へと変えたのだ。

多くの場合、私たちは物語を通じてアイデアに文脈や意味を与える。したがって、本質的に人間中心の問題解決アプローチである「デザイン思考」において、人間の物語の能力が重要な役割を果たすのはまったくもって不思議ではない。

四次元でデザインする

本書ではこれまで、物語が効果を発揮するさまざまな場面を目の当たりにしてきた。エスノグラフィー調査。蓄積された大量のデータを理解する「綜合」の段階。そして、経験のデザイン。いずれの場合も、デザイナーのツール・キットに新しい道具だけでなく、まったく新たな次元を追加するということにほかならない。それは「第四次元」、つまり時間軸に沿ったデザインだ。私たちは、カスタマー・ジャーニーに沿ってさまざまなタッチポイントを構築するとき、互いに関連性のある出来事を時系列順に築き上げていく。ストーリーボード、即興劇、シナリオは、時間軸に沿って展開していくアイデアを視覚化するのに役立つ物語の手法の一例だ。

時間軸に沿ったデザインは、空間軸に沿ったデザインとは少し異なる。デザイン思考家は、時間と空間の両方の軸を縦横無尽に動き回ることができなければならない。私がその教訓を学んだのは、八〇年代半ばだった。当時、コンピューター業界で働くデザイナーたちは、ハードウェアばかりに目を向けていた（あのベージュ色の筐体は記憶に新しいだろう）。ソフトウェアはまだコンピューター研究室のマニアの領域であり、デザイナーはおろか、教室の学生、オフィス・ワーカー、一般家庭の消費者が手の出せる分野ではなかった。すべてを一変させたのが、大衆市場をターゲットにしたアップル・マッキントッシュだ。マッキントッシュのスマイリー・アイコンは、MS－DOSの緑色の点滅カーソルとはまったく異なる物語を語っていた。

当時、シームレスなコンピューティング経験の開発をもくろんでいたのは、ビル・アトキンソン、ラリー・テスラー、アンディ・ハーツフェルド、スーザン・ケアといったマッキントッシュ・ソフトウェア・チームの有能な中核デザイナーたちだけではない。一九八一年、急成長するデジタル・テクノロジーの問題に触発され、イギリスからベイエリアへと目を向けたビル・モグリッジは、シリコンバレーのグリッド・システムズという新興企業のために、不思議な小型の「ラップトップ」コンピューターをデザインしはじめた。チームは、薄型のフラット・スクリーンをキーボードの上に折りたたむというアイデアで特許を取得した。こうして、このチームの開発したグリッド・コンパスはラップトップ・コンピューターの標準レイアウトを確立し、さまざまな賞を受賞した。しかし、ひとたびコンピューターの電源をオンにすると、使いづらいDOSベースのオペレーティング・システムが経験を台無しにした。もっとも単純な操作を行なうのにさえ、実生活の体験とは何のかかわりもない摩訶不思議なコマンドの列を入力する必要があった。ノートのように半分に折りたたみ、ブリーフケースにしまうことができる巧妙なハードウェアとはまったく対照的だ。

モグリッジは、マッキントッシュとグリッドをきっかけに、プロのデザイナーがソフトウェア開発において果たす役割があるはずだと考えた。つまり、コンピューターの外面だけでなく、〝内面〟に関してだ。こうした考えから、彼は「インタラクション・デザイン」という新たな分野を提唱した。一九八八年、私はサンフランシスコのＩＤツー社のモグリッジのチームに加わり、インタラクション・デザイナーの少人数チームとともに、ＣＡＤやネットワーク管理のプロジェクト、そして後にはテレビゲームや各種オンライン・エンターテインメント・システムのプロジェクトに取り組んだ。物理的なモノのデザインに慣れきっていたインダストリアル・デザイナーにとって、一定期間にわたる動的なインタラクションをデザインするというのは、まったく新鮮な経験だった。私は、自分のデザインしたものを利用する人々について深く理解しなければならないと知った。人々が使うモノと同じくらい、人々の行動についても深く考えなければならなかった。モグリッジは常に私たちにこう繰り返した。「私たちがデザインしようとしているのは、名詞ではなく、動詞なのだ（訳注／たとえば「電話」〔モノ〕をデザインするのではなく、「電話をかけること」〔経験〕をデザインする、ということ）」

　インタラクションをデザインするということは、時間とともに物語を展開させるということだ。この考え方に基づき、インタラクション・デザイナーたちはほかのデザイン分野から拝借したストーリーボードやシナリオといった物語の手法を実験的に用いはじめた。たとえば、現代のＧＰＳシステムの前身の開発に取り組んでいたトリンブル・ナビゲーション社のデザイナーたちは、ひとつの港から別の港へと航海する船員の物語を用いた。物語の各シーンでは、開発中のシステムに組み込むべき重要なステップが描かれていた。当初、インタラクション・デザイナーはあまりにも押しつけがましい傾向にあった。今日では、相手に任せるすべを身に付けている。利用者に、物事をどう展開させるかを決める裁量を与えているのだ。現代では、ほとんどあらゆるものにインタラクティブな要素が含まれている。ソフトウェアと、ソフトウェアを搭載している製品との境界はあいまいになり、時間軸に沿った物語の手法がデザインのあらゆる分野に姿をあらわしはじめている。

時間をかけてデザインする

今日の医療制度を脅かしている数々の問題のひとつに、「服薬順守（コンプライアンス）」の問題がある。医師が診断を下しても、患者が処方薬の服用期間を守らないことが多いのだ。製薬業界は、独自の理由でこの問題に頭を悩ませている。患者が薬の服用を中止してしまうせいで、製薬会社は毎年数十億ドルもの売上を逃しているのだ。しかし、コンプライアンスは医療の面でも重大な問題となる。生粋の毒舌家であるC・エドワード・クープ元公衆衛生局長官の言葉を借りれば、「薬は飲まなければ効かない！」のだ。心臓病や高血圧のような慢性疾患の場合、状態を悪化させるリスクもある。抗生物質による細菌感染症の治療などの場合でも、薬物耐性弱毒微生物を公共の場で飛散させ、他者を危険にさらす可能性がある。

そこで、ＩＤＥＯは数社の薬剤会社と共同で、具体的なコンプライアンス計画の策定に取り組んでいる。その概要はこうだ。製薬会社は、数百万ドルを投じ、さらには積極的なマーケティング手法を用いて薬剤を宣伝しているが、患者が服用を中止することで、治療面・商業面での利益の多くを失っている。にもかかわらず、時間をかけて患者を惹き込む経験を築き上げる代わりに、従来のアプローチに頼って製品を売ろうとしている。製薬会社がすべきなのは、不要な訪問販売で医師を困らせたり、不快なテレビ・コマーシャルで患者を悩ませたりすることではなく、デザイン思考を利用して製薬ビジネスの新たなアプローチを模索することなのだ。

治療には、相乗効果を持つ三つの段階がある。ひとつ目は、患者が自分自身の病気を理解する段階。ふたつ目は、治療の必要性を受け止める段階。三つ目は、それを実行に移す段階。この時間軸に沿った「コンプライアンスのループ」の枠組みを利用すれば、さまざまな時点で患者に必要なプラスの支援を与えることができる。たとえば、病気について教育するのに効果的な情報をデザインすることもできるし、薬剤を調合・投与するより効率的な方法をデザインすることもできる。また、「コンプライアンスの旅」の中で、患者が支援グループ、ウェブ・サイト、看護師のコール・センターに助けを求められるようにすることもできるだろう。病気や治療に応じて、具体的な手段は異なるが、ふたつの基本的な共通原則がある。ひとつ目は、時間軸に沿ったデザイン・プロジェクトでは通例のように、患者のたどる旅は人それぞれだということだ。ふたつ目は、個人を自らの物語に積極的に参加させることで、はるかに高い効果が得られるということだ。時間軸に沿ったデザインとは、人々を自らの物語を築き上げることができる生きた存在、成長する存在、考える存在として扱うということなのだ。

新しいアイデアの政治的問題

時間軸に沿って展開し、参加者を惹き付け、人々が自分で物語を伝えられるような経験は、新しいアイデアを待ち受けるふたつの大きなハードルを乗り越えるのに役立つだろう。ひとつは組織の承認を得ること。もうひとつはアイデアを世の中に送り出すことだ。それは、アイデアが製品、サービス、戦略、いずれの場合でも同じだ。

すばらしいアイデアが消滅してしまうのは、市場に拒絶されたからというよりも、組織の危険な海域を渡りきれなかったからという場合が多い。複雑な組織では、相反するさまざまな利害のバランスを取る必要があるが、ハーバード・ビジネス・スクールのクレイトン・クリステンセンが述べているように、新しいアイデアは破壊的だ。それが真にイノベーティブなアイデアなら、現状に疑問を投げかけるだろう。多くの場合、そのようなイノベーションは、過去の成功を飲み込み、昨日のイノベーターを今日の保守派に置き換え、ほかの重要なプログラムから資源を奪い去ってしまう。経営者は、リスクの計り知れない新たな選択肢に悩まされる。さらには、選択しないこと自体もリスクになる。これらの潜在的な障害を考慮すると、そもそも大組織で新しいアイデアが採用されることとさえ驚異的なのだ。

優れた物語の中心には、あるアイデアが特定のニーズをいったいどういう強力な方法で満たすのかを描き出す重要な筋書きがある。町のあちこちに住む友人たちと夕食会を開くには。ビジネス会議の最中にこっそりインスリン注射を打つには。ガソリン自動車から電気自動車に乗り替えるには。優れた物語は、展開するにつれて、すべての登場人物に目的意識を与え、すべての参加者に行動を起こさせる。十分に説得力はありながらも、余計な細部を並べ立ててわれわれを混乱させない。アイデアを実現できるだけの十分な具体性を秘めている。そして、その「物語」を伝えている組織が、それを現実化する手立てを持っていると人々に納得させる。これらを実現するには、スキルと想像力が必要だ。スナップオン社のエグゼクティブたちも、その事実を目の当たりにした。

地域のガソリン・スタンドから、大手民間航空会社の広大な整備場まで、スナップオンの光沢のある赤とシルバーの工具は、世界中の機械工場で崇拝されている。ウィスコンシン州を拠点とするスナップオン社は、将来の生き残りの鍵を握るコンピューター制御製品について、魅力的な物語を築き上げるにはどうすればよいか悩んでいた。自動車修理工なら誰でも手工具に愛着があるが、自動車の搭載コンピューターに照会して問題点や修理の必要な部品を特定する自動診断機器の経験に人間味を持たせるのは、そうたやすいことではない。スナップオンはそれを問題と考えたが、ＩＤＥＯは新しい物語を築き上げる機会ととらえた。

概要が定まると、チームは数ブロック先にあるパロアルトの使われていない自動車修理工場を占拠した。一週間の慌ただしい作業の結果、チームはその場所をクライアントの頭からなかなか離れない時空の物語へと変身させた。最終プレゼンテーションの当日、スナップオンのゲストたちが街路から修理工場へと向かった。修理工場の目の前には、フェラーリ、ポルシェ、ＢＭＷがずらりと駐車されていて、そのすべてがスナップオンのテーマ・カラーであるシルバーと赤に塗られていた。

ワインとチーズのあいさつを終えると、エグゼクティブたちは修理工場のメイン・ベイで説明を受けてから、別の部屋に案内された。そこには、刺激的な作品が博物館のように展示されており、最後にスナップオン・ブランドについて話す実在の修理工のビデオ上映が行なわれた。スナップオンのエグゼクティブたちが、急ごしらえの劇場から暗い部屋に案内されると、物語はクライマックスを迎えた。徐々に明かりが灯ると、まわりにあらわれたのは、新世代の診断機器の輝くばかりのプロトタイプだった。それは、単なる汎用コンピューターから、スナップオンの象徴であるスパナや工具箱と肩を並べるハイテク製品へと見事に進化していた。さらには、新しいブランド戦略に基づく製品群の宣伝ポスターが壁に並んでいた。スナップオンのＣＥＯ兼社長がモデルをいじっていると、隣に立つプロジェクトのマーケティング担当副社長が涙で頬を濡らしていた。必ずしも観客に涙を流させる必要はないが、優れた物語を効果的に伝えれば、相手の感情を強く揺さぶることができるのだ。

物語のポイントが物語そのものであるとき

デザイン思考は、新製品を世に送り出す上で役立つが、最終製品が物語そのものである場合もある。つまり、進化生物学者のリチャード・ドーキンスのいう「ミーム」(自己複製して行動、認識、考え方を変化させるアイデア)を送り出すのが目的の場合だ。トップダウン型の権力が疑問視され、中央集権的な管理ではもはや十分とはいえない、現代の混沌としたビジネス環境では、革新を巻き起こすアイデアは自己伝播する必要がある。従業員や顧客があなたの行き先を理解していなければ、到達に手を貸すことはできない。これは、製品が認識・理解されにくいテクノロジー企業などの場合は、いっそう正しい。

半導体チップのデザイナーは、コンピューティング業界の奥の間で生活している。デザイナーがいなければ何も始まらないとはいえ、どんなにデザイナーの貢献が重要であっても、筐体の中の装置の中のそのまたボードの中にある微小なチップを中心としたブランドを構築するのは難しい。ここにこそ、世界中のパソコンに貼られている小さな「intel inside(インテルはいってる)」というステッカーの妙がある。競争の熾烈なコンピューター業界では、ムーアの法則によって巨大企業さえもが失墜し、技術的優位はそう長くはもたない。その中で、インテルは消費者にとって意味のある強力な世界的ブランドを築き上げることに成功したのだ。たとえ、それが目に見えなくても、そして手に触れられなくても。

　インテルは最近、スタンフォード大学の組織行動学教授、チップ・ハースのいう「記憶に粘るアイデア」を求めて、粘着性のラベルから、物語を使ってコンピューティングの将来を探求するアプローチへと照準を移した。現在、デスクトップ市場を制覇したインテルは、モバイル・コンピューティングへと目を向けはじめている。これらのプロジェクトは、インテル・デベロッパー・フォーラムなど、影響力の高い業界イベントで紹介されているが、未完成の製品を展示するのは難しいこともある。椅子に座って映画を楽しむ方がずっと楽だ。

　私たちの大半は、すでにブリーフケースやバックパックに「ラップトップ」コンピューターを入れて持ち運んでいるが、インテルはウルトラモバイル・コンピューティング（つまり、私たちが常に携帯するスマートフォンなどの次世代デバイス）の普及した世界の生活を描こうと考えた。洗練されたコンピューター・グラフィックスを用いて、インテルのデザイン・チームは「フューチャー・ビジョン」という一連の映画シナリオを制作した。近い将来、われわれがモバイル・コンピューティングを日常生活にどう取り入れるかを描いたものだ。中国語でタフな交渉の準備をしながら、アメリカ人パートナーのオフィスへと向かうビジネスマン。ジョギングをしながら、午後の会議が午前八時半に前倒しされたというＷｉ－Ｆｉ通知を受け取る会社員。価格を比べる買い物客や、市内の移動をリアルタイムで調整し合う友人たち。デザイン・チームは「フューチャー・ビジョン」をユーチューブにもアップロードし、五〇万をゆうに超える視聴者を惹き付けた。
インテルは、ハリウッドに出かけて「フューチャー・ビジョン」を制作したわけではない。デザイン・チームは、有能な映画制作班と協力し、わずか数週間で、しかも従来の広告と比べてはるかに低いコストで、プロジェクト全体を完了したのだ。破産するくらいの費用をかけなくても、収益価値の高い効果的な物語を作り上げることは可能なのだ。

信頼を広める

アイデアが組織から市場に登場するまでの危険な旅をなんとか終えると、物語はそこでもうひとつの決定的かつ明白な役割を果たす。それは、少なくとも一部の顧客が商品を買いに行きたくなるように、アイデアの価値を対象顧客に伝えるという役割だ。

誰しも、偉大な広告の持つ威力に心当たりがあるだろう。偉大な広告は、新製品に関する物語を伝え、神話を生み出す。当の私も、七〇年代のイギリスで、子どものころにハムレットの葉巻、シルクカットのタバコ、インスタント・マッシュポテトの「スマッシュ」のすばらしいテレビ・コマーシャルを見たことを覚えている。いずれもひねりが効いていて、面白く、つい惹き込まれてしまう。当時の広告は、消費者経済の車輪の潤滑油のような役割を果たしていて、今よりも楽観的で素直な一般大衆の心をつかんだ。しかし、そのころから、すでに状況が変わりつつあるという兆しがあらわれていた。どんなに広告が気に入っても、私はタバコを吸ったことがないし、スマッシュのパサパサとしたマッシュポテトの味を思い出すと、いまだに少し吐き気がする。

従来型の広告の効果が低下した理由について、多くの批評家たちが意見を述べている。その単純な理由のひとつは、テレビ放送や新聞・雑誌といった従来型のマスメディアを読んだり、見たり、聴いたりする人々が減っているからだ。しかし、三〇秒間のスポットCMが、新しいアイデアの効果的な運び手として機能しなくなった理由はほかにもある。そのひとつが、スワースモア・カレッジの心理学者、バリー・シュワルツのいう「選択のパラドクス」だ。大半の人々は、より多くの選択肢を求めているわけではない。単に、ほしいものがほしいのだ。選択肢に圧倒されると、シュワルツが「最大化人間」と呼ぶ人々の行動パターンに陥る傾向にある。つまり、「もっと長く待てば、もっと懸命に探せば、最善の価格でほしいものが見つかるのではないか」という不安で動けなくなってしまう人々だ。これは、「自動車」といえば黒のフォード・モデルT、「電話会社」といえばA T & Tしか存在しなかった時代にはありえなかった問題だ。その正反対に位置するのが「満足化人間」だ。判断を下すことをすっかり諦め、使えるもので満足する人々だ。いずれにしても、マーケティング部門にとってはよい状況とはいえない。この事実と戦うために、マーケターはますます苦肉の策に頼るようになっているが、はっきりとした成果は上がっていない。広告自体は思い出せるものの、宣伝されているのが何の金融サービス、鎮痛剤、期間限定オファーだったか思い出せないという経験があるのは、私だけではないだろう。

デザイン思考家の視点から言えば、新しいアイデアに耳を傾けてもらうには、価値のある物語を説得力のある方法で伝える必要がある。もちろん、広告には今でも役割はあるが、観客自身を物語の語り手に変える手段ではなく、人々にメッセージをまくし立てる媒体として利用すれば、効果は乏しい。アイデアに好意的な経験を持っている人なら誰でも、そのアイデアの本質的な価値をほかの人々に伝え、勧めることができるはずだ。バンク・オブ・アメリカは、好評を博した「キープ・ザ・チェンジ」キャンペーンを開始するにあたって、数々の広告を掲載した。しかし、キャンペーンが果たした主な役割は、多くの顧客たちがすでに実践している習慣をもとにして、顧客自身を宣伝者にさせるということだったのだ。

効果的な物語（つまり、観客を惹き込み、時間軸に沿って物語を展開させることに成功したデザイン思考）の例はたくさんある。ＢＭＷは、アメリカでミニ・クーパー・ブランドを発売するにあたって、巧妙な物語を利用してブランドを展開した。広告会社のクリスピン・ポーター＋ボガスキーは、自動車が丘を猛然と駆け抜けるシーンや、豪華なレストランの前でエレガントな衣服をまとった乗客を降ろすシーンばかりの、従来の退屈なテレビ・コマーシャルを打つ代わりに、ミニの小ささ、かわいらしさ、純真さに目を付けた。同社の「レッツ・モーター！」キャンペーンは、体の小さなダビデと巨人ゴリアテの物語を彷彿とさせた。小型のミニが巨大なアメリカのライバル自動車に向かって勇敢に立ち並んでいるという、視覚的なしゃれの効いた広告看板は至るところに掲示され、都市環境におけるミニの役割について（そして、広告看板の役割についても！）自然と物語が繰り広げられた。雑誌の綴じ込みページには、折りたたまれたミニが掲載された。アメリカの自動車業界にとっては皮肉なことに、ミニを屋根に固定して、ＳＵＶでマンハッタンを走り回るプロのドライバーさえあらわれた。さらに、新規顧客は、書類にサインすると（憂うつになるような金銭的書類も含めて）、個人専用のウェブ・サイトが与えられ、ミニの製造過程を追うことができた。こういった巧みなマーケティング・ツールは、効果的に実行されただけでなく、人々の噂になり、物語の一部となったのだ。

デザイン・チャレンジ

デザイン思考家のツール・キットの中で、「デザイン・チャレンジ」ほど観察していて楽しく、効果のある手法はない。この手法では、体系的なコンテストという形で、複数のライバル・チームがひとつの問題に取り組む。たいていはひとつのチームが抜け出すが、チーム全体が生み出すエネルギーや知恵は、結局のところ全員のためになる。ＩＤＥＯは先日、ベイエリアの先進的なアートスクールから、学校の将来を思い描く手助けをしてほしいと依頼された。そこで、ささやかな予算の大半を投じて、そのスクールでデザインを学ぶ生徒たちを雇い、ライバル・チームに分かれて将来を描いてもらった。その結果は、全員の期待を上回るものだった。

クールビズ・キャンペーンを考案した日本の広告会社、博報堂のクリエイティブ・チームは、デザイン・チャレンジに実験的な工夫を加えた。パナソニックの電池部門は、オキシライド乾電池の販売不振にあえいでいた。通常のアルカリ乾電池よりも強力で長持ちするのだが、そのほかの面では無数の競合製品と区別が付かなかったのだ。そこで博報堂は、オキシライドの技術を宣伝する通常の広告キャンペーンを実施する代わりに、ひとつのシンプルな疑問を投げかけた。

「家庭用の乾電池の力だけで、人間は空を飛べるか？」

四カ月間にわたって、東京工業大学の学生エンジニアのグループが、乾電池駆動の有人飛行機の設計と建造に取り組んだ。テレビ番組が進捗状況を追い、ウェブ・サイトが人々の好奇心をあおり、チームへの支援を築いた。二〇〇六年七月一六日の午前六時四五分、三〇〇人の記者が見守る中、機体は間に合わせの滑走路を飛び立ち、およそ四〇〇メートル飛行した。その動力は、一六〇本の単三型オキシライド乾電池のみだった。日本のさまざまなニュース・チャンネルが飛行の模様を報じると、物語はＢＢＣやタイムなどの国際的な報道機関にまで広まった。パナソニックによると、このイベントをきっかけとしたメディア報道によって、四〇〇万ドル以上の広告効果があったという。また、オキシライド乾電池の認知度は三〇パーセントも急増した。博報堂とパナソニックは、シンプルなデザイン・チャレンジを通じて、広告を別の角度からとらえたのだ。さらに、飛行機は国立科学博物館にも展示された。同様に乾電池を販売するミズーリ州のエナジャイザー社おなじみのバニーでさえ、同じ栄誉を受けていないというのに。

乾電池による史上初の有人飛行が行なわれる一〇年前、宇宙飛行活動家のピーター・ディアマンディス博士が、ドラマチックなデザイン・チャレンジを利用して一般大衆の想像力を掻き立て、大規模な技術的構想のシミュレーションを行なった。一九九六年に発表された最初のアンサリXプライズでは、三人の乗客を乗せて高度一〇〇キロメートルまで飛行できる宇宙船を開発して打ち上げ、さらに二週間以内にもう一度同じことを繰り返した民間チームに、賞金が与えられることになっていた。このチャレンジは大成功だった。七カ国から二六チームが参加し、一億ドル以上を投じた。その結果、二〇〇四年一〇月四日、バート・ルータン率いるスケールド・コンポジッツ社のチームが開発したスペースシップワンが賞を受賞した。以来、このXプライズ財団のチャレンジが大きな原動力となり、起業家たちが民間宇宙旅行業界の支援に一五億ドル以上を投じた。Xプライズ財団は、自身の掲げる「競争を通じた革命」プログラムを超低燃費自動車、ゲノミクス、無人月面着陸ロボットなどにも拡大している。さまざまな組織がディアマンディスの先例にならっている。

デザイン・チャレンジは、競争の威力を引き出す最高の手段であるだけではなく、ひとつのアイデアを中心とした物語を築き上げ、人々を受動的な傍観者から積極的な参加者へと変える役割を果たす。人々は、不可能の実現に向けて競い合う冒険家集団を追うのが好きなのだ。リアリティ番組はこういった魅力を利用しているが、これといった成果を上げられていない。しかし、Xプライズ財団をはじめとした組織は、同じ魅力を利用して、テクノロジーの夢を実現し、人類の大きな目標を達成できることを証明してきたのだ。

「数字を追いかける」のではなく「人間に仕える」

効果的な物語は、時間という要素を利用してデザイン思考の総合的なプログラムを前進させる大規模な活動の一部である。効果的な物語には、開始と終了というふたつの重要な瞬間がある。まず、物語はプロジェクト期間の初期に開始し、イノベーション活動のあらゆる側面に組み込むことが必要不可欠だ。これまでは、プロジェクトの完了時に、ライターを雇ってプロジェクトの記録をまとめてもらうというのがデザイン・チームにとっては常識だった。しかし、物語をリアルタイムに展開させるために、一日目からライターをデザイン・チームに組み込むことがますます多くなっているのだ。また、プロジェクトの終了段階になると、物語は対象顧客の注目を浴び、勢いを得はじめる。そうすれば、デザイン・チームが解散し、別のプロジェクトへ移ったずっとあとになっても、顧客が自然と物語を展開させてくれるのだ。

恵まれない人々を救済するアメリカ赤十字社のさまざまな取り組みの中で、もっとも重要なのは大規模な献血活動だ。このボランティア組織は、学校や職場を回り、一日献血クリニックを設置しているが、近年では献血者の数が減少しつづけている。そこで、赤十字社はデザイン思考を取り入れ、アメリカの献血者の割合を全人口の三パーセントから四パーセントに引き上げるという課題に取り組むことにした。そのためには、注目をパーセンテージから人間へと移す必要があった。人々が献血をしたい／したくないと思う心理的要因とは何か？　献血者の経験を向上させ、多くの人々が献血をしたくなるようにするには、どうすればよいのか？

ＩＤＥＯと赤十字社の共同チームは、仮設の屋外クリニックを献血者にとって快適にし、ボランティア・スタッフにとって設置・解体しやすくするさまざまな方法を模索した。その結果、数多くの実践的なアイデアが考案された。家具の代わりになる収納設備。移動式のカート・システム。しかし、ある小さな事実が、人間中心の新たな方向性を探るヒントになった。現場での観察を繰り返すうちに、デザイン・チームは多くの人々が献血を行なう強い個人的動機を持っていることに気付いた。家族を失った記憶。献血で親友の命を救われたことへの恩返し。そういった人々の話す物語には説得力があった。そして、献血者が繰り返し献血に来たり、さらには友人や同僚まで誘ってきたりする理由を物語っていた。

デザイン・チームは、効果的な標識や快適な座席をデザインするよりも、人々と物語を共有し、献血にやってくる感情的な動機を高めることの方が重要だと結論付けた。献血のリピーターたちは、自分の個人的な経験がより大きなものに結び付いたと感じて、再び戻ってくるのかもしれない。だとすれば、新たな献血者は、この利他的な行為の裏側に潜むさまざまな動機について何かを学べるのではないか。そこで、私たちは受付を終えた献血者にカードを配り、献血をしようと思った理由について、簡単な物語を書いてもらうことにした。写真を掲載したい献血者は、カードに写真を添付し、待合所の掲示板に貼ることができる。物語を他者と共有することほど、簡単なことはないだろう。やってきた理由は一人ひとり違えども、全員が共通の目的で結ばれているのだから。

ノースカロライナで展開されたプロトタイプの結果が有望だったため、アメリカ赤十字社はミネソタ州とコネチカット州で本格的なパイロット・プログラムを展開する準備を行なっている。

三〇秒スポットの次なる形

従来型の広告の効果が低下しているひとつの理由は、現代の商品、サービス、情報の量などがあまりに過剰だからだ。もうひとつの理由は、われわれ自身がどんどん複雑で高度になっているからだ。一世代前では想像もできないほど膨大な量の情報にアクセスできるようになった今、われわれの判断は複雑になり、選択は厳しくなっている。われわれの幼少期のコマーシャルを賑わせた、どうしようもなく古くさいＣＭソングや滑稽な仕草を見れば、世界の変わりようがすぐに分かる。今や三〇秒間のスポットＣＭでは、洗濯洗剤を売ることはおろか、地球温暖化の切実さを伝えることさえできなくなっているのだ。

その結果、デザイン思考家のツール・キットには物語が必要になった。といっても、きっちりとした起承転結のある物語ではなく、人々を惹き付け、人々に物語を展開させ、自分で結末を描いてもらうための終わりのない自由な物語だ。アカデミー賞を受賞したアル・ゴアの映画『不都合な真実』の中で語られている力強い物語が成功したのはそのためだ。ノーベル賞受賞者でもあり、アカデミー賞受賞者でもあり、自称「元・次期アメリカ大統領」でもある彼は、映画の中で、視聴者に地球温暖化の証拠を突き付け、自分自身の問題としてとらえるよう訴えている。

もはや「デザイン」は、マーケティングの直前にプロジェクトに与えられる別個のスタイル表現ではない。世界中の企業や組織で形になりつつある新たなアプローチでは、デザインは初期の製品コンセプトの段階から、最終的な実現段階、そしてその先にまで活躍の場を広げている。顧客自身にその物語の最終章を書いてもらうというのも、デザイン思考のひとつの実用例にすぎないのだ。

これまでの数章では、実地的な観察、プロトタイプ製作、視覚的な物語など、デザイン業界で生まれ、人間中心のデザイン・プロセスの中心を占めるようになった手法について説明してきた。その中で、私はふたつの主張を述べてきた。ひとつ目は、デザイン思考のスキルを組織のあらゆる部署や上層部へと広める時期が来ているということ。デザイン思考は、誰にでも実践できる。したがって、「Cレベル」の人々（CEO、CFO、CTO、COO）も含め、すべての人がこの思考プロセスをマスターできるはずなのだ。

私のふたつ目の主張は、デザイン思考がスタジオを飛び出し、企業、サービス部門、社会へと普及するにつれて、従来よりもはるかに幅広い問題を解決できるようになるということだ。この点については、パート2でより明らかになる。デザインは、われわれの現在の生活を豊かにするものだ。しかし、デザイン思考は、未来への道筋を描く道具となるのだ。

パート2　これからどこへ向かうのか?

本書のパート1では、企業の経営者、病院の管理者、大学の教授、NGOが、デザイナーの手法を取り入れはじめている様子を見てきた。また、それとは逆に、デザイナーがオブジェの制作から、サービス、経験、組織の構築にまで手を広げつつある事実も見てきた。パート2では、まずいくつかの事例研究を見てみたいと思う。デザイン思考の方法論のさまざまな要素が組み合わさって、一貫性のある体系的な戦略となると、いったい何が起きるのか？

次に、未来に目を向けたいと思う。現代のビジネスや社会が抱える問題に、デザイン思考の枠組みをどう応用できるのか？　われわれは、「問題解決の新たな方法」だけでなく、「解決すべき新たな問題」にも目を向けなければならない、急激な変化の瀬戸際に立たされているのだ。

第7章　デザイン思考が企業に出会うとき
——釣りを教える

一九九〇年代初頭、ノキア社は世界でもっとも安定した成功を遂げている携帯電話会社であり、その製品はミュンヘンからムンバイ、モントリオールからメキシコシティまで、あらゆる市場を席巻していた。以来、その名声はアップル、サムスン、ファーウェイへと移ったが、ノキアの事例から学べる教訓はある。ノキアは一八六五年に製紙会社として発足して以来、紙から、ゴム、ケーブル、エレクトロニクス、そして最終的には携帯電話へと、さまざまな分野に投資してきた。技術力、組織のイノベーション、一流のインダストリアル・デザインを兼ね備えたノキアは、常に先頭を走りつづけてきた。

しかし、すでにインターネットは業界のルールを一変させはじめていた。先進国の消費者は携帯電話そのものから携帯電話の提供するサービスへと目を向けつつあったし、新興国では多くの人々が高価なパソコンではなく安価なモバイル機器で初めてインターネットに触れていた。二〇〇六年、ノキアはそうした流れを察知し、それまでのハードウェア中心のアプローチに代わる策を模索しはじめた。消費者のコミュニケーション、情報共有、娯楽の手段について理解するため、技術者、人類学者、デザイナーが実地調査におもむいた。彼らは調査の結果を、現場からの物語や未来指向のシナリオという形で経営陣に提示し、調査で浮き彫りになった新しい行動を、総合的なプラットフォームを用いたシームレスな体験へと組み込む方法を示した。

こうして、ノキアはハードウェア・メーカーからサービス提供会社へと進化（シリコンバレーの魅惑的な専門用語を使うなら「方向転換《ピボット》」）しはじめたのだが、焼け石に水だった。世界は急速に変化しており、競合他社が列をなして待ち構えていた。結局、二〇一四年、ノキアは携帯電話事業をマイクロソフトに売却した。

この例から何が学べるか？　たったひとつのテクノロジー、もっと言えばテクノロジーそのものに頼りすぎるのはあまりにも危険だということだ。今日のもっとも先進的な企業は、自社の中核製品のその先を見据え、人々の根本的な望みを問うすべを身に付けている。人々が求めているのは、見栄えのよい折りたたみ式の携帯電話なのか、完璧な接続性なのか？　おしゃれな新車なのか、移動性なのか？　高額な医療なのか、健康なのか？　国民総生産なのか、それともブータンの憲法に明記されているとおり、国民総幸福量なのか？

中核事業戦略の見直しは、一筋縄では行かないし、時に痛みや混乱を伴うこともあるが、何もないところから生まれたわけではない。むしろ、第二次世界大戦終了後から行なわれてきたテクノロジーの役割の徹底的な見直しにその起源があるのだ。

体系的なイノベーション・アプローチとしてのデザイン思考

一九四〇年、ブリテンの戦いがもっとも深刻さを増す中、著名な映画監督のハンフリー・ジェニングスが、『ロンドン・キャン・テイク・イット!』という刺激的な時事ドキュメンタリー映画を制作し、国民を一致団結させた。それから六年後、戦争は終わり、民主主義が広まった。イギリスの疲弊した経済が回復に向かってもがく中、今度は工業デザイン協議会が「ブリテン・キャン・メイク・イット」という野心的な展覧会を開催し、国民を団結させようと立ち上がった。ヴィクトリア&アルバート博物館で開催された約八〇〇〇平方メートルにも及ぶ広大な展覧会は、エレクトロニクスから人間工学まで、先進国が戦争中の躍進を利用して消費者需要をよみがえらせる光景を予見させるものだった。

戦時の需要に対応するために、政府は空前の大規模な投資を行なった。戦後、そのイニシアティブは民間企業に引き継がれた。農業、自動車、繊維、テレコミュニケーションなど、あらゆる業界でR&D研究所が開設され、アメリカ、ヨーロッパ、日本の技術系大学の卒業生たちが雇用された。一九五一年の英国博覧会をはじめとする大規模博覧会や、その後のさまざまな万国博覧会が開催されると、「科学は人類のあらゆる疑問に答え、テクノロジーがそれを私たちのニーズを満たす商品に変える」という信念は揺るぎないものになった。

　企業のR&D研究所は順調に成長を遂げ、アメリカでは従業員が一九五八年当時の二万五〇〇〇名から現在の一〇〇万名以上に増えた。これは戦後のビジネス風景の大きな特徴となった。マサチューセッツ州の国道一二八号線沿い、イギリスのケンブリッジ、東京郊外には、技術的イノベーションの中心地が地理的に集約され、最終的には北カリフォルニアのシリコンバレーがもっとも大きな成功を遂げた。最初に成果を上げたのは、消費財の製造分野だ。その後、コンピューター・ハードウェア、通信ハードウェア、ソフトウェア・アプリケーション、インターネットが登場し、経済成長の原動力を担った。R&Dは競争で成功するための近道となったのだ。

　しかし、ノキアの例が示すように、今日の市場では、ますます多くの大企業が技術力のみに頼るのはかつてほど効果的でないと認識しはじめている。ゼロックス社のパロアルト研究所（PARC）やベル研究所のような著名なR&D研究所の中にさえ、完全に消滅してしまったものや、以前の輝きを失っているものもある。多くの企業が、長期的な基礎研究から短期的なイノベーションへと、研究プログラムのビジョンを転換させているのだ。

　これは必ずしも悪いことではない。テクノロジー主導の中小企業や、イノベーション指向の新興企業の方が、実績のある大企業よりも有利な場合も多い。「有用性《デザイアラビリティ》／技術的実現性《フィーザビリティ》／経済的実現性《ヴァイアビリティ》」の三つのイノベーション空間が示すように、「技術的実現性」の角度からイノベーションに取り組む企業は、技術的な発見に応じてそのほかの要素を調整しなければならないだろう。

新興企業の最終的なビジネス・モデルは、最初から明確ではない場合もある。そのような場合には、柔軟性や適応性が大きな財産となる。グーグル社が検索と広告を結び付けることの威力を発見したのは、起業してしばらく経ってからのことだった。ゼロックスが行なっていたコンピューター・インターフェイスの研究をマッキントッシュ・デスクトップのアイコンやマウスという形で市場に送り出したのは、巨大なゼロックス社ではなく、巣立ちはじめたばかりのアップルコンピュータだった。

大企業は、既存の市場の内側からブレイクスルーを探し出すのにはうってつけの立場にいる。既存の市場では、高度な技術が成功に結び付くという保証はないからだ。したがって、大規模な顧客基盤、認知度や信頼度の高いブランド、経験豊富な顧客サービスやサポート・システム、広範囲な流通やサプライ・チェーンといった大企業の既存の資産を活用して、消費者中心の視点からイノベーションを促進する方が理に適っている可能性もあるのだ。これは、デザイン思考が向上させるのに理想的な、有用性に基づく人間中心のアプローチである。このアプローチは、P&G、ナイキ、コナグラ、ノキアなど、実績のあるさまざまな企業が、技術に過剰依存し、ビッグ・ヒットに賭けるのを防いできたのだ。

デザイン思考を利用してイノベーション・ポートフォリオを管理する

数々の変わり者を抱えるＩＤＥＯの中でも、ディエゴ・ロドリゲスとライアン・ヤコビーは群を抜いている。ほかの大半の同僚と同じように、ディエゴとライアンはすばらしいデザインの資格を持っているが、ふたりともＭＢＡも取得している。長い間、ＩＤＥＯではビジネススクールの卒業生の雇用を避けてきた。というのは、彼らが賢くないからでも、スーツ姿でブレインストーミングに参加するからでもなく、デザイン思考に求められる発散的思考や綜合ベースの手法に馴染むのは難しいと考えていたからだ。しかし、その考え方を見直さざるをえなくなった。

ひとつ目の理由として、現在の多くの教育機関のＭＢＡ課程では、イノベーションの理論と実践に取り組んでいるからだ。そのため、デザイナーが取り組むような問題に興味を持つ卒業生が増えている。スタンフォード大学のハッソ・プラットナー・デザイン研究所、カリフォルニア大学バークレー校のハース・ビジネススクール、トロント大学のロットマン・スクール・オブ・マネジメントなど、ビジネススクールの学生が直接デザイン・プロジェクトに取り組む学校もいくつかある。さらに、少なくともサンフランシスコのカリフォルニア美術大学では、トム・ピーターズの「ＭＦＡ（美術学修士）が新しいＭＢＡだ」という有名な発言を真剣にとらえ、絵画、製版、写真のプログラムに加えて、デザイン戦略のＭＢＡを提供している。現在では、常識にとら

「成長方法」マトリクス

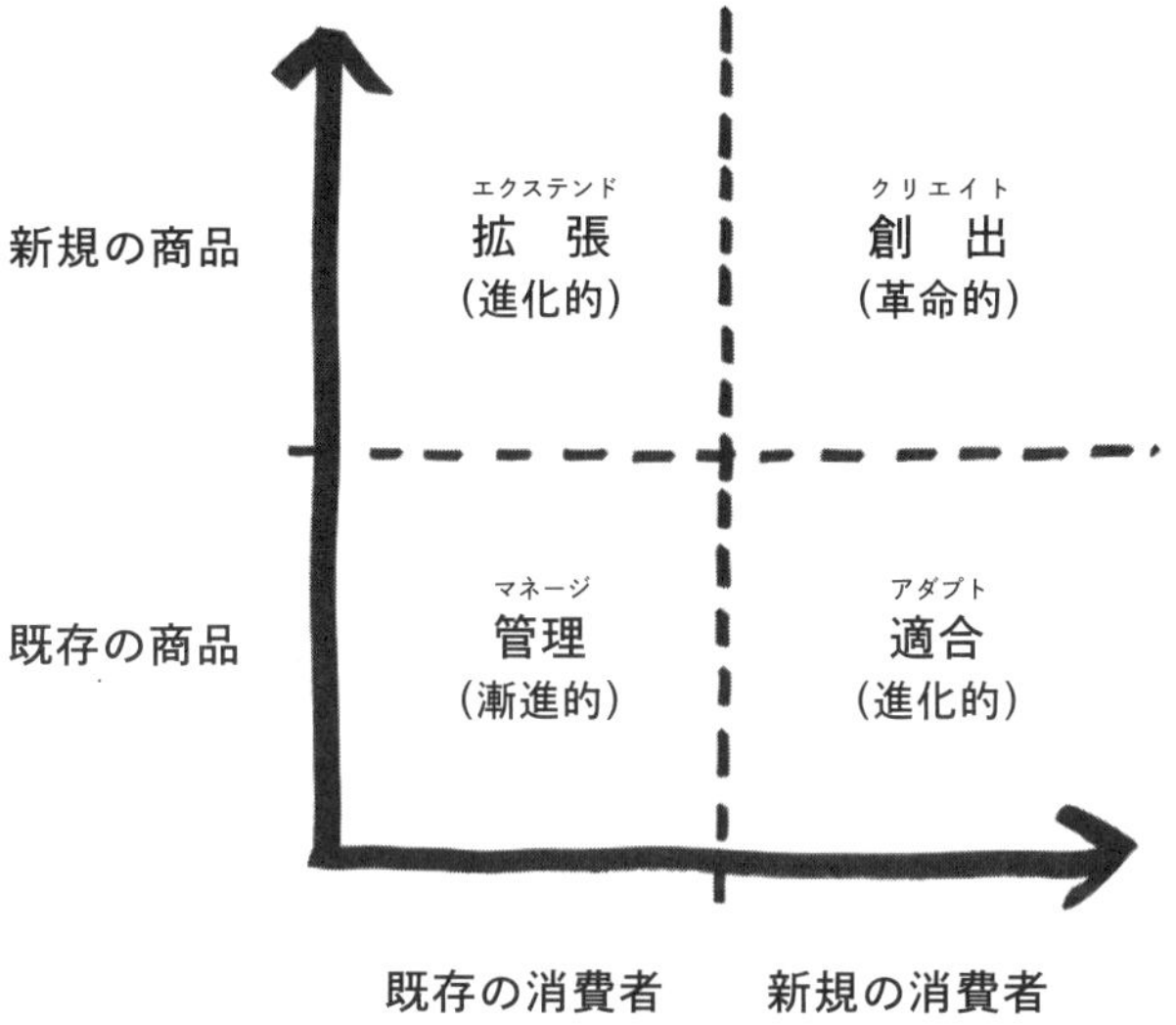

われないデザイン思考の手法の教育を受けているビジネススクールの卒業生が臨界量を超えているのだ。

　ふたつ目の理由として、ビジネス思考はデザイン思考に欠かせない要素だからだ。発見指向計画法、オプション理論、ポートフォリオ理論、プロスペクト理論、顧客生涯価値など、ビジネス分野で進化を遂げてきた高度な分析ツールが、デザインによる問題解決の利益になることはあっても、害になることはない。デザイナーはプロジェクトが進むにつれて制約を検証していくが、妥協を許さないビジネスの世界は、デザイン・チームが責任を持って制約について検討するのに役立つのだ。たとえば、インタラクション・デザイナーが、ネット・バンキングのコンセプトのプロトタイプを製作するうちに、想定された収入源（＝広告）がユーザー・エクスペリエンスの質を損ねるということに気付くかもしれない。そこで、チームにいるビジネス指向のデザイナーが、会費や紹介料など、広告に代わる手段を評価するのだ。このような協働《コラボレーティブ》的なプロセスによって、事後的な市場分析のみに頼ることなく、全員がクリエイティブな方法でイノベーションの「経済的実現性《ヴァイアビリティ》」要素を評価することができるのだ。

　ディエゴとライアンは、ビジネスに関する専門知識を、現在進行中のプロジェクトだけでなく、デザインに基づくイノベーションのポートフォリオの管理方法について考えるのにも役立てている。ふたりは、独自の事例研究に基づいて、組織内のイノベーション活動を評価する「成長方法《ウェイズ・トウ・グロウ》」マトリクスというツールを考案した。イノベーション活動を、既存の商品か新規の商品かをあらわす縦軸と、対象が既存の消費者か新規の消費者かをあらわす横軸に沿ってマッピングすることで、イノベーション活動の全体的なバランスを効果的につかむことができるのだ。

　左下に位置するプロジェクト（既存の商品と既存の消費者）は、その性質からして漸進的なものが多い。これらのプロジェクトは重要であり、実際に企業の活動の大部分は、このタイプのイノベーションに属するだろう。たとえば、成功したブランドの拡張や、既存の製品の次世代版などが含まれる。スーパーの売り場には、漸進的イノベーションの例が無数にある。何十種類もある歯磨きの風味は、漸進的なイノベーション・プロセスによって生まれたものであり、おそらくメーカーの売上増に結び付いているのだろう。天文学的な製造コストがかかる自動車業界では、大部分の活動が、既存のモデルの改良や既存の走行距離の延長といった漸進的イノベーションに基づいている。近年の景気後退で、世界中の自動車メーカーが苦しんできたが、漸進的イノベーションのみに専念してきたデトロイトの通称「ビッグ・スリー」（ＧＭ、フォード、クライスラー）がもっとも大きな打撃を受けている。

企業の基盤を固める漸進的プロジェクトに加えて、その基盤を新たな方向へと拡大する進化的プロジェクトを探求することも重要だ。この野心的な目標を達成するには、まだ満たされていない既存の顧客のニーズを満たすべく既存の商品を「拡張」したり、新しい顧客や市場のニーズに合わせて既存の商品を「適合」させたりする必要がある。この種の進化的イノベーションの一例は、トヨタ・プリウスだ。アメリカの競合メーカーがより大型のＳＵＶを求める既存の流れに乗っている間、トヨタは巧みなエンジニアリングとすばらしいデザインを通じて、エネルギー効率の高い個人向け自動車に対する新たなニーズをとらえた。アメリカの燃料価格の高騰とぴったりタイミングを合わせるように、プリウスは抜群の低燃費を消費者に提供したのだ。しかし、真のイノベーションは、ハイブリッド電気モーターのみではない。大型でカラフルな情報モニターに毎分の燃費が表示されるため、運転者は絶えず運転の燃料効率を高めようという気になるのだ。トヨタは、漸進的イノベーションだけでなく、進化的イノベーションに投資を行なったおかげで、経済の嵐を切り抜けようとしているのだ。

消費者の軸に沿った進化的イノベーションの中には、既存の製品を今までよりも低コストで製造し、より幅広い消費者に販売するという方法も含まれる。物議を醸しているタタ・モーターズのマイクロカー「ナノ」の根底にあるのも、この考え方だ。ナノは、決して斬新な自動車でもなければ独創的な自動車でもない。ヨーロッパのマイクロカーは、それこそ五〇年代から販売されている。しかし、メルセデスの一万二〇〇〇ドルの「スマート」のような自動車は、いまだにインド市場の大部分で手の届かない商品だ。そこで、タタは消費者の期待する大半の機能を備えながら、今までよりもはるかに低価格な自動車を設計したというわけだ。ナノの二気筒エンジンは、従来のどのエンジンよりもコンパクトで軽いため、安価に製造できる。電子エンジン管理システムによって、一リットルあたり二〇キロメートルという燃費を実現し、プスプスと音を立てながらインドの混雑した道路を走る数百万台の二輪車よりも、二酸化炭素排出量が少なくてすむ。わずか二〇〇〇ドルという予定価格によって、ナノはこれまで自動車メーカーが手を出せなかった市場に参入しようとしているのだ。

もっとも困難でリスクの高いタイプのイノベーションは、商品と消費者が両方とも新しいイノベーションだ。革命的イノベーションはまったく新しい市場を「創出」するものだが、それはまれなケースだ。ソニーはウォークマンでその偉業を達成し、さらにその二〇年後には、アップルが見事な後継者、ｉＰｏｄで同じ偉業を実現した。いずれの場合も、核となるテクノロジーは新しいものではないが、それまでとは異なる音楽体験の市場を生み出すことに成功した。それとは対照的に、セグウェイ・パーソナル・トランスポーターは教訓となる失敗だ。自らを「連続発《シリアル・インベ》明家《ンター》」と呼ぶディーン・ケーメンは、歩くには遠すぎるが、車で行くには近すぎる距離の都市交通手段が求められている点に目を付けた。彼は高度なジャイロスコープ技術を用いて、自動的にバランスを取り、町や近所の歩道をすばやく移動できる二輪式の巧妙な乗り物を発明した。

一見すると、セグウェイは破壊的イノベーションの典型例に見える。多くの人々が気付きもしなかった問題にまったく新たなソリューションを提供しているからだ。セグウェイのプロモーターたちは大成功を期待したが、結果は期待はずれだった。四〇〇〇ドルを超える価格に問題があったと言うのは簡単だろう。しかし私は、人々がいかにしてセグウェイを生活の一部に取り入れるか、という人間中心の深い分析が欠けていたことに原因があると思う。発売直後に思い切って購入した人々はアパートの階段を引きずるようにしてセグウェイを運び、セグウェイに乗る旅行者の一団は気まずそうにエッフェル塔の下を走り去っている。リチウム・バッテリーでは、郵便配達人が担当地域を配達しおわるまで電力がもたない。このような話を聞くだけでも、発明がイノベーションとは異なるということが分かる。もし、異分野連携のデザイン・チームが実地調査におもむき、都市生活の現状を理解したり、類似した環境を観察したり、シナリオやストーリーボードを制作したり、夜遅くまでブレインストーミングを行なったり、針金モールで初期のプロトタイプを製作したり、より本格的なプロトタイプを生身の利用者に試してもらったり、ひとつのコンセプトに決める前にさまざまなアイデアを発案したりしていれば、今ごろ私たち全員が町中でセグウェイ・パーソナル・トランスポーターを乗り回していたかもしれない。

「成長方法《ウェイズ・トゥ・グロウ》」マトリクスは、企業がイノベーション・ポートフォリオを管理し、絶えず変化しつづける世界で競争力を保つためにはうってつけのデザイン思考の道具である。一世一代の大ヒットへと想像力を向けがちだが、大ヒットは極めてまれなことだ。一方、ビジネスの予測を立てやすい漸進的なプロジェクトに専念したくもなるが、このような目先のアプローチでは、予測不能な出来事（ナシーム・ニコラス・タレブのいう「ブラック・スワン」）に対処できない。競争を一変させる出来事はいつでも発生しうるし、ひとたび発生すれば、どんなに入念な事業計画でもひっくり返ってしまう。たとえば、統合デジタル音楽の波はソニーの地位を奪った。従来の音楽出版業界全体は、インターネットの破壊的な影響力に対して準備を怠っていた。クリスティーズやサザビーズといった格式高いオークション・ハウスも、活気みなぎるイーベイには太刀打ちできなかった。あとになってみれば何とでも言えるが、二〇〇八年の金融危機は、「大きすぎ《トゥー・ビッグ・》て潰せない《トゥー・フェイル》」企業などないということを証明した。そして、どんなに堅固な組織でも保険に入っていた方が得策だということを教えてくれた。次なる「ブラック・スワン」は、ジェネンテック社の研究所、ウォール街の高層タワー、トラボラの洞窟（訳注／9・11テロ首謀者のビン・ラディンが潜んでいたといわれる）、どこからやってくるか分からない。企業にとって最善の防御策とは、先ほど紹介したイノベーション・マトリクスの四隅にわたってまんべんなく投資し、ポートフォリオを多様化させることなのだ。

組織を転換させる

さらに、現代の大半の企業が抱える一対の課題がある。ひとつは、デザイナーの創造的問題解決の能力をより大きな戦略的イニシアティブにどう組み込むか。もうひとつは、デザイン思考を実践する従業員の割合を今までより大幅に増加させるにはどうするかだ。デザイナーたちは、スーパーの店員、倉庫の労働者、オフィスの従業員、プロのスポーツ選手、マーケティング幹部、人事担当責任者、トラックの運転手、労働組合の代表はもちろん、医師や看護師までもプロジェクト・チームに参加させることができるということを知っている。同じ組織の下級マーケティング担当責任者と上級科学研究員にタッグを組ませ、各自の分野の垣根を超えて考えてもらうのも非現実的ではない。現代のビジネス環境では、デザイン思考を用いてイノベーション活動を強化し、成長を促進する企業から、非常に大胆なイニシアティブが生まれる場合もあるのだ。

私がＣＥＯたちと話をしていてよく尋ねられるのは、「自分の企業をもっとイノベーティブな企業に転換させるには、どうすればよいでしょう?」という質問だ。彼らは、現代の流動的なビジネス環境の中では、イノベーションが競争力を維持する鍵になると承知しているが、自らの組織でこの目標を追求するのがいかに難しいかも、同じくらいよく理解している。スチールケース社のＣＥＯ、ジム・ハケットは、数少ない見識あるビジネス・リーダーのひとりだ。彼は、イノベーティブな製品を安定して供給できるかどうかは、根底にあるイノベーション「文化」にかかっているということを理解している。彼は新製品のデザインに喜びを感じる一方、組織そのもののデザインにそれ以上の喜びを感じているのだ。

多くのイノベーターと同じように、ハケットはビジネス・メディアが「イノベーション」を新たな宗教に変えるずっと前にこの疑問に直面し、大きな犠牲を払った。当時は、目標の実現に役立つロード・マップなどなく、成功を測る指標もほとんどなかった。しかし、経営陣のたゆまぬ努力と、彼自身の実験意欲のおかげで、次第にスチールケース社は、最初の耐火性ごみ箱を世に送り出した一九一四年当時とはまったく異なる企業に変化していった。スチールケースでは、かつて技術力や製造能力が新製品開発の原動力を担っていたが、現在では消費者や顧客のニーズを最優先するイノベーション・プロセスが取り入れられている。スチールケースは、人間中心のデザイン思考という視点に立って、事業を拡大しているのだ。

スチールケースの「ワークプレイス・フューチャーズ（職場の未来）」という部署は、高度な教育から情報技術まで、さまざまな分野を探求する社内シンクタンクのような役割を果たしている。「ワークプレイス・フューチャーズ」に所属する人類学者、インダストリアル・デザイナー、ビジネス戦略家たちは、現場で観察を行ない、スチールケースの実際の顧客や潜在的な顧客が抱える問題を理解しようと試みている。さらに、シナリオを制作して大学研究者、ＩＴワーカー、ホテル支配人の将来的なニーズを予測したり、プロトタイプを製作してソリューションを視覚化したり、説得力のある物語を築き上げて潜在的な機会を表現したりもしている。さらに、セールス・チームは、単に最新の製品群を顧客に売り込もうとするのではなく、顧客と協力して問題を解決しようとしている。

「ワークプレイス・フューチャーズ」は医療を特に重要な機会ととらえている。その予測に基づいて、スチールケースは医療環境に特化した「ナーチャー（養育）」というビジネスを開始し、急成長を遂げている。ナーチャーのチームは、ミシガン州ワイオミングにある最先端の新しいメトロヘルス病院の設備から、ニューヨーク市イースト・ヴィレッジの一九世紀の建物内にある、医療的に恵まれていない人々のための非営利施設「シドニー・ヒルマン・ヘルス・センター」の個室のプロトタイプ製作まで、さまざまなプロジェクトに取り組んでいる。従来のデザイン概要書なら、「待合室の快適な座席」や「患者の所持品の収納設備」などが求められていただろう。それとは対照的に、ナーチャーのデザイン思考家の概要書には、「どうすれば公共の場にプライベートな空間を生み出せるか？」や「どうすれば病院の回復室を利用する患者、見舞客、医療職員それぞれの空間要件を満たせるか？」といった疑問が書かれているはずだ。

家具製品から医療環境全体へと照準を移したナーチャーは、現実のデザイン思考の事例研究そのものといえる。多くの場合、この新しいアプローチは「ディープ・ダイブ（深く潜る）」と呼ばれる集中的なワークショップに始まる（より軽いバージョンは「スキニー・ディップ（浅くなぞる）」と呼ばれている）。このワークショップでは、プロダクト・デザイナー、インテリア・デザイナー、建築家が、医師、看護師、患者と協力し、問題を把握し、潜在的なソリューションのプロトタイプを製作し、結果を評価する。こういった実践的な研究イニシアティブは、通常は業界全体の視野に立って問題を理解するためのものだが、ナーチャーでは特定のクライアントの仕事も引き受けている。たとえば、西ミシガンがん血液学センターのために全国的ながん治療環境の実地調査を行ない、同センターの建築家と共同で実動プロトタイプを開発・装備した。アトランタのエモリー大学病院は、新しい神経集中治療室を建設する前に、潜在的なデザインの問題を把握するために、ナーチャーに協力を仰いだ。チームは提案された施設の模型を使ってシミュレーションを行なっただけでなく、どうすればＩＣＵに家族用のスペースを設けられるかを理解するために、病院の建築家や臨床医、患者の家族と協力してデザイン・シャレットを実行した。

ナーチャーの提供する商品は、受付のデスク、待合室の座席、臨床検査室の照明、ナース・ステーションの収納設備などだ。しかし、従来のデザインに基づくアプローチと異なるのは、自分たちを注文家具業界よりも医療業界寄りととらえているという点だ。その背景には、物理的な環境が、処方薬、手術器具、熟練した看護師と同じくらい治癒プロセスに影響を及ぼすという前提がある。このデータ主導・調査ベースのアプローチが、さまざまな製品イノベーションにつながっているのだ。たとえば、会話を促しつつもプライバシーを守る座席やモジュラー式パネルを取り入れた待合室の区画。見通しを改善し、ワークフローの管理や即席のミーティングを促進するナース・ステーション。収納スペースを最大化し、医療スタッフ、見舞客、患者のさまざまなニーズに合わせて照明のゾーニングを行なえる病室。放射線技師のニーズを満たすだけでなく、研究者が用いる研究手法の絶え間ない変化をも見越した人間工学的なソリューションなどが考案されている。

しかし、事実ベースでデータ主導の方法論を用いているのは、研究科学者だけではない。ナーチャーは、メイヨー・クリニックと共同で、臨床環境に対する自社の理解度を検証する実験をデザインした。二種類の診察室をデザインした上で、それぞれが患者と医者のインタラクションに及ぼす影響を比べるためのランダム化比較試験を設計して実施した。そして、良心的な研究チームでは当たり前のことだが、結果のいかんにかかわらず公表した。デザイン思考を実践する人々は、想像力、洞察、インスピレーションに大きく頼る傾向にあるが、ナーチャーのチームは厳密な科学的手順も同じくらい重視している。

この新たな方向性に刺激を受けたスチールケースのデザイナーたちは、デザイン性に優れたモノだけでなく、将来の職場やその実現方法についても、積極的に思案している。これは、スチールケースが情報の保管、取得、共有の手段として業界内でいち早くデジタル・テクノロジーを導入した時代を彷彿とさせる。社名の由来となった金属製の灰色の整理棚からは想像も付かないことだ。実際、ハケットがデザイン思考を取り入れて最初に得られた洞察のひとつは、スチールケースのクライアント企業の多くが、個人の知的労働からチームベースのコラボレーションに移行しつつあるという点だった。このトレンドによって、スチールケースでは、物理的空間や家具システムを通じてこのような幅広い構造の転換を推進する方法に重大な変化が生まれた。しかし、それは始まりにすぎなかった。

二〇〇〇年、デジタル世紀の到来を告げるかのように、スチールケースは初の完全ウェブ対応の製品を発表した。ネットワーク対応の小型ディスプレイ「ルームウィザード」は、会議室の外に設置し、部屋を予約した人や時間を表示する仕組みになっており、シンプルなタッチパネル式のインターフェイスや顧客のイントラネットを通じて操作が可能だ。ルームウィザードを利用すると、パロアルトのラップトップから、ミュンヘンや上海のオフィスの会議室を予約できるので、施設の管理者は必要なスペースをあらかじめ効率的に計画することができるのだ。オフィス家具企業がネットワーク対応の情報機器を販売しはじめるというのは、明らかに何かが起きている証拠だ。しかし、設備《ファシリティ》の本来の目的は迅速化する《ファシリテート》ことだ。ルームウィザードは、それを実現しているというわけだ。ジム・ハケットは、今でもチェア、デスク、そして耐火性のごみ箱を販売しつづけているが、現代の職場の効率や経験を向上させるソリューションの販売へと主な照準を移しているのだ。

網を与える

八〇年代、ＩＤＥＯは台湾のコンピューター大手「エイサー」とさまざまな仕事を行なった。

中でも特に好評だったあるプロジェクトの最後に、ＩＤＥＯチームとクライアント・チームの大きな文化的距離を埋める手助けをしてきたデイヴィッド・リャン教授が、私たちに刺激的なアドバイスをくれた。「魚は気に入られたようだ。次は、網を与える番だ」。つまり、成果物はすばらしかったが、リャンはその成果物を生み出したプロセスをエイサーと共有できないかと考えたのだ。私たちは、すぐにＩＤＥＯのデザイン・コミュニティからインストラクター・チームを招集し、マーカーやポスト・イットを大量に携えて台北に向かった。そこで、後の一大プログラムとなる最初のイノベーション・ワークショップを実施した。私たちはそれを「ＩＤＥＯ　Ｕ」と名付けた。

マクドナルドやモトローラなど、さまざまな企業が社内に「大学《ユニバーシティ》」を設け、従業員の研修を行なっているのとは逆に、私たちは社外に目を向けた。そして、消費者の観察、ブレインストーミング、プロトタイプ製作、物語、シナリオ制作など、ＩＤＥＯのデザインに基づく人間中心のイノベーション手法を広めるため、企業に研修を行ないはじめた。しかし、世界中で無数のワークショップを実施するうちに、デザインの手法を身に付けたイノベーション指向の陰謀者たちの種を大組織に植え付けるのは、もっとも効率的な方法ではないと気付いた。大規模で長期的な影響を及ぼすためには、企業のＤＮＡの中にイノベーションを刷り込む必要があるのだ。

このワークショップのコンセプトは進化し、私たちはネスレ、Ｐ＆Ｇ、クラフトフーズなど、企業の独自の目的に特化したより体系的なワークショップを実施するようになった。それでも、ワークショップ単独では影響力に限界がある。組織の幅広い転換が必要なのだ。世界中で開催されたイノベーション・ワークショップを通じてP&Gが組織の転換を遂げられたのは、CEOのA・G・ラフリーが最高イノベーション担当責任者を任命し、デザイン担当責任者を五〇〇パーセント以上増員し、P&Gイノベーション・ジムを設置し、外部とパートナーシップを築く新たなアプローチ（「コネクト＋デベロップ」）を導入し、イノベーションとデザインを企業の中心的な戦略へと引き上げたからこそなのだ。

P&G、ヒューレット・パッカード、スチールケースなど、製品の製造とブランドの管理を行なう企業は、企業文化を転換する上では一歩有利だ。というのは、従業員の中に、すでにデザイナーや、さらにはデザイン思考家さえもが存在しているからだ。デザインにより戦略的な役割を与えるメリットを経営陣に納得させるのは確かに難しい。しかし、経営陣が納得さえすれば、企業の中から才能ある人材を見つけ出すのはそう難しくない。一方、サービス組織や、以前からデザインをアウトソーシングしてきた製造企業では、そのような人材ベースは存在しない可能性があるため、組織の転換はいっそう困難になる。

医療大手のカイザー・パーマネンテがその好例だ。二〇〇三年、カイザーは患者と医師の両方の観点から、医療体験の全般的な質の改善に乗り出した。IDEOは、病院に多くのデザイナーを雇う代わりに、既存の職員にデザイン思考の原理を学ばせ、自分自身で応用してもらうべきだと提案した。数カ月間にわたって、IDEOは病院の看護師、医師、管理者と一緒に一連のワークショップを実施した。それが数々のイノベーションへとつながった。その中のひとつ、看護師のシフト交替について見直すプロジェクトには、ＩＤＥＯのデザイナーを筆頭に、看護の経験を持つ戦略家、組織開発の専門家、テクノロジーの専門家、プロセス・デザイナー、労働組合の代表者が参加した。

四つのカイザー系列病院の最前線で働く医療従事者たちと協力し合う中で、コア・チームはシフト交替の問題点に気付いた。通常、シフトを終えた看護師は、四五分かけて引き継ぎの看護師に患者の状態を伝えていた。しかし、その手順は体系的でなく、伝言を録音したり、面と向かってミーティングを行なったりと、病院によっても異なっていた。さらに、情報を記録する方法も、ポスト・イットをあちこちに貼るというものから、医療着に情報を走り書きするというものまで、さまざまだった。その過程で、患者にとって重要な情報が失われることも多かった。直前のシフトで患者の状態はどうだったのか？　家族の誰が見舞いに来ていたか？　どの検査や治療が完了しているのか？　多くの患者が、シフトの交替で治療に穴が空いていると感じていることが分かった。これらの観察に基づいて、今ではすっかりお馴染みの強力なデザイン・プロセスが実施された。プロのデザイナーではなく、カイザーのスタッフ自身によって、ブレインストーミング、プロトタイプ製作、ロール・プレイ、ビデオ撮影が行なわれたのだ。

その結果、アプローチが変更された。看護師は、ナース・ステーションではなく、患者の前で情報を交換するようになった。わずか一週間で製作されたプロトタイプには、看護師が勤務時間中のいつでもシフト交替前のメモを参照したり、新しいメモを追加したりできる、新しい手順やシンプルなソフトウェアが盛り込まれた。さらに重要なのは、患者がプロセスの一部になったということだ。患者自身が自分にとって重要な情報を提起できるようになったのだ。カイザーがこの変化の影響を測定したところ、看護師がシフトに就いてから最初に患者と接するまでの平均時間が半分以下になったことが分かった。また、看護師の仕事に対する感じ方にも変化があった。調査で、ある看護師はこうコメントした。「仕事が一時間も早く進んでいます。まだ勤務を始めてから四五分なのに」。別の看護師は、興奮した様子でこう話した。「定時で帰宅できたのは今回が初めてです」

看護師のシフト交替の新しい方法は、患者や看護師に大きな影響を及ぼしたが、カイザーの全般的な医療の質を体系的に改善するという念願の目標を達成するまでは、長い道のりだった。この目標を実現するために、看護師、開発の専門家、技術者からなるコア・チームは、独自のプロジェクトを実施する代わりに、残りの組織のコンサルタントの役割を果たすようになった。カイザー・パーマネンテ・イノベーション・コンサルタンシーの設立を通じて、チームは患者の経験を向上させ、カイザーの「未来の病院像」を構想し、組織全体にイノベーションとデザイン思考を普及させるという使命を追求している。

組織全体にわたる変化を実現するには、体系的なアプローチが必要だ。看護師や管理者（あるいは、エグゼクティブ、事務員、支店長、出納係）を摩訶不思議なデザイン思考の世界にいざなうことで、情熱、エネルギー、創造性を解き放つことができる。カイザーの場合、病院のシステム全体にわたって展開できる文字通り何十ものイノベーティブなアイデアが生まれた。また、システムと格闘することばかりに時間を費やし、自らシステムを再デザインすることなど考えもしなかった人々に、新たなレベルの参加を促すこともできる。しかし、継続的な取り組みや一貫したアプローチがなければ、複雑な医療システムを運営するという日々の課題に追われ、当初の勢いはついえてしまっていただろう。

旧態依然とした文化をイノベーション指向でデザイン主導の文化に転換させるには、行動、決断、意志が必要だ。ワークショップは、人々をデザイン思考という新しいアプローチに触れさせるのに役立つ。パイロット・プロジェクトは、組織内でデザイン思考の利点を売り込むのに役立つ。経営陣は、転換プログラムに力を注ぎ、人々に学習と実験の機会を与える役割を果たす。異分野連携のチームは、広範囲にわたる活動を実現する。P&Gのイノベーション・ジムのような専用スペースは、より長期的な思考を行なうための資源を提供し、継続的な活動を可能にする。影響力の定量的・定性的な測定は、ビジネス・ケースを作成し、資源を適切に割り当てるのに役立つ。そして、優秀な若い人材がイノベーションをキャリア上のリスクではなく成功への近道と考えられるように、事業単位同士が新しい方法で連携できるようなインセンティブを設ける必要もあるだろう。

これらのすべての要素が調和して機能すれば、イノベーションの歯車は滑らかに回りはじめるだろう。実世界の日々の課題を前にして、これを行なうのは易しくない。どの事業単位も目の前の課題で手一杯だ。したがって、システム全体にかかわるイノベーション活動に参加させるのは難しいかもしれない。長期的な目標よりも短期的な障害の方が差し迫って見えがちな不安定なビジネス環境において、信念を貫くのがいかに難しいかは誰でも知っている。実際、悪い兆しが見えるとたちまちパニックを起こすエグゼクティブたちはあまりにも多い。イノベーションは、蛇口のようにたやすく開け締めできるようなものではない。画期的なアイデアを育むには、長くて深刻な不況が過ぎ去るよりも長い時間がかかるのだ。不況に突入したとたんに、イノベーション活動を延期し、職員を解雇し、プロジェクトを次々と中止する企業は、イノベーションのパイプラインを弱めるだけだ。活動の照準を定め直し、より少ない資源でプロジェクトをこなす必要はあるかもしれないが、すべてを断ち切ってしまえば、市場が回復したときに不意打ちを食らう危険性がある。

不況時に育まれたアイデアは、景気が回復したときに大きな影響を及ぼす場合もある。アンドルー・ラゼギが最近述べたように、フォーチュン誌は一九二九年一〇月の株式市場の大暴落からわずか四カ月後に、たった三万人の購読者に向けて一冊一ドルという高価格で発売されたが、一九三七年には四六万部にまで成長し、五〇万ドルの純利益を上げた。そのほかにも、インスタント・コーヒー、格安航空会社、ｉＰｏｄなどの例がある。ラゼギは、好況時よりも不況時の方が、新たなニーズを見つけやすいと述べている。好況時には、すでに満たされたニーズを追求する優れたアイデアがいくらでもあるからだ。この結論から分かるように、デザイン思考は企業が不況時に導入できるもっとも有益な手法のひとつといえるかもしれない。

五〇年代、W・エドワーズ・デミングは、厳格な科学的根拠に基づく品質研究の種を蒔いた。デザイン思考が厳密な科学になることはないだろうが、品質活動と同じように、デザイン思考を単なる黒魔術から、体系的に適用可能な管理アプローチへと転換できる可能性はある。重要なのは、創造プロセスから魂を抜き取らないようにすることだ。つまり、経営陣が当然ながら求める安定性、効率性、予測可能性と、デザイン思考家が求める自発性、偶然性、実験性のバランスを取るということだ。その目的は、トロント大学のロジャー・マーティンが言うように、「統《インテグ》合《レーション》」である。つまり、これらの相反する要件のバランスを保ちながら、いずれかひとつに偏るよりも強力なイノベーション、さらには強力な企業を築き上げることなのだ。

第8章　新しい社会契約
——ひとつの世界に生きる

デザイン思考の人間中心の原理に身を捧げる組織は、「賢明な利己心」を実践している。顧客をより深く理解できれば、より効果的にニーズを満たすことができる。これは、もっとも信頼できる長期的な収益源であり、持続可能な成長源でもある。ビジネスの世界では、どんなに高貴なアイデアでも、収益性のテストをくぐり抜けなければならないのだ。

しかし、これは決して偏った見方ではない。企業がより人間中心のアプローチへと移行しつつあるのは、人々の期待が進化しているからだ。顧客やクライアントであろうとも、患者や乗客であろうとも、私たちは産業経済の末端の受動的な消費者でいることに満足できなくなっている。それが消費者にとっては、「買って使う」以上の価値ある行動を求めるということにつながるし、企業にとっては、自社の製品が人体、文化、環境に及ぼす影響について説明責任を果たすということにつながる。しかし、その結果、商品の販売者やサービスの提供者とそれを購入する人々との間の力学に、大規模な変化が起こっているのだ。

消費者は、今までとは異なる新たな要求を抱いている。ブランドに対して今までとは異なるつながりを持っている。企業の提供する商品の決定に自ら参加することを望んでいる。メーカーや売り手との関係を購入後も保ちたいと考えている。このような高い期待に応えるには、企業は市場に対する絶対権力の一部を手放し、顧客との双方向の対話に参加する必要がある。本章で述べるとおり、この変化は三つのレベルで起きている。ひとつ目は、消費者が機能的な性能よりも幅広く満足できる経験を求めるようになるにつれて、「製品」と「サービス」の間に防ぎようのない境界のぶれが生じているということ。ふたつ目は、個々の製品やサービスが複雑なシステムへと変化する中で、デザイン思考が新たな規模で適用されつつあるということ。三つ目は、メーカー、消費者、そしてその間にいるすべての人々の中で、「限度」の時代が訪れつつあるという共通認識が生まれているということ。つまり、工業化時代の特徴である大量生産と無分別な消費のサイクルは、もはや持続可能とはいえないのだ。

これらのトレンドは、必然的にひとつの点に収束する。つまり、デザイン思考を利用して、参加型の新たな社会契約を確立すべきだということだ。「買手市場」や「売手市場」といった対立的な言葉で考えるのはもはや不可能だ。われわれは、ひとつの世界に生きているからだ。

ある意味では、すべての製品がすでにサービスの一面を備えている。どんなに無機質に見えても、製品はすでにその裏側にあるブランドとのつながりを持っているし、購入後の保守、修理、アップグレードを期待させる。サービスも同様だ。乗客を大陸の反対側へ運ぶ飛行機の座席であれ、人々を電気通信サービスの広大なネットワークと結び付けるブラックベリーであれ、たいていのサービスは何らかの実体を伴う。製品とサービスの境界は、ぶれはじめているのだ。ヴァージン・アトランティック航空、ヨーロッパの携帯電話事業者のオレンジ、フォーシーズンズ・ホテルズ&リゾーツといった企業は、こうした潮流を競合他社よりもいち早く察知したおかげで、ロイヤルティの高い顧客の獲得に成功している。

そう考えると、オフィス家具、消費者家電、スポーツウェアのメーカーと比べて、サービス企業がイノベーション活動ではるかに遅れを取っているのは不思議だ。確固たる研究開発文化を築き上げている企業は少ないし、ほかの場所で成功した戦略を事業のヒントにすることはほとんどない。

この問題の核心は、製造業が扱うのは機械だが、サービス業が扱うのは人間だという点にある。もちろん、これは極端な単純化だが、サービス業が極度に複雑な原理に基づいているのは確かだ。

工業化は、テクノロジーの大革新を原動力にしてきた。ひとたびチャールズ・ディケンズ、エミール・ゾラ、D・H・ローレンスの小説をめくれば、人々がその道筋をどう歩んできたかが分かる。企業は技術力を競い合い、技術的なイノベーション能力を高める手法を身に付けてきた。小さな新興企業は、ゼネラル・エレクトリック、シーメンス、クラップスなどの産業帝国へと成長する過程で、研究所やデザイン・スタジオを設置したり、大学と提携したりするなどして、イノベーションを体系化していった。デイヴィッド・ノーブルやトマス・P・ヒューズなどの歴史家は、特許、著作権、さまざまな種類のライセンス契約といった知的財産の新たな形態が、このような巨大企業の成長といかにかかわってきたかを追っている。政府でさえ、一八五〇年代のイギリス、一九一〇年代のドイツ、一九五〇年代の日本、今日の中国といったように、知的財産権を国家の競争力の一部としてとらえ、その保護者の役割を担ってきた。

産業界では、将来の技術的イノベーションへの投資が大企業の経営手法の一部になった。一八七六年にトーマス・エジソンが史上初の近代的な産業研究所（いわゆる「発明工場」）を設立してその先頭に立つと、それ以降、R&Dは製造会社に欠かせない一部となった。「メンロパークの魔術師」と呼ばれたエジソンほど野心的ではなくても（彼は小さな発明を一〇日おき、「大きな発明《ビッグ・トリック》」を六カ月おきに行なうと公言したことで有名だ）、大半の製造会社は、今日の技術研究に投資することが将来の製品群を生み出すための道だと考えている。

イノベーションへの投資は成長および進化を続けている。現代では、そのモデルも多種多様だ。

アップル社は、大規模な研究施設を持たないが、新製品のデザインやエンジニアリングに毎年数億ドルもの予算を投じている。P&GはR&D活動に大規模に取り組んでいるが、消費者中心のイノベーションやデザインにも大規模な投資を行なっている。世界最大の自動車メーカー、トヨタは、製造の品質を向上させるため、プロセスのイノベーションに投資していることで有名だ。製品企業は、新しいアイデアに大きく依存しているため、株式市場からはイノベーション活動の度合いに基づいて企業価値を評価される傾向が強い。なぜ、サービス企業だけが例外なのだろう。

サービス企業の中に、将来的なイノベーションに投資する文化が見られることはほとんどない。仮にあったとしても、投資の対象はサービスそのものではなく、サービスを実現するインフラストラクチャーに集中する傾向にある。電気通信会社は、まず銅線ベースのネットワークに投資を行ない、その後はモバイル・テクノロジーに投資の照準を移した。しかし、カスタマー・エクスペリエンスにはほとんど注目が向けられていない。AT&Tは中でももっとも有名な研究所のひとつを設置したが、そのベル研究所の最盛期でさえ、電気通信サービスの提供者というよりは、電話メーカーの色合いが濃かった。

小売、外食、銀行、保険、さらには医療といった実体経済《メイン・ストリート》の世界では、ホーム・コンピューティング、つまりインターネットが登場するまで、体系的なイノベーションがほとんど考慮されてこなかった。シティバンクは、一九七七年にニューヨーク中の支店にネットワーク対応ATMを設置し、もっともイノベーティブな金融機関のひとつであるという評判を得た。この革新的なサービス・イノベーションのおかげで、顧客は自由に銀行取引ができるようになった。テクノロジーが私たちと私たちのお金との間に立ったのは、スロットマシンが発明されて以来初めてだった。そのため、多くの人々が慣れるのに苦労した。ＡＴＭの発明者の妻のエレノア・ウェッツェルは、一度も利用したことがないと話している。

コンピューターやインターネットが登場する前、ほとんどのサービスは、サービスの与え手と受け手の直接的なやり取りに頼っていた。この人間対人間の世界では、企業の競争力はサービス担当者が顧客に対してどれだけ親身になれるかにかかっていた。これはシンプルな法則で言いあらわすことができた。つまり、一般的に高級なサービスほど、そのサービスを提供する人員が多くなるということだ。豪華なホテルほど、顧客ひとりあたりのベルボーイ、接客スタッフ、清掃人、コックの数が多かった。高級な個人銀行は、裕福な顧客を一般客と同じように窓口の列に並ばせる代わりに、一対一のサービスを行なっていた。受けたサービスの品質を決めるのが顧客自身である限り、市場を一変させる画期的なサービス・イノベーションを考案する動機はあまりなかったのだ。

もちろん、例外もある。イサドア・シャープは、ホテルの規模と優れたサービスは両立しうるという前提に立って、フォーシーズンズを創業した。ハワード・シュルツは、コーヒーを飲む顧客にとって、店の雰囲気はカフェインと同じくらい重要だという洞察に基づいて、スターバックスを世界的ブランドにまで成長させた。商品がレコードであれ、ブライダル・ウェアであれ、航空券であれ、ヴァージン・グループ創業者のサー・リチャード・ブランソンはサービス経験の重要性を心得ている。

しかし、九〇年代後半になると、カスタマー・エクスペリエンスを特徴付ける上で、テクノロジーが人間の役割に取って代わる（少なくとも人間の役割を大きく補う）という事実を、多くの企業が認めざるをえなくなった。わずか数年間で、アマゾン、ザッポス、ネットフリックスは、実績のない新興企業から、大手ブランドへと変貌した。イーベイはさらに一歩先に進み、顧客があらゆる作業を実行できる巧妙なインフラストラクチャーを整備し、顧客にその権限を与えることで料金を課した。ほかの業界も、このような新しいネットワークが巨大な可能性を秘めていることに気付いた。デルは、必ずしも従来型の家電量販店で自社のコンピューターを販売する必要はないことに気付き、直販へと移行した。ウォルマートは、コンピューター・ネットワークを利用し、いまだかつてない高い効率性と低い価格で、膨大なサプライヤーを管理するようになった。たちまち、サービス企業は、人間だけでなくテクノロジーをどう利用するかで競争を行なうようになった。競争力がイノベーションに依存するようになったのだ。

と同時に、すべてのサービス企業が、「テクノロジー単独では必ずしもよりよいカスタマー・エクスペリエンスに結び付くとは限らない」という、製造会社が苦労して得てきた教訓に気付いているわけではない。産業革命の地であるイギリス・ミッドランド地方出身の私は、果てしなくループする電話応答システムや、インターネット小売業者の分かりづらいウェブ・サイトを経験するたびに、産業革命直後の痛みの中でウィリアム・ブレイクの想像を掻き立てた「悪魔のひき臼《うす》」の現代版そのものだと感じることがある。これらは、人間を機械の理解不能なロジックに従属させる。人間を貶め、イライラさせる。人間の生活の質や仕事の効率を損なう。せっかくイノベーティブなテクノロジーを利用していても、人々の経験の質を向上させるイノベーションを行なわないサービス企業は、いずれ産業革命時代の企業と同じ苦い教訓を味わうはめになるだろう。「過去のイノベーションは、将来の成功を保証するものではない」という教訓を。

この点を理解しているサービス企業のひとつが、ネットフリックスだ。インターネットを通じてDVDをレンタルし、郵便で配達するという画期的なイノベーションを導入した企業だ。開始から数年間、ネットフリックスは中心的な方針を打ち立て、その方針を維持するのに十分な顧客基盤を確保することに力を注いでいた。当初の実験は、ウェブ・サイトの使いやすさの向上やさまざまな会員プランの設定といった漸進的なものだった。次に、ネットフリックスはさまざまなトレンドを察知し、会員が自分のプロフィールに映画のデータやランキングを保持する機能を提供した。最近では、インターネットを単なる販売カウンターとしてだけではなく、オンラインの映画配信システムとしても利用するという、必然の転換を実験的に開始している。当初は、映画をダウンロードして自宅のコンピューターで視聴する必要があった。しかし、テクノロジーは絶えず進化している。カリフォルニアを拠点とするロク社は、映画をダウンロードして通常のテレビで視聴できるセットトップ・ボックスを開発している。韓国の巨大企業、LGエレクトロニクスは、自社の標準ブルーレイ・プレーヤーにネットフリックスのダウンロード機能を搭載している。ネットフリックスは、進歩を遂げるたびに、テクノロジーだけでなく経験のデザインにも力を注いできた。何千人もの郵便配達人が何百万通もの赤い封筒を郵便受けに配達しなくてもすむ日が来るのは当分先だろうが、ネットフリックスは顧客をイライラさせたり、疎外したり、見失ったりすることなく、ゆっくりとした旅に導こうとしているのだ（訳注／その後、ネットフリックスはスマホ、タブレットなどで動画を視聴できるオンデマンド・ストリーミング・サービスへと急速に移行した。ＤＶＤレンタル事業は二〇一九年時点で全体の一〜二％まで縮小の一途をたどった）。

製品がサービスに変わりはじめているように、サービスは経験へと変化しつつある。このような大規模で必然的な進化が起きているのは、人々（従業員と顧客の両方）を深いレベルで惹き込むデザインベースの体系的なイノベーションに投資する重要性が理解されつつあるからだ。やがては、製造会社にＲ＆Ｄ施設があるように、サービス企業にイノベーション研究所があるのが当たり前になる日が来るだろう。

大規模なシステム
――われわれがもっとミツバチのように行動しなければならない理由

ＩＤＥＯのデザイン・チャレンジは、いずれも「どうすれば《ハウ・マイト・ウィー》」という言葉で始まる。過度に抽象的にも具体的にもならないように注意しながら、私たちは自分自身にこう問いかける。「どうすれば緊急除細動器のインターフェイスを簡素化できるか？」、「どうすれば思春期前の子どもに健康的な間食を促せるか?」、「どうすればカンザスシティの歴史的なジャズ地区の復興を促せるか?」と。「どうすれば人類の境遇を改善できるか?」というのは、私たちが扱うには大きすぎる問題だ。一方、「どうすればディスク・ドライブのイジェクト機構の圧力を調整できるか?」では細かすぎるだろう。

その点、「どうすれば空港のセキュリティ・チェックでの経験を改善できるか?」というのはなかなか手頃な疑問だろう。空港のセキュリティは、二〇〇一年九月一一日のアメリカ同時多発テロ以降、すべてのデザイン思考家が何度となく考えたに違いない課題のひとつだ。人の流れに気を使いながら、靴を脱いでベルト・コンベヤに乗せたり、インド人の同伴者が、ちらちらと向けられる侮辱的な視線を懸命に無視しようとしているのに気付いたり、忘れっぽい老婦人が、係員に申し訳なさそうにシャンプー・ボトルを没収されている光景を見たりしたとき、私もいつも考える。デザイナーとして、「どうすれば9・11以降強化せざるを得なくなったセキュリティ要件をより効果的に満たせるか」について考えない方が難しい。ひとりの市民でもあり、ひとりのデザイナーでもある私は、アメリカ運輸保安局(TSA)からまさにその依頼を受けたとき、とても興奮した。

TSAとの仕事は、IDEOの三〇年間の歴史の中でも、もっとも厳しい任務のひとつとなった。大規模なシステムの効率を改善しようと思うなら、デザイン思考をすべての参加者の手に委ねなければならないことを示している。

セキュリティ・チェックの空間や流れを再構成することで、乗客は心の準備をするゆとりができ、状況を効果的に把握できるようになるため、旅の経験がより快適になるはずだ。しかし、空間は、より大規模なシステムの問題の単なる物理的次元にすぎない。したがって、より上流へと進み、乗客とセキュリティ担当者を共通の経験に参加させる方法を見直すことが重要だった。

ＴＳＡは、注目を「物体の検出」から「悪意の検出」に移そうとしていた。女性がハンドバッグの中に鋭利なネイル用のはさみを入れていても、ほとんど脅威にはならないが、ソフト・ドリンクの空き缶が致命的な武器になることもあるのだ（ＴＳＡ職員のデモンストレーションに、ＩＤＥＯのデザイナーは愕然とさせられた）。しかし、ワシントンからのトップダウンの規制では、新たなセキュリティ戦略を実施するには不十分だった。包括的で斬新な「デザイン」戦略が必要に見えた。

このような大規模なシステム全体にかかわるプロジェクトを実施する上で重要なのは、さまざまな参加者の目的を一致させることだ。空港のセキュリティ・チェックの場合、セキュリティ担当者と一般旅行者を敵同士ではなく、パートナーとみなすことが重要だ。それぞれの目的、つまりテロリストっぽい人物を見つけ出すという目的と、搭乗ゲートまで最小限のストレスですばやく移動するという目的は、互いに補い合うものなのだ。一般客の経験からストレスを取り除くことで、私たちに危害を与える人々の異常な行動を見抜きやすくなる（列に並ぶ全員が緊張してそわそわしていれば、靴に爆弾を隠した犯罪者が溶け込んでしまうだろう）。この考え方に基づいて、私たちはセキュリティ・チェックのプロセスを合理化し、環境を是正する具体的な提案へと進んだ。

観察段階で分かったのは、不透明な手続き上の規則に直面した乗客は、不安で、反抗的で、非協力的になるということだった。一方、セキュリティ担当者たちは、台本どおりの役割に徹することで、威嚇的で、無愛想で、非共感的な印象を与えていた。その結果、非効率的で不愉快な悪循環に陥り、対立的な雰囲気から不要な心の乱れが生まれ、安全な旅という共通の目標が妨げられていた。こうして、「どうすればセキュリティ・チェックを構成し直すことができるか？」というデザイナーの疑問は、「どうすればＸ線装置の両側に立つ人々の間に共感を育むことができるか？」という「デザイン思考家」の疑問に変わった。私たちは、物理的なデザイン・ソリューションの提供から、幅広く応用できる人間中心の戦略の提供へと、戦術を変えたのだ。

その結果、私たちは平行するふたつの方向性に目を向けた。まず、私たちは出発ロビーから最終的なチェックポイントまでの移動をスムーズにする環境的・情報的なデザイン・プログラムを考案し、ボルチモア・ワシントン国際空港に実動プロトタイプとして投入した。乗客がその後の流れをできるだけ詳しく理解できるような物理的レイアウトや情報ディスプレイをデザインした。このあとチェックされる内容やその理由をあらかじめ理解していれば、乗客は無意味で独断的と思われがちな手続きにも、我慢してくれるようになるからだ。しかし、デザインしたのはそれだけではない。セキュリティ担当者にシステムを新たな方法で運営する権限を与えるための研修プログラムも作成した。これにより、台本どおりの手順から、より柔軟ながらも厳密なクリティカル・シンキングへと、視野を広げることができる。新たな研修プログラムでは、行動、人々、安全対策について理解することだけではなく、同僚や乗客の信頼を養うことにも重きを置いている。

複雑で非階層的なシステムについては、さまざまな文献が記されている。このようなシステムのふるまいは、集権的な指揮統制ではなく、個々の行動の集合によって形作られる。個々の行動が何千回も繰り返されることで、予期できる結果を生み出すのである。アリ塚やハチの巣がその好例だ。しかし、人間のコロニーの場合、（デザイナー、警官、高校教師にとっては厄介なことに）個人の知能や自由意志といった付加的な要因も考慮に入れる必要がある。したがって、私たちは考え方を変えなければならない。一度だけデザインして繰り返し実行される、柔軟性のない階層的プロセスではなく、参加者同士のあらゆるやり取りが共感、理解、イノベーション、実行の機会となる、非常に柔軟で流動的なシステムを作り上げる方法について考えなければならない。あらゆるインタラクションが、そのようなやり取りを参加者全員にとって貴重で価値あるものにする小さな機会となるのだ。

ハチ、アリ、人間のコロニーは、成功するために適応や進化を遂げる必要がある。それを実現するひとつの方法は、個人に最終結果をコントロールする一定の権限を与えることだ。ＴＳＡのケースは、最終的な実行者にデザインの道具を手渡すというデザイン思考家の戦略の価値を裏付ける、強力な例となったのだ。

カウンターの両側に立つ

非対称戦争、非国家主体、テロリズムといった途方もない問題に取り組まなくても、デザイン思考家の共感的なアプローチの価値を理解することはできる。二〇〇四年、ベスト・バイの顧客《カスタマー》中心主義《・セントリシティ》イニシアティブを率いるジュリー・ギルバートが、「ウィメンズ・リーダーシップ・フォーラム（WOLF）」というプログラムを立ち上げた。社内各所から集まった「狼の群れ《WOLFパック》」は、それぞれ二五名の女性と二名の男性からなり、小売業界で起きているさまざまな問題に取り組んでいる。たとえば、小売業界は男性によって男性向けに作られているにもかかわらず、購入の四五パーセントは女性によって行なわれている。二万名の顧客と従業員が参加した活動の結果、女性の求職者が三七パーセント増加し、女性従業員の離職率が約六パーセント減少した。カウンターの両側に立つ女性たちが、ベスト・バイを買い物する場所、そして働く場所へと転換させる積極的な共同参加者となったわけだ。たとえば、ベビーカーが通れるように通路を広くする、威圧感を低減するために備品の高さを抑える、商品が自宅にどうフィットするかが分かるように、居間の模型にワイドスクリーン・テレビや音声サラウンド・システムを展示する、といった取り組みが行なわれた。スタッフは、性能や機能を強調して顧客を威圧するのではなく、顧客のライフスタイルや、顧客がテクノロジーに求める内容について話し合うよう教育されている。

同じように、トヨタの完全集中研修プログラムも、経営陣と従業員、顧客とスタッフの区別を和らげるのが目的だ。トヨタは、リーダーには耳を傾けるよう、従業員には声を上げるよう教育を行なっている。それが双方の利益になるからだ。経営コンサルタントのスティーヴン・J・スピアーは、あるトヨタの工場マネジャーが職に就いてから数週間、製造ラインの現場で働く様子を観察した。日本語が話せないそのアメリカ人工場マネジャーは、英語なしで日本人の生産労働者たちとともに一週間働いた。観察、プロトタイプ製作、ロール・プレイという共通言語を使って、労働者が部品を検査するために歩く距離を五〇パーセント削減したり、工具の交換に人間工学的な改良を加えたりするなど、生産工程における三五以上の問題の解決策を見出し、その場で修正していった。リーダーと従業員の役割を見直すことで、トヨタは欧米の大半の製造会社では考えられないレベルのコラボレーションを推進しているのだ。スピアーは、トヨタの完全集中研修プログラムの成功の裏には、四つの基本原則が存在すると考えている。「じかに観察するにしかず」、「提案する変更は必ず実験する」、「従業員もマネジャーも極力頻繁に実験すべし」、「マネジャーはコーチでありみずから問題を解決してはならない」。観察？　プロトタイプ製作？　実験？　これにブレインストーミング・セッションか何かを付け加えれば、デザイン思考がスタジオから飛び出し、役員室や工場のフロアへと広まった企業文化を正確にあらわすことができるだろう。

トヨタのように、デザイン思考の原理がしっかりと体系化されている場合もあるが、システムと参加者を同列化するという、より漠然とした形の方針を取っている組織もある。二〇〇〇年一月、ジミー・ウェールズとラリー・サンガーは、ボランティアがコンテンツを提供するフリーのオンライン百科事典の構築に取りかかった。当初のアプローチは極めて平凡だった。つまり、承認された専門家が記事を執筆し、査読を受けるというものだ。この入念なプロセスのせいで、九カ月が経っても、記事は一二個しか完成しなかった。

そのとき、チームはたまたまウィキ・ソフトウェアを知る。その五年前にウォード・カニンガムというプログラマーが開始した一種の共同作業型のオープンソース・ウェブ・サイトで、中央管理者に相談することなく、誰でもコンテンツを修正できるサイトだ。ウェールズは、百科事典の記事の執筆プロセスを迅速化するために、この新しいツールを用いようと考えた。ウィキペディアは二〇〇一年一月に開始され、ユーザーが記事を直接投稿することができた。わずか一カ月で、記事は一〇〇〇を超えた。さらに、九月までには一万。今日、ウィキペディアはインターネット上でもっとも大きな刊行物となり、高校のレポートや現代のビジネス書籍（本書も含む）の大半で、参考資料として使われている。ウィキペディアをビジネスではなく非営利財団と位置付けることによって、ジミー・ウェールズはボランティア参加者が事業にとって欠かせないという基本方針をかたくなに守った。ウィキペディアの記事は、報酬をもらったプロフェッショナルではなく、コンテンツに関心のある人々によって執筆されている。そのおかげで、ウィキペディアの信頼性、品質、妥当性が保たれているのだ。ウィキペディアは、システムの参加者が目的に向かって一致団結するパワーを証明しているのだ。

　ウィキペディア、トヨタ、ベスト・バイの成功を、日常生活にあふれる崩壊したシステムと比較すると、さまざまなことが分かる。運転免許証の更新、健康保険業者との折衝、選挙での投票がいかに厄介かを見れば、現代の大規模なシステムの多くが、尊厳のある参加型で効率的な経験を提供できていないことが分かる。政府の愚鈍なお役所制度にあきらめを抱くのは仕方がないとしても、私たちのひいきにしている企業が致命的に想像力を欠くのを、黙って見過ごしていてはならないのだ。

　コンテンツのデジタル化に抵抗するメディア企業、サービスを一カ所から購入することを強いる携帯電話サービス業者、法外な手数料を請求する銀行は、より柔軟で独創性のある競合他社にすきを与えてしまうだろう。現在グーグルが所有するオープンソース・プラットフォーム「アンドロイド」は、実績のある携帯電話事業者を退陣に追い込もうとしている破壊的イノベーションの好例だ。数千人もの開発者が、すでにアンドロイド・アプリケーションの開発に取り組んでおり、グーグル社内の開発チームの能力をはるかに凌いでいる。さらに、アンドロイド・オペレーティング・システムが動作する最初のグーグル携帯が市場に出回りはじめていて、供給が需要に追い付かない状況だ。巨大企業が次々と権力の座を追われているもうひとつの業界、銀行業界では、ＺＯＰＡ《ゾーパ》などのオンライン・ソーシャル・レンディング・サービス（訳注／お金を借りたい人や企業と貸したい人や企業をネットで直接結び付けるサービス）が新たなアプローチを取りはじめている。ＺＯＰＡのダイレクトなピア・ツー・ピア・モデルは、銀行を介さず、潜在的な借り手と貸し手が自分たちで「交渉可能価格帯《ゾーン・オブ・ポシブル・アグリーメント》」（ＺＯＰＡ）を探すためのサービスを提供している。二〇〇五年の設立以降、ＺＯＰＡはイギリスを拠点に、アメリカ、イタリア、日本に展開し、非常に低い債務不履行率を実現している。

参加型という考え方は魅力的だが、それだけでは十分ではない。どんなに「参加型」に見えても、お粗末なモバイル・アプリケーションを利用したり、安心できない銀行に給料を預けたりしたいと思う人はいないだろう。したがって、新しいタイプのシステムでは、少なくともトップダウンのアプローチに頼る企業と同じくらい高品質な性能を提供しなければならない。アンドロイド・アプリケーションは、アップルやノキアと同じくらい魅力的で直感的でなければならないだろう。そうでなければ、アンドロイドはオープンソース愛好家のたまり場にすぎなくなってしまう。さらに、ＺＯＰＡは、自分のお金が安全に管理されているという確証を顧客に与える必要があるだろう。こういった信頼は、ネットワーク管理者から生まれるものではない。オープンで、柔軟で、大規模なシステムで大きな約束を果たそうとするなら、開発者が利用者に心を開く勇気を持たなければならない。「デザイン」は、満足できる経験を提供するためのものだ。一方の「デザイン思考」は、誰もが対話に参加できる多極的な経験を生み出すためのものなのだ。

企業、経済、そして〝地球〟の未来

これまでのテーマや例のすべてに共通するのは、顧客やクライアントであれ、視聴者や孤独なウェブ・サイト閲読者であれ、人々との直接的なかかわりがあるということだ。伝統的な製造会社でさえ、「製品」指向から「サービス」指向へと大きな転換を遂げている。このような転換は、デザイン思考家の道具を空港セキュリティなどの複雑なシステムに応用する上で重要になる。これこそまさに、オープンソース、ソーシャル・ネットワーク、ウェブ2・0の本質なのだ。

空港内での旅行客の移動、製品の市場投入までの流れ、インターネット上での電子的な百科事典の構築プロセスをスムーズにするためのシステムを見てきたところで、次はもっとも巨大なシステムに目を向けてみよう。それは、美しくて、もろくて、繊細なバランスを保つ生命維持装置、つまりバックミンスター・フラーのいう「宇宙船地球号《スペースシップ・アース》」だ。分析的な手法と総合的な手法、発散的な思考と収束的な思考、デザイナーのテクノロジーに対する専門知識と人間の行動に対する洞察力を組み合わせなければならない課題は何かといえば、われわれの地球の健康維持だろう。社会の経済学的な持続可能性と地球の生物学的な持続可能性をバランスよく保ちつづけるには、相反するふたつの考えを同時に扱える能力が必要だ。

私たちは、人々のニーズを満たすよりよい製品を作り出し、人々の利用するテクノロジーを人間に近づける手助けをしてきた。より快適に生活や仕事を行なえる建物を築き上げてきた。情報や娯楽を提供し、夢にも思わなかった方法でコミュニケーションを取れる、画期的なメディアを生み出してきた。私は、デザイナーのひとりとして、そのことを誇りに思っている。しかし、私たちの眼前には、予期せぬ問題がびっしりと詰まったパンドラの箱がある。そして、そういった問題は、すでにわれわれの文化、経済、環境に長期的なダメージを与えているかもしれない。

数年前、ＩＤＥＯの優秀なチームが口腔ケア商品ブランドのオーラルＢと共同で、子ども向け歯ブラシのデザインの改良に取り組んだ。まず、チームは集中的な調査段階に取りかかった。現場におもむき、あらゆる年齢の子どもが歯磨きをする（いや、しようとする）様子を観察した。子どもたちが歯磨きに苦労する理由のひとつは、歯磨きというのは大半の子どもが喜んで行なうような行為ではないということだ。気持ちが悪い。楽しくない。おかしな味がする。もうひとつの理由は、幼い子どもには、歯ブラシを扱う手先の器用さが備わっていないということだ。子ども向け歯ブラシの大半は、大人向け歯ブラシの小型版だった（一七世紀のオランダの巨匠画家たちと同じように、二〇世紀のインダストリアル・デザイナーたちは、子どもを大人の単なるミニチュアとしてしかとらえていなかった）。そこで、ぎゅっと握れる一体成形ゴム・グリップ付きの最初の歯ブラシが考案された。このグリップは、今では大人用と子ども用のあらゆる歯ブラシの標準となっている。さらに、チームはオーラルＢの歯ブラシに明るい色、独特の手触り、カメや恐竜を連想させる形状も与えた。新しい歯ブラシは大ヒットした。

オーラルBはヒット商品を手に入れ、多くの子どもたちは健康な歯を手に入れた。しかし、これは「表向き」の物語にすぎない。発売から六カ月後、このグループのリード・デザイナーが、メキシコのバハ・カリフォルニアの人気《ひとけ》のない砂浜を歩いていたとき、波打ち際にカラフルな青い物体が横たわっているのに気付いた。それはカメではなかった。私たちが人間工学に基づいてデザインし、歯医者が認め、商業的に成功したオーラルBの歯ブラシが、海岸に打ち寄せられていたのだ。しばらく水の中に浸かっていたことを物語る小さなフジツボが付いていたのを除けば、歯ブラシは誰かに捨てられた日のままのようだった。私たちの定番商品が、めぐりめぐって、メキシコの手付かずの砂浜に永眠の地を見つけたというわけだ。

人々が自分の所有する商品をどう扱うか、デザイナーが決めることはできない。しかし、だからといって、より大きなシステムを無視する理由にはならない。目の前の問題を解決することに熱中するあまり、それによって生み出される問題に気付かないことは多い。デザイナー、そしてデザイナーの思考を取り入れようとする人々は、社会がどのような資源を利用するか、そしてそれがどのような運命をたどるかについて、重要な決断を下す立場にいるということだ。

デザイン思考は、少なくとも次の三つの重要な分野で、現代に求められている大規模な変革（カナダ人デザイナーのブルース・マウのいう「マッシブ・チェンジ」）を促進できる。ひとつ目は、何が危機に瀕しているかを人々に理解させ、私たちの下す選択の真の代償を明確にすること。ふたつ目は、私たちが新しい物事を生み出すときに用いるシステムやプロセスを根本的に再評価すること。そして、三つ目は、人々を持続可能な行動に向かって歩ませる方法を見つけることだ。

理解を深める

環境保護主義が文化の主流になったのは、一九六二年にレイチェル・カーソンの著書『沈黙の春』が出版されてからのことだが、危機が迫っているという認識が一般に広まったのは、二度の石油危機と幅広い科学的コンセンサスの確立をはさんだ四〇年後のことだった。大きな契機となったのは、二〇〇六年に公開されたアル・ゴアのドキュメンタリー映画『不都合な真実』だった。映像に根本的変化を引き起こす力があることを示す出来事だ。ジャーナリストの事実に基づいた調査、科学者のデータに基づいた分析、あるいは社会の政治的活動と組み合わされれば、ビジュアル・アーティストの作品がわれわれを断崖絶壁から引き戻す決定的な役割を果たすこともあるのだ。

規模の力を用いてわれわれとさまざまな社会問題を結び付けているのが、アメリカ人アーティストのクリス・ジョーダンだ。彼の「無駄を描く《ピクチャリング・エクセス》」シリーズでは、アメリカで五分間に消費されるプラスティック・ウォーター・ボトルの数（約二〇〇万本）が一・五×三メートル大の画像として表現されている。ほかにも、アメリカで一日に使用中止になる携帯電話（四二万六〇〇〇台）を描いた作品もある。視覚的なインパクトのある彼の作品は、われわれがいかに地球の限りある資源を浪費しているかを、言葉ではできない方法で表現している。

別のアーティスト、カナダ人のエドワード・バーティンスキーは、地球のあちこちを旅行し、人間の活動の影響力の美しさと恐ろしさを記録している。バーティンスキーの大判写真は、使用済みのコンピューター・モニターをハンマーで割ったり、洞窟のような深圳の工場で働いたりしている中国の村人たちの生活へと観客を惹き込む。オンタリオ州のニッケル鉱山から蛇行するように流れ出す不気味で美しいオレンジ色の尾鉱は、人間の活動の規模を直感的・感情的な方法で伝えている。

エドワード・バーティンスキーの広大な風景写真や、クリス・ジョーダンの考案したデータの緻密な視覚的表現は、その規模で見る者を圧倒する。しかし、デザイン思考家も、持続可能性という難題により手っ取り早い方法でアプローチできることを証明している。エンジニアリング会社「アラップ」の「グローバル・フォーサイト&イノベーション」イニシアティブを率いるクリス・ルークマン博士は、「ドライバーズ・オブ・チェンジ（変化の要因）」というカード・セットを考案した。すべてのカードが関連し合っているこのカード・セットでは、気候、エネルギー、都市化、廃棄物、水、人口という、環境変動の大きな分野を扱っており、それぞれのカードでひとつずつ、社会、テクノロジー、経済、環境、政治といった別の視点から、変化の要因を描いている。各カードでは、画像、グラフ、厳選されたデータを使って、読み手の吸収能力や理解能力に過剰な負担をかけることなく、ひとつの問題を明確に描いている。たとえば、あるカードでは、「木はどれくらい重要か？」という疑問を投げかけ、森林伐採による二酸化炭素排出の問題について説明している。別のカードでは、「二酸化炭素排出量の少ない未来を実現できるか？」という疑問を投げかけ、二酸化炭素排出に対する発展途上国の影響について説明している。アラップでは、このカード・セットを個人的な刺激として使ったり、ディスカッション・グループやワークショップ・イベントで利用したりしている。また、単に毎週の思考材料としても用いている。デザイナーのように思考し、洞察からインスピレーションを生み出すことで、ルークマン博士はソリューションを模索するほかのデザイン思考家たちに刺激を与える、価値あるツールを築き上げたのだ。

少ないもので多くをこなす《ドゥーイング・モア・ウィズ・レス》

コロラド州ボルダーに拠点を置くパンゲア・オーガニクス（「パンゲア」は「地球全体」という意味）は、天然ボディケア商品を製造する小さな会社だ。創業から四年後、パンゲアの石けん、ローション、シャンプーは一部の地域の自然食品店で販売されるようになった。そこで、創設者のジョシュア・オニスコは、会社の根本的な環境価値を傷付けることなく、企業を成長させる方法について検討しはじめた。優秀なデザイナーなら、人目を惹くパッケージやより主流なメッセージを使った全国的な広告キャンペーンを提案していただろう。しかし、デザイン思考家のチームは、この課題をより幅広い視点でとらえた。つまり、石けんを販売するだけではなく、持続可能性、ウェルネス、責任といった考え方を広めようと考えたのだ。

パンゲアは、経済的に実現可能なビジネス戦略を求めていた。一方、顧客たちは、地球の責任ある保護者になれる商品を求めていた。そこで、チームは両者の要求をふまえた上で、コストと環境への影響を最小限に抑えながら何を実現できるかという疑問に目を向けた。その結果、顧客を工場からごみの埋立地への旅ではなく、建築家でデザイナーのウィリアム・マクドナーのいう「ゆりかごからゆりかごへ」の旅へといざなう、包括的なリブランディングが行なわれた。バナナの皮《パッケージ》が次世代の樹木の肥料になるように、パンゲアの石けんの新しい箱《パッケージ》は堆肥になる上、中には野草の種が埋め込まれている。水に浸して裏庭に投げ、数日も待てば、立派な庭ができているというわけだ。

バイオミミクリーという考え方を普及させた作家のジャニン・ベニュスは、工業化時代は「加熱《ヒート》、加圧《ビート》、化学処理《トリート》」という三つの原理によって成り立っていると述べた。この力ずくのアプローチは、機械的な発想ではなく生物学的な発想に基づいた別のアプローチ（より侵襲的・浪費的でないアプローチ）へと転換する必要がある。現代のデザイン思考家に手渡される概要書の目的は、「有用性《デザイアラビリティ》」、「技術的実現性《フィーザビリティ》」、「経済的実現性《ヴァイアビリティ》」のバランスを取りつつも、生態系の輪を崩さない、新たな方法を探ることなのだ。

パンゲア・オーガニクスが小さな規模で行なおうとしている試みを、エイモリー・ロヴィンスは自動車産業全体で行なおうとしている。ロヴィンスが出発点にしているのは、どうすればより魅力的な車、さらには経済的な車をデザインできるかという疑問ではない。彼やロッキー・マウンテン研究所（ＲＭＩ）の同僚は、デザインというよりもデザイン思考の考え方に近い別のパラメーターで疑問をとらえた。「どうすれば今日の自動車と比べて同等以上の性能、安全性、快適性、低価格性を実現しつつ、三～五倍以上の燃費を達成できるか？」。システム全体にかかわるこの人間中心の概要書から生まれたのが、ハイパーカーというアイデアだ。ハイパーカーは、先進複合材料、低抵抗設計、ハイブリッド電気駆動装置、効率的な付属品を用いた自動車だ。ＲＭＩは、アイデアをプロトタイプ化するため、一九九四年にハイパーカー・センターを設立した。現在では営利企業のファイバーフォージが設立され、この取り組みをサポートする先進複合材料の開発が進められている。単なる人工物という枠組みを超えて、上流に目を向けることで、ＲＭＩは今日の大半の自動車会社が頭を悩ませている問題とは異なるデザインの問題を提起したのだ。これまで、ＲＭＩの空想的なキャンペーンは理想主義的な色合いが濃かったが、自動車業界の不安定な情勢がＲＭＩの活動にとって追い風になるかもしれない。

製造に用いられる原材料の抽出段階から、製品の耐用年数が経過して廃棄される段階に至るまで、製品の製造と消費のサイクル全体をじっくりと観察することで、生活の質を低下させるのではなく向上させながら（これは現代では当然のように期待されている）、環境への影響を低減する、新たなイノベーションの機会を見出すことができるかもしれない。システム全体の視点に立って考えることで、企業はより大きな機会をとらえることができる。しかし、そこで立ち止まってはならない。デザイン思考家は、方程式の「需要」側にも目を向ける必要があるのだ。

人々の行動を変える

ＳＵＶは、現代を特徴付ける人工物といえるだろう。どんな対価を払ってでも、消費者の期待に今までと同じように（この場合、今まで以上に）応えようとする企業の性質をこれほど如実にあらわしている製品は、ＳＵＶのほかにないからだ。この危険で、高価で、非効率的で、環境に悪いＳＵＶの人気は、需要と供給の両方のレベルで、同時に変化が必要だということを証明している。そのためには、エネルギーの節約は犠牲ではなく投資だという考え方を広める方法を探さなければならない。多くの人々が、禁煙、ダイエット、老後に向けた貯金を決意するとき、そう考えるように。

アメリカ合衆国エネルギー省（ＤｏＥ）は、同省のエネルギー効率・再生可能エネルギー局の職員がデザイン思考を利用して活動の幅を広げたとき、この点を理解していた。ＤｏＥは当初、人々がすでにエネルギー効率に関心を持っているという前提を出発点にしていた。そのため、資源をＲ＆Ｄプログラムに投じ、エネルギー効率の高い新技術の開発を通じて消費者の要求を満たそうとした。しかし、ＩＤＥＯは、「シフト・フォーカス」というコードネームのプログラムで、まずこの前提自体を疑う人間中心の新たなアプローチを提案した。

ＩＤＥＯは集中的な実地調査を実施し、モービル、ダラス、フェニックス、ボストン、ジュノー、デトロイトといった都市で消費者の意見を集めた。その結果、興味深い結論に達した。人々は、エネルギー効率になど関心がなかったのだ。これは、一般市民が無知で、浪費的で、無責任だというわけではなく、「エネルギー効率」が単なる抽象概念でしかないということだ。つまり、せいぜい快適性、スタイル、コミュニティといった、人々にとって本当に関心のある目標を実現するための手段でしかなかったのだ。この発見から、デザイン・チームは架空のニーズを満たす技術的ソリューションを模索するのをやめるようＤｏＥに勧めた。代わりに、実用的な価値を提供したり、人々の人生の節目の時期に狙いを定めたりして、人々の参加を促す策を探すよう提案した。続いて、この前提に基づいたデザインを提案した。たとえば、スタイリッシュだが熱効率の高い窓の覆い。エネルギー効率の高い照明を利用した小売店の陳列。新居の購入時や電気・水道・ガス設備のリフォーム時など、人々の感受性が高まる「変化の時期」を狙った情報ツールや教育ツールなどだ。

われわれは、経済の中心が製品の大量生産からサービスや経験へと進化していく中で、まさに力のバランスの画期的な変化に直面している。企業は、権力を明け渡し、顧客を「エンド・ユーザー」ではなく、双方向プロセスの参加者とみなしはじめている。姿をあらわしつつあるのは、ほかでもない、新たな社会契約なのだ。

しかし、契約には必ずふたりの当事者がいる。人々が企業に受動的な消費者として扱われたくないと思っているならば、自ら操縦桿《そうじゅうかん》を握り、公平な責任を負うべきだ。つまり、われわれ消費者は、ゆったりとくつろいで、企業のマーケティング部門、R&D研究所、デザイン・スタジオといった聖域から新たな選択肢が生まれるのをじっと待っていてはならないのだ。一般大衆も、カイザーの看護師、トヨタの生産労働者、ベスト・バイの狼の群れ《WOLFパック》、運輸保安局やエネルギー省の公務員と同じように、デザイン思考の原理を取り入れる必要があるのだ。

デザイン思考家の輪が広がるにつれて、ソリューションは進化を遂げ、われわれの購入する製品やサービスの質は向上していくだろう。大規模なスケールでも、あるいは現代人が抱えるもっとも困難な問題というレベルでも、デザイン思考はわれわれに指針を与えてくれる。「デザイン／製造／マーケティング／消費」という悪循環は、そのままにしておけばやがて限界に達し、宇宙船地球号は燃料切れに陥ってしまうだろう。しかし、あらゆるレベルの人々が能動的に参加すれば、この旅をもう少し長く続けられるかもしれない。

第9章　デザイン・アクティヴィズム

――グローバルな可能性を秘めたソリューションを導き出す

　半世紀前、レイモンド・ローウィは、ラッキーストライクの箱のグラフィックスを改良し、売上の急増に大いに貢献した。しかし、現代ではこのようなタイプのプロジェクトにかかわるデザイナーはほとんどいない。デザイン思考の台頭は、文化の変容そのものといえる。今日の優秀な思考家を興奮させているのは、自らのスキルを重大な問題に適用するという課題だ。中でも、極限のニーズを持つ人々の生活を向上させるという課題は、デザイン思考家たちを特に惹き付けている。

　これは単に集団的な利他主義の問題ではない。一流のデザイン思考家たちは、ローマ帝国への新鮮な水の供給、フィレンツェ大聖堂のドームの建築、イギリス・ミッドランド地方の鉄道の敷設、世界初のラップトップ・コンピューターのデザインなど、常に最大の難問に惹き付けられてきた。そういった人々は、最先端で働くことができる問題を探し求めてきた。今まで成し遂げられていない何かを実現できる可能性が高いからだ。これまでの世代のデザイナーにとって、こういった問題の解決の原動力になるのは新しいテクノロジーだった。しかし、次世代のデザイナーにとって、もっとも緊急性の高い（そしてもっとも興奮する）難問は、東南アジアの高地、マラリアを抱える東アフリカの湿地、ブラジルのスラム街や熱帯雨林、溶けつつあるグリーンランドの氷河に潜んでいるのだ。

といっても、これまでのデザイナーが持続可能性や世界の貧困という規模の問題に取り組んでこなかったわけではない。ヴィクター・パパネックの『生きのびるためのデザイン』は、私が三〇年前にアートスクールに入学したときは必読書だった。今でも、「利益ではなく人々」のためのデザインについて、深夜まで議論をしたのを覚えている。この義憤から、空き缶のラジオや被災者用の緊急シェルターなどが生まれたが、社会的責任に対する意識が芽生えはじめたという以外、長期的な影響を与えた痕跡はほとんどない。その理由は、デザイナーがスキルを目の前のモノに注ぎ、「誰が、どのように、どのような状況で使うのか?」、「どのように製造し、流通させ、維持するのか?」、「文化的な伝統を支えるのか、それとも破壊するのか?」といった、システムのほかの部分を無視していたからだ。

より効果的なのは、スタンフォード大学のマーティン・フィッシャー博士の考案したモデルだ。彼は、スペイン語が話せなかったばかりに、ペルーで働くためのフルブライト奨学金を断られ、しぶしぶケニヤでの一〇カ月間の任務を引き受けた。しかし、彼はそこで一七年間を過ごすことになる。ナイロビを訪れた彼は、グローバル経済へと引きずり込まれた貧困国の人々にとって、必要なのは「お金」ではなく「お金を稼ぐ手段」だということに気付いた。フィッシャーは、開発パートナーのニック・ムーンと共同で、キックスタートという団体を設立し、低コストな「マイクロテクノロジー」を提供している。中でも、「スーパー・マネーメーカー」という印象的な名前の足踏み深水ポンプは、八万人の現地の農業従事者が東アフリカで小規模農業を営む足がかりとなった。フィッシャーは、独創的なポンプ、ブロック・プレス機、ヤシ油絞り機だけでは十分でないと理解していた。彼の顧客にとっては、販売、流通、保守管理といった現地のインフラストラクチャーも必要だった。シリコンバレーというハイテクな世界で教育を受け、ナイロビのスラムで学んだフィッシャーは、デザイン思考を幅広い問題に適用できることを証明している。

もっとも極端な利用者に対応する

ヒューレット・パッカードから東アフリカのマイクロファイナンスについての調査依頼を受けたとき、ＩＤＥＯのヒューマン・ファクターの専門家たちは、自分がこれからどんなことに足を踏み入れようとしているのか、まったく想像が付かなかった。私たちは、アフリカでの経験がそれほどなかったし、お世辞にもマイクロファイナンスの専門家とはいえなかった。したがって、もちろんその依頼を引き受けた。

二人組のチームはウガンダへと発《た》ち、首都カンパラやさまざまな農村を訪れては、現地のマイクロファイナンスの実情について、地元の女性たちに話を聞いた。実地調査の過程で、ふたりは金融取引を正確に記録することが急務だと痛感した。と同時に、欧米人が当然ととらえているツールやテクノロジーでそれを実現するのは難しいということにも気付いた。アフリカの農村では、電子機器の利用は普及していない。したがって、製品はシンプルで堅牢でなくてはならない。また、修理が簡単で、安価に交換できるデザインにする必要がある。さまざまな言語や方言を話す少数民族のために、ウィンドウズのようなインターフェイスをプログラミングし直すのでは、お金がかかりすぎる。観察すればするほど、さまざまな制約がのしかかってきた。

ふたりの実地調査員が戻ると、デザイン・チーム全体で製品のデザインに取りかかった。その際にデザインの参考になったのは、消費者家電ではなく、IDEOの数十年間に及ぶおもちゃ業界との取引経験だった。その装置には、安価で、手に入れやすく、修理しやすい、既製のシンプルな電子部品が使用された。高価な大型ディスプレイのインターフェイスを用いる代わりに、紙で印刷したシンプルなキーボードをボタンの上に乗せた。これで、新しい言語に対応する場合は、紙を印刷し直すか、新しいシートを手書きで作ればよい。この「ユニバーサル・リモート・トランザクション・デバイス」は、ラスベガスで毎年開催される国際コンシューマー・エレクトロニクス・ショーでは不評かもしれないが、発展途上国の新興市場にはふさわしいツールだった。さらに、この装置は、マイクロファイナンスの取引記録だけでなく、医療事故、農業の問題、サプライ・チェーン管理などの遠隔監視にも利用できた。

本書の前半で、極端な利用者に目を向けるメリットについて述べた。また、外側（つまり市場の末端）に目を向けることで、もっとも魅力的な洞察を得られる場合が多い理由についても述べた。その目的は、末端にいる人々のためにデザインすることではなく、そういった人々の情熱、知識、あるいは極限的な状況からインスピレーションを得ることにある。しかし、私たちはこの考え方の持つ意味に対して臆病になりすぎているのかもしれない。たとえば、技術に詳しい韓国の一〇代の若者を観察することで、中年のアメリカ人の未来について考えたとしよう。それでも、結局は私たちがすでに知っている場所や人々に固執していることになる。そして、消費者中心とはいえども、基本的に自国の問題にしか目を向けていないのだ。私たちが、地球の片隅にいるもっとも貧しく軽視された人々について考え、システムから取り残された人々の生活について学ぼうと思うことは少ない。しかし、そこにこそ、もっとも急を要する世界の問題に対して、世界規模で適用できるソリューションが潜んでいる場合もある。時に、「必要はイノベーションの母」なのだ。

この議論は誤解されがちだ。人々の才能を予防可能な病気の根絶、災害復旧、農村の教育に捧げることは立派だが、私たちは直感的にこういった介入をビジネスの実務的な関心事よりも崇高な社会的行為ととらえがちだ。これらの行為は、利益のみに走る「無慈悲な企業」ではなく、財団、慈善団体、ボランティア、ＮＧＯの聖域なのだと。しかし、現代では、このような考え方は受け入れられるモデルとはいえない。一パーセント未満の市場シェアを増加させることに気を取られている企業は、市場のルールを変える大きなチャンスを逃すことになる。そして、ひとりよがりな非営利組織は、持続可能なシステム規模の長期的変化を生み出すのに必要な人材や技術的資源を自ら拒否することになる。影響力のあるビジネス戦略家、C・K・プラハラードは、世界の貧困層を低賃金労働者や慈善心の受け手と考えるのではなく、クリエイティブな起業活動のパートナーとしてとらえる企業は、「経済ピラミッドの底辺《ボトム・オブ・ザ・ピラミッド》」に大きな富を見出すことができると記している。プラハラードが挙げているインド・ムンバイのアラビンド眼科病院がその好例だ。

インドへの道

アラビンド眼科病院は、故G・ヴェンカタスワミ医師（みなからは最初の一文字を取って「V先生」と呼ばれていた）によって一九七六年に設立された。その目的は、貧困国や発展途上国の住民に医療を届ける手段を模索することだった。当時の医療といえば、欧米から手法や設備を輸入するか（大半のインド人にはとうてい手が届かなかった）、「伝統的な」手法に頼るかのふたつにひとつしかなかった（最新の研究の成果を活かせないばかりか、まったく治療にならないことも多かった）。ヴェンカタスワミ医師は、第三の方法が必要だと痛感した。

私自身のインドへの旅は、インド南部のタミル・ナードゥ州のマドゥライ郊外にあるアラビンドの移動式アイ・キャンプのひとつを訪問することから始まった。私は、整備された街区や、寝室が三つあるきれいな家を期待して行ったわけではなかった。ところが、その期待はさらに大きく裏切られた。段ボールやトタンを寄せ集めてできたスラム街。イギリス統治時代の名残である質素な家や作業場。考えうるあらゆる必要品が売られている、ウォルマートの駐車場ほどの規模の店。その町で、目の検査を受けている人々を目にした。複雑な症例に当たった場合は、衛星を介して病院に転送され、経験豊富な医師が最終診断を下していた。白内障の手術が可能な患者たちが、続々とアラビンド行きのバスに乗り込んでいた。そこで、その日のうちに手術を受けるのだ。

アラビンドには、白内障手術で使用する眼内レンズや縫合糸を製造する独自の社内施設がある。これは、極度の制約を画期的なイノベーションの源泉として活かしている驚くべき例だ。アショカ財団、マッカーサー財団、シュワブ財団から表彰を受けているデイヴィッド・グリーン博士は、アラビンドのP・バラクリシュナン博士とともに、ある仮説を立てた。小規模なコンピューター支援製造技術を使えば、外国の医療メーカーからレンズを一組約二〇〇ドルで輸入する代わりに、現地でレンズを製造できるのではないか。一九九二年、グリーンは、自らの非営利組織「プロジェクト・インパクト」を通じて、ある病院の地下に小規模な製造施設を設置し、プラスティック・レンズの製造を開始した。次第に、縫合糸の製造にまで事業を拡大し、製品の輸出に必要な数々の国際基準も満たすようになった。最終的に、地下の新規事業はオーロラブと名付けられた。

現在では発展途上国で最大のレンズと縫合糸の輸出メーカーであり、最近になって新たな工場へと移転した。「連続社会起業家《シリアル・ソーシャル・アントレプレナー》」を自称するグリーンは、難聴や小児ＡＩＤＳの薬へと照準を移し、アラビンド・システム内で世界的キャンペーンのプロトタイプを開始している。

病院に着くと、私たちは病院着に着替え、病棟を回った。医師たちは年間二五万件もの白内障手術をこなしているという。アラビンドの効率性の根幹を担っているのは、組立ラインのような手術方式だ。手術室内では、外科医が手慣れた手つきですばやく患者の混濁した水晶体を摘出している間に、真横で次の患者の準備が整えられる。術後回復が行なわれるのは、衛星テレビや切り花の備えられた豪華な病棟ではなく、床にマットが敷かれただけの質素な部屋だ。患者はそこで夜を明かし、翌日に帰宅する。欧米の基準から見れば贅沢とはいえないが、自宅で寝ているベッドと同じくらい快適だ。患者の三分の一は、無料で手術を受けられる。残りの人々は、三〇〇〇ルピー（約六五ドル）を下限として、変動制で料金を支払う。といっても、受ける治療はまったく同じだ。

いくら目の不自由な人々を救うためとはいえ、欧米の医者、病院経営者、建築家、インダストリアル・デザイナーが、高価な病棟の代わりにコンクリートの床とマットで済ませようとは思わなかっただろう。この発想は、ヴェンカタスワミ医師の貧しい人々の文化への共感から生まれたものだ。彼は、村人の慣れ親しんだ環境で、十分に医療基準を満たす治療を行なえば、経済的に実現可能な方法で貧しい人々の役に立てるのではないかと考え、見事にそれを成し遂げた。アラビンド眼科病院は、数百万の患者に医療を提供してきた。オーロラブは利益率三〇パーセントで運営を続け、利益はネパール、エジプト、マラウイ、中央アメリカの診療機関へと還元されている。アラビンドの経営陣は、さらなる事業の資金を個人寄付でまかなっているものの、経営モデルは持続可能であり、慈善寄付への依存度は欧米の大半の医療機関とさほど変わらないのだ。

　多くの人々が、アラビンドのいわば「思いやりのある資本主義《コンパッショネット・キャピタリズム》」という起業モデルを賞賛しているが、私はデザイナーとして、極度の制約のもとで仕事をする大きな可能性を見出した。イノベーションを通じて画期的なソリューションや利益の向上を生み出すという、企業国家アメリカの至高の目標が、インド農村の眼科クリニックのマットの上で実現されるとは、何とも皮肉なものだ。アラビンドは、マドゥライやポンディシェリなど、病院のある町の市民に莫大な利益をもたらしているだけでなく、その考え方やアプローチを、発展途上国はおろか、そのほかの国々の医療機関にまで輸出している。実際、アラビンドのようなアプローチが、欧米で受け入れられはじめている兆しもある。アメリカやヨーロッパの若い外科医が続々とアラビンドに研修に訪れているだけでなく、ニューヨークやロサンゼルスよりもはるかに安い料金で一流の医療を受けられるとあって、インドを訪れる患者も増えているのだ。

　二〇〇六年、ヴェンカタスワミ医師はこの世を去った。晩年、彼はアラビンドのビジョンとして、マクドナルドをよく引き合いに出して語った。彼はマクドナルドのような規模と効率性を、医療に応用したいと夢見ていた。彼の偉業は、共感、実験、プロトタイプ製作といったデザイン思考家の道具を用いて、有機的かつ持続可能な方法でマクドナルドのような効率性を実現したことなのだ。

思考の材料

そこから一五〇〇キロメートル以上北のニューデリー郊外に、インドの国際開発エンタープライズ（ＩＤＥ）の実験農場が広がる。社会起業家のポール・ポラックが設立したＩＤＥの理念は、発展途上国の小規模農家のニーズを満たす低コストなソリューションを提供するというものだ。農場につながる細い道の周囲には、さまざまな技術で灌漑《かんがい》された豊かな農作物の畑が広がる。ある区画にはドリップ灌漑パイプ、そして別の区画には非常に簡素で低コストな材料で作られたスプリンクラー。ＩＤＥインドを率いるアミタバ・サダンギは、一貫したメッセージを繰り返している。「貧困者のためのデザインは、コストに始まりコストに終わる。どんな点も必要以上に高額にならないようデザインしなければならない。そして、どんなに小さな効率性も見逃してはならない」。このアプローチは、欧米の大半のメーカーにとっては賢明に思えるかもしれないが、サダンギとポラックはもう一歩先に進めている。欧米企業で主流の四半期利益という見方を農村部向けに転換し、農家が一回の生育シーズンで投資額の数倍を取り返せるようにすることを条件付けているのだ。アメリカの農家なら、一〇万ドルのトラクターをローンで購入し、何年もかけて返済することもできるが、発展途上国の農家にはそのようなリスクを冒す余裕がなく、投資を行なう資金もない。この制約が、発展途上国や、さらにそのほかの国々の農業を一変させる可能性を秘めたイノベーションへとつながった。

ＩＤＥのドリップ灌漑製品の多くは、欧米で期待されるように、一〇年や二〇年ももつようには設計されていない。一シーズンか二シーズンしかもたないのだ。一見すると、この短期的なアプローチは、欧米のエンジニアから見れば無責任に思えるだろう。しかし、耐久性が低い代わりに、低コストですむ素材を利用することで、ＩＤＥは灌漑のコストを土地二〇平方メートル当たり約五ドルにまで下げることができた。農家は果物や野菜を栽培してその何倍もの利益を回収することができ、そのお金で以後のシーズンにはさらに多くの土地を灌漑できるようになる。ＩＤＥは、コストを下げることで、農家が余分な利益を投資に回し、少ないリスクでよりすばやく経済的な持続可能性を実現できるようにしたのだ。こうして低コストなシステムへの需要を増やすことで、ＩＤＥはアラビンドと同じように持続可能なビジネス・モデルに基づく運営を行なっている。

このアプローチは、インドやアフリカなどの自給自足農家に大きな違いをもたらす可能性を秘めている。しかし、潜在的な影響力はそれだけにとどまらない。手軽で低価格な製品を一体的にデザインし、顧客にすばやく利益をもたらすという考え方は、農業以外にも応用できる。発展途上国では、このビジネス・モデルはモバイル・コンピューティング、通信サービス、きれいな飲み水の供給、農村部の医療、低価格住宅に応用されている。ならば、欧米の同じような部門の多くにも応用できるはずだ。本書で述べているような先進国を揺るがす経済的混乱は、一般的なモデルが通用していないという証拠だ。私たちの購買行動が、単なる富の消費でなく富の創出へとつながる社会を築くにはどうすればよいか？　その方法について考える絶好の時期に来ているのだ。急速な投資効果を生み出す製品、サービス、ビジネス・モデルをデザインするという考え方は、とても魅力的に思える。そういったアイデアが、選択肢のない人々が大半を占める場所で初めて生まれたというのは、決して偶然ではないのだ。

アラビンド眼科病院やIDEなどの数多くの組織が、成功を利益ではなく社会的影響で測るアプローチを実験的に取り入れている。そして、こういった教訓をほかにどこで活かすことができるのか、私たちに問いかけている。ある意味では、私たちは同じようなイノベーションを過去に目の当たりにしている。デトロイトがテールフィンの高さを自動車の成功基準にしていたころ、トヨタ、ホンダ、日産は当時の国内市場に安価なソリューションをもたらすことで、華々しい成長を遂げはじめたのだ。その後も、優れたデザイン、効率的な製造、燃料消費量の低減、低価格は本質的に「日本特有」のものではないことを世界に証明しつづけた。とすれば、アラビンドのモデルは、われわれに前に進む道を教えてくれるのではないだろうか？　制約が厳しく失敗の対価が高い、もっとも極端な利用者と協力関係を結ぶのは、単に社会的に意義があるからではない。世界的な影響力を発揮する機会を探し出すとともに、慎重な組織が手を出せずにいる環境で成功を遂げる、新たな競合相手の餌食にならないようにするためなのだ。

誰と働くか

「デザイン思考」の方法論を実際に取り入れているかどうか、あるいは「デザイン思考」という言葉を聞いたことがあるかどうかは別として、これまでに紹介した多くの社会起業家たちが、デザイン思考の考え方を適用しているのは確かだ。社会問題は、その定義からも分かるように人間中心だ。世界有数の財団、援助団体、NGOは、この点を認識しているが、外部からの寄付だけでなくサービスを受ける人々の情熱や資源によって支えられた、継続的で持続可能な事業を実現するための道具が欠けていることが多い。

二〇〇一年にジャクリーン・ノヴォグラッツによって設立されたアキュメン・ファンドは、ニューヨークを拠点とするソーシャル・ベンチャー・ファンドで、継続的かつ持続可能な方法で貧困者にサービスを提供する東アフリカと南アジアの事業に投資を行なっている。アキュメンは、フランチャイズの診療所から低価格住宅まで、営利事業と非営利事業の両方に投資を行なっており、そのモデルは世界的な注目を集めている。ノヴォグラッツは、アキュメンの首脳陣がデザイン思考を用いていると明確に述べている。標準的な投資パフォーマンスの指標に加えて、ビジネスの持続可能性と社会的影響のバランスに基づいて、投資の成功度を評価しているという。デザイン思考を利用して、ビジネスの目標と慈善的な目標のバランスを取るという共通の目的を抱いているＩＤＥＯとアキュメン・ファンドは、継続的なパートナーシップを築いてきた。

　私たちのコラボレーションは、一連のワークショップに始まった。その中で、私たちはマラリアを予防する蚊帳から、個人衛生・公衆衛生まで、実用的なプロジェクトへとつながりそうな切実なニーズを探った。その結果、私たちはきれいな飲み水に的を絞ることにした。発展途上国では、一二億人もの人々が不衛生な飲み水によって病気の危険にさらされている。上質な水源から汲んだ水でも、徒歩や悪路による長い移動の中で、目的地に着くまでに汚染されてしまうことが多い。そこで、チームは概要書を書き上げた。どうすれば《ハウ・マイト・ウィー》現地の起業家のビジネス機会を生み出しながら、衛生的で手軽な水の保管方法や運搬方法を作り上げ、低所得社会の健康水準や生活水準を向上させることができるか？

　プロジェクトが進行するにつれ、ソリューションそのものだけでなく、アイデアを実践する方法についても、さまざまな洞察が集まった。どんなに魅力的なアイデアでも、インドやアフリカの顧客自身の手によって持続可能でなければ、実行する価値はほとんどない。これを実現するために、プロジェクト・チームは、現地のＮＧＯや起業家が持つ地域固有の知識（人類学者のクリフォード・ギアーツのいう「ローカル・ノレッジ」）を活用することにした。その結果、文化的にふさわしい数々のアイデアが生まれた。携帯電話やプリペイド・クーポンを使った新しいタイプの支払い方法、水の運搬車の効果的なブランディングを通じた啓蒙活動、コミュニティによって所有・管理できる地元の給水施設などだ。将来的には、アイデアを市場へと導く地域グループの支援に力を注ぐ予定だ。

アラビンド、ＩＤＥ、アキュメン・ファンドが示しているのは、単にデザインの優れた製品の例ではない。製品、製品の組み込まれたサービス、サービスを提供する事業のビジネス・モデル、事業を支援する投資家など、問題のあらゆる側面にデザイン思考が適用された例だ。これらの組織を裕福で善良な慈善家集団と考えるのは誤りだ。これらの社会事業は、「有用性《デザイアラビリティ》／技術的実現性《フィーザビリティ》／経済的実現性《ヴァイアビリティ》」の三つの要素の統合を試みているのだ。当然、これは分野横断的な活動へとつながる。アラビンドの取り組みに参加したデザイン思考家の大半は、デザイナーではなく医師だった。また、アキュメン・ファンドのデザイン思考家は、ベンチャー・キャピタリストや開発専門家だ。こういった人々は、官僚制度をうまくかいくぐり、利用可能なインフラストラクチャーに労力を注ぐすべを学んできた。システムの問題は、システム全体のコラボレーションなしには解決できないからだ。

何に取り組むか

企業が飽和市場の新たなサブニッチへとブランドを拡大するのに苦労している一方で、社会参加型のデザインを行なう機会は至るところに転がっている。実際、これ自体が問題ともいえる。

少なくとも、世の中に有能なデザイン思考家が限られている間は。最近、ＩＤＥＯは、ロックフェラー財団から、社会問題の解決にデザイン思考をより有効に活用する方法について相談を持ちかけられた。数々のＮＧＯ、財団、コンサルタント、デザイナーと話し合って得られたもっとも有力な洞察のひとつは、私たちの活動があまりに薄く広がりつつあるということだった。問題に取り組む時間と才能のあるデザイン思考家たちには、ひとり当たり一〇個ほどの潜在的なプロジェクトが存在している。しかし、その九五パーセントは、アフリカ、アジア、中南米にある。そのため、現場におもむいて洞察を収集したり、アイデアのプロトタイプをすばやく何度も製作したりするのは難しい。

この問題を解決するには、世界中のデザイン思考家の労力を結集させる方法を見つけなければならない。そして、クリティカル・マスを生み出し、弾みを付け、特に解決を迫られている問題について、本格的な前進を遂げる必要がある。そのもっとも有望な例のひとつが、一九九九年に建築家のキャメロン・シンクレアによって共同設立されたアーキテクチャー・フォー・ヒューマニティという慈善団体だ。第一弾として、シンクレアはウェブを通じて有能な建築家を募った。その目的は、東南アジアを襲った二〇〇四年の津波や翌年のハリケーン・カトリーナのような大災害に対応できる仮設住宅や暫定シェルターをデザインすることだった。ＴＥＤ賞の受賞を機に、彼は「オープン・アーキテクチャー・ネットワーク」というコミュニティを設立し、特殊な緊急事態だけではなく、システム規模の長期的な問題にも取り組むための基盤を提供している。オープン・アーキテクチャー・ネットワークのささやかな理念は、さまざまなデザイン・チャレンジを開催し、デザインのソリューションを公開して共有・改良し、参加者同士を結び付け、デザインの問題を解決する参加型のアプローチを構築することにより、「五〇億人の生活水準を向上させる」というものだ。つまり、世界中の建築家やデザイナーの集合的なエネルギーを凝縮、集約、増幅させようとしているわけだ。

問題解決の優先事項を定める必要があるとすれば、国連のミレニアム開発目標がそのよい出発点となるだろう。しかし、「極度の貧困の撲滅」や「ジェンダー平等推進」は、あいまいすぎて効果的なデザイン概要書とはいえない。ミレニアム開発目標を実現するためには、制約を把握し、成功の指標を設定して、実用的なデザイン概要書に置き換える必要があるだろう。たとえば、次のような疑問が有効だ。

どうすれば、シンプルで低価格な製品やサービスを通じて、貧しい農家の田畑の生産性を向上させることができるか？

どうすれば、教育やサービスへのアクセスを改善し、思春期の女性を生産的で自立的なコミュニティの一員にすることができるか？

どうすれば、農村地域の地域医療ワーカーの訓練やサポートを行なうことができるか？

どうすれば、都市部のスラム街で、薪ストーブや灯油ストーブの低価格な代用品を見つけられるか？

どうすれば、電源の不要な保育器を作れるか？


デザイナーなら誰でも知っているとおり、重要なのは、チームの想像力を解き放つ柔軟性と、受益者の生活にアイデアを根付かせる具体性を併せ持つ概要書を作ることなのだ。

時には国内に目を向けることも必要

ソーシャル・デザインの重要な課題は、発展途上国ばかりにあるわけではない。もっとも目に付く例だけを取ってみても、欧米の医療は差し迫った危機に直面している。実際、多くのアメリカ人にとって、医療制度はすでに崩壊しているも同然だ。コストの上昇が制度の安定性を脅かす一方で、社会の一員であるわれわれは不健康なライフスタイルに身を任せ、社会や経済への大きな負担を生み出している。確かに、医療従事者は心臓病、がん、脳卒中、糖尿病といった慢性疾患の治療に力を注いでいるし、政策専門家は医療の管理や提供の効率改善に取り組んでいる。しかし、こういった取り組みは、単独では十分とはいえない。これらの取り組みをまとめ、多種多様な選択肢を探る、継続的な活動が必要なのだ。そして、デザイン思考が本領を発揮するのは、まさにこの点だ。

医療において、患者の容態が安定したあと、より重要になるのは症状の原因を突き止めることだ。いわば、問題の「治療」面から「予防」面へと頭を切り替えるわけだ。たとえば、肥満を例に取ろう。欧米の社会では、肥満が主要な死因のいくつかに大きくかかわっており、今日では臨床的に「大流行」の段階に達したとされている。個人の生物学的、文化的、人口統計学的、地理的な環境が重要な要因になることもあるが、個人の嗜好に原因が潜んでいる場合もある。いずれも、デザイン思考が役割を果たす機会といえる。

小児肥満の率は、ここ数十年で急上昇している。疾病管理予防センターによると、肥満予備軍および肥満の子どもの数は一九八〇年に比べて三倍になったという。その結果、かつて成人型糖尿病と呼ばれていた病気は、２型糖尿病という名称に変更せざるをえなくなった。というのも、もはやこの病気にかかるのは成人だけではなく、インスリンを投与される子どもも珍しくはないからだ（訳注／子どもがかかる糖尿病としては、生活習慣と関係なく自己免疫疾患が原因で発症する１型糖尿病もある）。なぜ２型糖尿病を発症する子どもたちは、あとになるほど矯正するのが難しくなる貧しい食習慣を若いうちに身に付けるようになったのか——まずは一人ひとりがこの問題について考える必要があるだろう。次に、これらの問題の解決方法について考える必要がある。一部の学区では、食堂や自動販売機でのジャンク・フードの販売が禁止されているが、子どもたちがほしがる食べ物を単に奪うだけでは、逆効果だ。より有望なのは、バークレーの著名なレストラン「シェ・パニース」を創設したアリス・ウォータースなどのように、前向きな動機を利用するという方法だ。ウォータースは、「エディブル・スクールヤード（食べることのできる校庭）」というプログラムを開始した。これは、学校で農作物を栽培することで、給食用の健康的な食材を提供すると同時に、食べ物の成り立ちについても教育しようというプログラムだ。イギリスでは、テレビなどに出演する有名シェフのジェイミー・オリヴァーが「ジェイミー・オリヴァーの給食革命！」という番組で、地方自治体と協力して健康的で美味しい給食を考案した。いずれも、典型的なデザインの問題に取り組んだものといえる。「小児肥満の撲滅」というもっともらしいお題目の代わりに、ウォータースやオリヴァーは「どうすれば、子どもたちに健康的な食べ物を食べてもらえるか？」というデザイン思考家の疑問を掲げているのだ。

　肥満のもうひとつの要因は、フィットネスや運動と関係がある。いわば、経済学者と栄養学者のどちらもが同意する「投入《インプット》・産出《アウトプット》」モデルだ。現代人は今までになくカロリーを摂取するようになっているが、おそらく歴史上もっとも体力を使わない世代といえるだろう。ここにも、今まで医療または公共政策の範疇とみなされてきた問題に、デザイン思考を応用する機会が潜んでいる。たとえば、ナイキは、「アスリートにスポーツ用品を提供する」だけでなく、「アスリートの行動について学ぶ」ための社内デザイン・チームを立ち上げた。その結果、目覚ましい製品イノベーションへとつながった。二〇〇六年以降、ナイキの顧客は、シンプルな装置を使って一億キロ以上の距離を走っている。ランニング・シューズの中に入れておくと、走行ペースや距離などのデータが自分のｉＰｏｄに送信される製品だ。家に着いたら、データをウェブ・サイトにダウンロードし、一定期間の進捗状況を確認したり、ランニング仲間と比較したりすることができる。ナイキのイノベーションは、人々に自分の行動の成果を評価する機会を与えることで、情報のループを閉じるものだ。同様に、任天堂のＷｉｉフィットも、成果を自分の目で（しかも快適な居間を出ることなく）確認したいという人々のニーズをうまく利用している。

これらは人々に、より健康的な行動を促すための最初のステップにすぎない。大規模な社会的利益を実現するためには、この小さなステップを無数に繰り返す必要があるだろうが、実現の望みはある。デザイン思考家は、個人の動機や行動といった角度から重要な社会問題にアプローチするのに長けている。しかし、そもそもわれわれの選択肢を制限している社会的要因も分析する必要がある。健康的な肉体は健康的な社会にとって必要な条件だが、十分な条件というわけではない。しかし、その逆もまた可なりだ。今や世界中で、デザイン思考家たちが活動家となり、社会の機能不全の根源に自らのスキルを注ぎ込んでいるのだ。

グローバルからローカルへ

イギリス工業デザイン協議会は、第二次世界大戦後の景気回復を支援する目的で設立されて以来、活動の幅を広げてきた。近年では、デザイン・カウンシルと改称され、現代の幅広い社会問題にデザインを応用するようになった。国家当局や地方自治体と協力し、創造的問題解決の手法を用いて、一〇年前ではほとんど考えられなかった疑問に取り組んでいる。「デザイン・オブ・ザ・タイムズ（Ｄｏｔｔ０７）」プロジェクトでは、イギリス北東部で一年間にわたってコミュニティベースのプロジェクト、コンテスト、展示会、会議、シンポジウム、フェスティバルを開催し、「犯罪との戦いにデザインを役立てることはできるか？」、「デザインを通じて、より持続可能な学校を築き上げるにはどうすればよいか？」といった疑問の答えを探った。中でも特に成功を博したのが「デザイン・アンド・セクシュアル・ヘルス（ＤａＳＨ）」プログラムだった。広報と節度のバランスを取りながら、一般的にタブー視されている社会事業に人々を参加させた。プロジェクト・チームは、まず一二〇〇人の住民、自治体のリーダー、医療専門家を調査した。その結果、病気そのものだけでなく診療所を訪れる患者の体験にも目を向けたコミュニケーション、教育、診療所やサービスのデザイン・プログラムを考案した。

かつてデザイン・カウンシルのディレクターを務めたヒラリー・コッタムは、この地域的なデザイン思考のアプローチをもう一歩先に進めた。イノベーション専門家のチャールズ・リードビーターとデジタル起業家のヒューゴ・マナッセイと共同で、コッタムは世界中の地域社会と一流の専門家が協力して新しい社会的ソリューションを築き上げることを目的とした組織「パーティシプル」を設立した。パーティシプルのチームは、デザイン主導のアプローチを取り入れ、サー・ウィリアム・ベヴァリッジが確立した福祉国家イギリスの哲学に基づいて、老人の孤立から若者の社会参画まで、さまざまな問題に取り組んだ。そのプロジェクトのひとつ、「サザーク・サークル」からは、老人たちの家事を世話する新たな会員組織が生まれた。老人やその家族の協力でアイデアの改良やプロトタイプ製作が行なわれ、二〇〇九年初頭に南ロンドンのサザークでサービスが開始された。コッタムは、地域で作られたソリューションが、最終的にはコミュニティベースの社会事業の国家的モデルになると信じている。

未来のデザイン思考家をデザインする

長期的な影響をもたらす最大の機会といえば、教育だろう。デザイナーは、イノベーティブなソリューションにたどり着く強力な手法を身に付けている。そういった手法を用いて、次世代のデザイナーを教育するだけでなく、教育そのものを改革し、人間の創造性の膨大な宝庫を解き放つ方法について考えるには、どうすればよいだろうか?

二〇〇八年、私はパサデナにあるアート・センター・カレッジ・オブ・デザインの学生に、「まじめな遊び《シリアス・プレイ》」についての話をした。つまり、誰もが子どものころに参加する「遊び」と、イノベーションや創造性の特徴との間にある関連性について話した。私は、両手を使った世界の探求、物作りを通じたアイデアの検証、ロール・プレイといったさまざまな活動は、いずれも遊ぶ子どもたちが持っている自然な特徴だと主張した。しかし、われわれは大人の世界に入るまでに、これらの貴重な才能の大半を失ってしまう。その最初の場所が学校だ。教育では、分析的・収束的な思考が重視されているため、学校を卒業するころには、大半の生徒が「創造性は重要でない」、「一部の才能ある変わり者の特権だ」という信念を持つようになる。

したがって、デザイン思考を学校に取り入れる上での目的は、子どもの自然な実験心や工作心を摘み取るのではなく、むしろ奨励して伸ばす教育体験を築き上げることだ。技術力が、数学や科学の能力にかかっているように、社会の将来的なイノベーション能力は、デザイン思考のホリスティックな原理に通じた人々を、どれだけ多く育てられるかにかかっているのだ。アップル、サムスン、ヒューレット・パッカードなどの企業のために、インダストリアル・デザインを行なって名声を得てきた企業にとっては、驚くべきことかもしれないが、ＩＤＥＯでは、公立学校や私立学校、Ｗ・Ｋ・ケロッグ財団などの団体の教育プログラム、カレッジや大学と手を結ぶ機会がますます増えているのだ。

オーモンデール小学校は、ベイエリアの高級地区、ポルトラ・バレーにある公立小学校だ。学校の職員は、「二一世紀の学び手を養うためには、一八世紀の手法を用いてはいられない」と考え、私たちに依頼を持ちかけた。しかし、ＩＤＥＯの一般的な企業クライアントとは対照的に、オーモンデール小学校が求めていたのはデザインの完成品ではなかった。教育プログラムをデザインした人々（教師自身）が責任を持ってそのプログラムを実施できるプロセスを考案してほしいというものだった。チームは、ブレインストーミング、ワークショップ、カリキュラムのプロトタイプ製作を行ない、野生動物の保護ネットワークからモルモン教の食糧配給網まで、類似した機関を観察した。今では、オーモンデール小学校の教師たちは、生徒を情報の受け手ではなく知識の探し手とみなす「調査学習《インベスティゲイティブ・ラーニング》」という哲学を共有し、この哲学に基づいてさまざまなツールを考案している。参加型デザインというプロセスは、参加型の教育環境および学習環境という最終成果に反映されたのだ。

　教育の構造について考え直す機会は、鎖のずっと上の方にも存在している。サンフランシスコのカリフォルニア美術大学は、伝統的なアートスクールの構造の中に、利用者中心の調査、ブレインストーミング、類似例の観察、プロトタイプ製作といったデザイン思考の原理を取り入れ、将来的な美術教育の戦略計画を築き上げている。ロンドンのロイヤル・カレッジ・オブ・アートは、近隣のインペリアル・カレッジと協力し、アートとエンジニアリングの相互補完型の創造的問題解決手法を活用している。トロントのオンタリオ美術大学の学生は、トロント大学ロットマン・スクール・オブ・マネジメントの学生と共同で、創造性やイノベーションを追求している。

最新の実験が行なわれている機関のひとつが、スタンフォード大学のハッソ・プラットナー・デザイン研究所、通称dスクールだ。dスクールは、従来のデザイナーを養成しようとは考えていない。実際、「デザイン」の課程はいっさいなく、医学、ビジネス、法律、エンジニアリングなど、多岐にわたる分野の大学院生が集い、公共の利益を目的とした共同デザイン・プロジェクトに取り組むためのユニークな環境を提供している。dスクールは、すべての学生プロジェクトで、人間中心の調査、ブレインストーミング、プロトタイプ製作を奨励しているが、スクールそのものにもデザイン思考の中心的な原理を適用している。スペースは代替可能で、教員の地位は関係なく、カリキュラムは常に流動的。簡単にいえば、dスクールは教育プロセスそのものの継続的なプロトタイプなのだ。

ウガンダのカンパラ郊外であれ、ニューヨークのソーシャル・ベンチャー・ファンドのオフィスであれ、カリフォルニアの小学校の教室であれ、社会の問題にデザイン思考の原理を応用するという課題は、今日の野心的なデザイナー、起業家、学生を数多く惹き付けている。こういった人々は、卒業や退職をしてから数カ月間、「何か恩返しをしたい」という利他主義的な欲求に基づいて行動しているわけではない。むしろ、最大の難問は最大のチャンスの源であるという事実に背中を押されているのだ。

本章で紹介したプロジェクトや人々に共通しているのは、慈善、博愛、自己犠牲ではなく、真の利益交換といえる。一年や二年「休学」して平和部隊に参加し、ネパールやエルサルバドルで公園を整備するのが悪いわけではない。しかし、本書で説明したイニシアティブでは、高度な教育を受けた専門家が、キャリアを「中断」する必要はない。極端なニーズを持つ人々にサービスを提供するという方向に、キャリアを「転換」させればよいのだ。

互いの優れたアイデアに基づいて考え（デザイン思考の主要な考え方のひとつだ）、時間軸や空間軸に沿って成功を積み重ねていくためには、少なくとも当分は、限られた問題に的を絞る必要があるだろう。そのためにまずしなければならないのは、すべての子どもが生まれ持つ創造性を伸ばし、学校に入ってから仕事に就くまで絶やさないようにすることだ。未来をデザイン思考家で満たす、これ以上よい方法はほかにないのだ。

第10章　いま、未来をデザインする

ここまでの話を読むと、デザイン思考が企業の成功だけでなく人類全体の福祉にも役立つという、感動的なテーマで本書を締めくくりたくもなる。確かに、これまでのページでは、デザイン思考の最先端にいる人々やプロジェクトについて説明してきた。どの例も、人々が適切な問題に取り組み、理に適った結論にたどり着くまで考え抜けば、何を実現できるかを示している。しかし、スタンフォード大学教授のジェフリー・フェファーとロバート・サットンの言葉を借りるなら、デザイン思考で求められるのは「知識と行動のギャップ」を埋めることだ。現場におもむいて人々から発想を得る、プロトタイプ製作を通じて両手を使って学ぶ、物語を築き上げてアイデアを共有する、異なる分野の人々とタッグを組む、といったデザイン思考家のツールは、私たちの知識を深め、行動の影響力の幅を広げる手段といえるだろう。

本書を通じて、私はデザイナーのスキルを幅広い問題に応用できることを説明してきた。さらに、こういったスキルは生まれもったものではなく、一般に考えられているよりもはるかに幅広い人々が習得できると述べてきた。そのスキルをわれわれの最大の難問、つまり「人生のデザイン」に応用したとき、このふたつの糸は一本になるのだ。

デザイン思考を始めよう

デザイン思考はささやかな始まりから進化を遂げた。ウィリアム・モリスのようなクラフツマン、フランク・ロイド・ライトのような建築家、ヘンリー・ドレフュスやチャールズ＆レイ・イームズのようなインダストリアル・デザイナーたちは、われわれの世界をより便利に、美しく、価値あるものにしようとしてきた。デザイナーが、自分たちの行なったことを体系化・一般化するにつれて、デザインという分野はどんどん複雑で高度なものになっていった。

本書で紹介したデザイン思考家を単純な法則で分類するのは難しい。われわれは、人々を思考者と実行者、分析者と綜合者、右脳系の芸術家と左脳系のエンジニアに分類しがちだが、われわれはみなその両方の側面を持つ人間だ。そして、適切な状況に置かれたときに、一人ひとりの個性があらわれるのだ。アートスクールを卒業したとき、私はデザインを非常に個人的な芸術だと考えていた。ビジネス、エンジニアリング、マーケティングとデザインの関係など、気にかけたこともなかった。しかし、ひとたび現実の実務の世界に飛び込んだとき、私はさまざまな分野が複雑に絡み合う、実世界に即したプロジェクトに夢中になった。そして、今まで自分でも知らなかった適性に気付いた。私は、機会（そして課題）さえ与えられれば、大半の人々が私と同じような経験をすると考えているし、デザイン思考家の統合的でホリスティックなスキルをビジネス、社会、人生に応用できると信じている。

デザイン思考とあなたの組織

スタートからかかわる

デザイン思考は発散的思考に始まる。つまり、選択肢の幅を狭めるのではなく、あえて広げようとすることから始まるのだ。新しい方向性を探るというデザイナーの気質は、イノベーション・プロセスの最後になればほとんど意味をなさない。そのころには、物語の輪は閉じようとしているからだ。したがって、企業はデザイン思考家を取締役に据え、戦略的マーケティングの意思決定に参加させ、R&D活動の初期の段階に関与させるべきなのだ。デザイン思考家は、予期せぬ斬新なアイデアを生み出す能力をもたらし、デザイン思考の道具を使って戦略を探るのに一役買うはずだ。デザイン思考家は、上流と下流の橋渡しを行なうのだ。

人間中心のアプローチを尊重する

デザイン思考は、消費者、テクノロジー、ビジネスの視点のバランスを取るものなので、もともと統合的な性質を持つ。しかし、デザイン思考はまず対象顧客を第一に考える。私が、デザイン思考を一貫して「人間中心」のイノベーション・アプローチと呼んでいるのは、そのためだ。デザイン思考家は、人々の行動を観察し、経験が製品やサービスに対する反応に与える影響を理解する。物事の機能的な性能だけでなく、感情的な価値をも考慮に入れる。その上で、人々の隠れた（潜在的な）ニーズを把握し、それを機会へと置き換えるのだ。デザイン思考家の人間中心のアプローチを利用することで、新しい製品やサービスを人々の既存の行動と結び付け、受け入れられる可能性を高めることができる。「対象母集団のニーズを満たすことはできるか？」、「価値だけではなく意味をつくり出せるか？」、「製品と永久に結び付く新たな行動を促すことができるか？」、「転機を生み出せるか？」といった適切な疑問を投げかけることが、新製品や新サービスの成功を決めることも多い。

マーケティング予算やサプライ・チェーン・ネットワークなど、一般的なビジネスの制約を出発点にし、そこから発想を広げていくのが、よくあるお決まりのアプローチだ。しかし、この戦術は、たやすく模倣できる漸進的なアイデアにしかつながらない。テクノロジーを出発点にするのがその次によくあるアプローチだが、リスクが高いため、前例のない新しい物事に挑戦できる機敏な新興企業以外には実践するのが難しいだろう。しかし、人間を出発点にすれば、画期的なアイデアを生み出し、受け入れられる市場を見つけやすくなる。豪華なリゾート・ホテルの支配人であれ、カンボジアの自給自足農家であれ、最初にしなければならないのは、イノベーション活動を行なう者と対象顧客との距離を縮めることだ。膨大な市場データは、現場におもむく代わりにはならないのだ。

早めに何度も失敗する

最初のプロトタイプを製作するまでの時間は、イノベーション文化の活力をあらわすよいバロメーターだ。どれだけ早くアイデアを形にし、テスト・改良できるか？　リーダーたちは、実験を推奨しなければならない。そして、早い段階で失敗し、それを学習の材料にする限り、失敗は決して悪いことではないということを認めるべきだ。活気あるデザイン思考の文化では、完成したアイデアの検証方法としてだけではなく、創造プロセスの一環として、すばやく、安価で、粗削りなプロトタイプ製作を推奨する。見込みのあるプロトタイプはデザイン・チームのメンバーの噂になる。そして、プロトタイプが資金提供や支援の候補に上ると、メンバーたちは熱狂的な支持者となるのだ。しかし、プロトタイプが本当に試されるのは、会社の中ではない。対象顧客である農業従事者、生徒、出張客、外科医がプロトタイプを経験することができる現場だ。プロトタイプはテスト可能でなければならないが、物理的なものである必要はない。ストーリーボード、シナリオ、動画、時には即興劇でさえ、成功するプロトタイプを生み出す力になる。要は〝多いもの勝ち〟なのだ。

プロの手を借りる

私は、やればできるとしても、自分で髪を切ったり、車のオイル交換をしたりはしない。それと同じように、組織の外に目を向けて、イノベーションの生態系を拡大する機会を探った方がよい場合もある。時には、顧客や新規パートナーとの共同制作という形態を取ることもある。あるいは、テクノロジーのスペシャリスト、ソフトウェア専門家、デザイン・コンサルタント、一四歳のゲーマーといった専門家を雇わなければならない場合もあるだろう。これまで説明してきたように、インターネットの登場により、製品やサービスは「受動的な消費」という段階を超えつつある。顧客やパートナーが積極的に参加すれば、より多くのアイデアが生まれるだけではなく、競合他社が割って入りにくいロイヤルティの輪が生まれやすくなる。イノベーターたちはウェブ2・0のネットワークを利用してチームの有効規模を拡大しようとしているし、ハイパーイノベーターたちはウェブ３・０の到来をいつでも迎える準備ができている。

専門家、マニア、熱狂的ファンなど、意外な方法で世界と向き合う極端な利用者が、刺激的な洞察の鍵になる場合も多い。こういった人々は、既存の顧客基盤の末端に注目を向けさせ、本来なら見逃されがちな問題を明らかにする。したがって、極端な利用者を探し出し、彼らをクリエイティブな資産と考えよう。そして、そういった人々は、町の反対側、世界の反対側にいるかもしれないということを覚えておこう。

インスピレーションを共有する

社内ネットワークも忘れてはならない。過去一〇年間、知識の共有活動の大半は生産性に焦点が絞られてきた。しかし、知識のネットワークを「着想《インスピレーション》」に役立てる方法について考えるべき時期が来ているのかもしれない。つまり、既存のプログラムの進行を合理化するだけではなく、新しいアイデアの創出を刺激するのだ。似た関心を持つ人々を結び付け、共通の情熱を活かすにはどうすればよいか？　組織の中で生まれた新たなアイデアはいつもどのような運命をたどっているのか？　消費者に関する洞察を利用してさまざまなプロジェクトを推進するにはどうすればよいか？　組織の知識基盤を深め、個人が教訓を学び取って成長できるように、デジタル・ツールでプロジェクトの成果を記録しているか？

仮想的なコラボレーションの台頭（そして航空運賃の高騰）のせいで、われわれは人々を同じ部屋に集めることの価値について忘れがちになっている。一〇〇年後には、こういった考え方は時代遅れになるかもしれないが、少なくとも現代においては、強力な絆を築き上げる手段だ。会議の数を増やすのではなく、一日の終わりに目に見える成果が得られるような、協働《コラボレーティブ》的で生産的な作業により多くの時間を割く方法がないか、組織に問いかけてみよう。顔を合わせる時間は、関係を養い、チームを育てる。そして、組織が所有するもっとも貴重な資源のひとつでもあるのだ。その時間をできるだけ生産的でクリエイティブなものにしよう。他者のアイデアに基づいて考えるという行為は、それが互いに信頼できる人々の間でリアルタイムに行なわれた場合、いっそう易しくなる。しかも、たいていははるかに楽しくなるのだ。

大小のプロジェクトを織り交ぜる

イノベーションは、一発の弾で撃ち抜くものというよりも、「数打てば当たる」ものととらえるべきだ。イノベーションに対しては多種多様なアプローチを取るのが賢明だ。しかし、どのアプローチが組織の強みをもっとも活かせるかを考えることも重要だ。資産を多様化し、短期的で漸進的なアイデア（どうすれば今年のモデルの燃費を向上させられるか）から長期的で革命的なアイデア（どうすれば大豆や日光で走る自動車を作れるか）まで、イノベーションの多様なポートフォリオを管理しよう。大部分のイノベーション活動は漸進的なアイデアの範疇で行なわれることになるだろうが、革命的なアイデアも探求しなければ、予期せぬ競争に不意打ちを食らってしまうかもしれない。革命的なアイデアの短所は、プロジェクトの大半が市場まで到達しないまま終わってしまうということだ。長所は、市場までたどり着けば、長期的な影響を与えられるという点だ。

漸進的なプロジェクトでは、実験を促進するのは易しい。事業体は既存の市場や製品におけるイノベーションを促進する必要がある。と同時に、上に立つクリエイティブなリーダーは、新しいオフィス家具の製品ラインの発売であれ、小学校の新たなカリキュラムの策定であれ、より画期的なアイデアの探求も支援するべきである。大半の組織には、事業部門の有効性を測定する独自の指標がある。この種の思考は、事業単位同士の効果的なコラボレーションを阻害してしまう。しかし、こういった隙間の空間にこそ、もっとも興味深いチャンスが潜んでいるのだ。

イノベーションのペースに合わせて予算を組む

デザイン思考は、もともとハイペースで、乱雑で、無秩序なものだ。したがって、面倒な予算サイクルや官僚的な報告手順に従って、イノベーションのペースに足かせを課してはならない。もっともクリエイティブな資産を妨害するのではなく、社内の論理に従ってプロジェクトが進行し、チームが目の前に広がる機会について学ぶにつれて、いつでも資金調達のスケジュールを見直せるようにしておくことが重要だ。

柔軟な資源の割り当ては、どんな組織でも難しく、特に大規模な組織ではリスクを伴う。しかし、予測可能な市場や厳格な年間予算に頼りすぎなくてすむ方法もある。たとえば、有望なプロジェクトの支援にベンチャー・ファンドを実験的に取り入れている企業もある。あるいは、プロジェクトが一定のマイルストーンに達したときに、シニア・エグゼクティブの判断で資金を投入している企業もある。そのコツは、マイルストーンは確実には予測できないということ、プロジェクトには独自の命があるということを受け入れることだ。予算の方針は、途中で何度も変更することを想定しなければならない。柔軟な予算編成を行なう上で重要なのは、アルゴリズム的なプロセスを機械的に適用することではなく、シニア・エグゼクティブの判断に頼ったレビュー・プロセスを設けることだ。それがベンチャー・キャピタル・ファンドの仕組みであり、成功するベンチャー・キャピタリストが柔軟なゆえんなのだ。

才能の発掘にあらゆる手を尽くす

デザイン思考家はたいてい不足気味だ。しかし、あらゆる組織の中に存在している。大事なのは、そういった人々を見つけ、育て、もっとも得意な作業をさせることだ。顧客の観察や顧客との会話に時間を費やしている従業員は誰か？　メモを書くよりもプロトタイプを製作する方が得意なのは？　内装の凝った個室にこもって黙々と仕事をするよりも、チーム作業の方が力を発揮できそうなのは？　世界を別の角度で見るきっかけになる、奇妙な経歴（あるいは奇妙なタトゥー）を持っているのは？　このような人々は、原材料でもありエネルギー源でもある。そして、銀行の預金でもある。さらに、こういった人々はのけ者にされるのに慣れているので、面白そうなプロジェクトに早い段階から参加できるとなれば、喜んで飛び付くだろう。それがデザイナーなら、快適なデザイン・スタジオから引っ張り出し、異分野連携のチームに参加させよう。経理、法務、人事の人間なら、画材を与えよう。

　社内の人材を開拓したら、次は人材採用について考えよう。学校から道理の分かっているデザイン思考家の卵を雇い、数名のインターンも招いて、より経験豊富な社内のデザイン思考家とチームを組ませる。発散的思考に重点を置いた比較的短期間のプロジェクトを立ち上げる。その成果を組織中で共有する。デザイン思考についての口コミを広め、改宗者を巣穴から誘き出す。真のイノベーターにとって、楽観主義ほど心を奪われるものはないのだ。

サイクルに合わせてデザインする

多くの組織では、ビジネスの浮き沈みに応じて、だいたい一年半ごとに従業員の人事異動がある。しかし、大半のデザイン・プロジェクトでは、立ち上げから実現段階に至るまでに、それ以上の時間がかかる。特に、真のブレイクスルーを目的としたプロジェクトの場合にはなおさらだ。中心的なチーム・メンバーがプロジェクトのサイクル全体を遂行できなければ、チームにとってもプロジェクトにとっても痛手だ。プロジェクトを導くアイデアは、希薄になったり、弱まったり、消え去ったりしてしまう可能性が高い。せっかく今まで学んできたことが無駄になったと感じ、振り払うことのできないうっぷんが残るかもしれない。プロジェクトのサイクル全体を完遂するという経験は、何物にも代えがたいのだ。

デザイン思考とあなた自身

賞を受賞するインダストリアル・デザインであれ、美しい数学の証明であれ、高校の校内新聞に初めて発表した詩であれ、新しいモノを世に送り出すのは、驚くほどうれしいものだ。多くの人々が、この個人的な達成感を味わうことを強い原動力にしている。さらに、これはビジネス業務としても健全だ。慣れきっているもの、便宜的なもの、つまらないものを受け入れずにすむからだ。

「何を？」ではなく「なぜ？」を問う

どんな親でも、五歳の子どもに「どうして？」としつこく尋ねられてイライラした経験があるだろう。そして、「ママ（パパ）がそう言うんだから、そうなの！」という権威主義の陰に身を隠したこともあるはずだ。デザイン思考家にとって、「なぜ？」と尋ねることは、問題の枠組みを見直し、制約を定め直し、よりイノベーティブな答えを切り開く機会となる。与えられた制約を受け入れるのではなく、目の前の問題が解決に値するかどうかさえも疑おう。私たちが求めているのは、本当により速い車なのか、それともより効率的な交通手段なのか？　より機能豊富なテレビなのか、それともそれに代わるエンターテインメントなのか？　よりおしゃれなホテル・ロビーなのか、それとも快適な睡眠なのか？　やたらに「なぜ？」と尋ねると、短期的には同僚を困らせることになるが、長期的には適切な問題に労力を注げる確率が高まる。間違った疑問に正しい答えを見出すことほど、いらだたしいことはない。これは、概要書に対処する場合にも、新しい戦略をデザインする場合にも、あるいは仕事とプライベートの価値あるバランスを取る場合にも言えることなのだ。

目を見開く

われわれは、重要な物事に気付かぬまま、生活の大半を送っている。状況に慣れれば慣れるほど、それを当然ととらえるようになる。親戚がやってきたとき以外、普通はアルカトラズ島やゴールデン・ゲート・ブリッジを訪れたり、ワイン・カントリーで週末を過ごしたりしようと思わないのは、そのためだ。友人のトム・ケリーは、「イノベーションは見ることから始まる」を口癖としているが、私はこれをもう一歩先に進めたい。優秀なデザイン思考家は観察するが、偉大なデザイン思考家は「普通」を観察する。一日に一回は立ち止まって、普通の状況について考えるようにしてみよう。事件現場の刑事になったつもりで、普段なら一度しか見ない（あるいは、まったく見ない）行動やモノをもう一度観察しよう。マンホールの蓋はなぜ丸いのか？　あなたの一〇代の子どもは、なぜそんな服装で学校に向かっているのか？　行列に並ぶとき、前の人とどのくらい間隔を空けて立つか、どうやって判断しているのか？　色盲になったら、どのような感覚なのか？　近年、深澤直人《ふかさわなおと》とジャスパー・モリソンが提唱している「スーパーノーマル」に身を投じれば、われわれの人生を導く暗黙のルールについて、鋭い洞察を得ることができるだろう。

観察内容やアイデアを視覚的に記録しよう。ノートにラフなスケッチを描いたり、携帯電話のカメラで写真を撮ったりするだけでもかまわない。絵に自信がないなら、それは残念だが、とにかくやってみよう。私の知るデザイナーはみな、医者が聴診器を持ち歩くのと同じように、スケッチ帳を持ち歩いている。こういった絵や写真が、参考となるアイデアや、共有するアイデアの宝庫となるのだ。

アイデアを考案する際にも、同じことが当てはまる。ルートヴィヒ・ウィトゲンシュタインは、二〇世紀でもっとも理性的な哲学者だったが、彼のモットーは「考えるな、見ろ」だった。視覚化することで、言葉や数字のみを頼りにする場合とは異なる視点で問題を見ることができる。私は、整然とした目次ではなく、マインドマップを使って本書を視覚化した方が便利だと考えた。直線的な目次とは異なり、全体を直感的にとらえられるからだ。生物学者のバーバラ・マクリントックは、「有機体への共感」についてよく語っていた。彼女がノーベル生理学・医学賞を受賞すると、バーバラの同僚は科学に対する彼女の「直感的な」アプローチを嗤《わら》わなくなった。グリーンランドの氷床が溶けていることを視覚的に表現したアル・ゴアや、一〇〇万個のポリスチレン・カップを視覚化したアーティストのタラ・ドノヴァンの言うように、一枚の写真が一〇〇〇の言葉、あるいはそれ以上に匹敵することもあるのだ。

他者のアイデアをもとにして考える

誰でもムーアの法則やプランク定数という言葉には聞き覚えがあるだろうが、アイデアがその考案者とあまりに密接に結び付いているときには、疑うことが必要だ。アイデアが私有財産になると、次第に古くなり、もろくなっていく。一方、アイデアが組織内を駆けめぐり、変更、結合、進化を遂げると、繁栄することが多い。自然の生息環境に生態学的な多様性が必要なように、企業にはアイデアを競い合う文化が必要だ。ジャズ・ミュージシャンや即興役者は、仲間のアーティストがリアルタイムに生み出す物語をもとにする芸術形式を生み出してきた。私たちのオフィスには数々の「ＩＤＥＯイズム」が飛び交っているが、私のお気に入りは、よく繰り返される「いかなる個人よりも全員の方が賢い」という格言だ。

選択肢を求める

頭に浮かんだ最初の名案や、提案された最初の有望なソリューションで満足しないようにしよう。もっと多くのアイデアが転がっているはずだ。百花を咲かせるだけでなく、他家受粉させせよう。さまざまな選択肢を模索していないということは、発散的思考が十分ではないということだ。アイデアは漸進的なものになり、模倣されやすくなるだろう。

この原則を守るのは得てして難しい。新しい選択肢の追求によって、時間がかかり、物事がより複雑になるだろう。しかし、それこそがよりクリエイティブで満足できるソリューションを生み出す道なのだ。その過程で、同僚はイライラし、顧客はしびれを切らすかもしれないが、最終結果には満足してくれるはずだ。ただし、やめどきを見極めることが肝心だ。これは、学ぶことはできても、教えることは難しい技術のひとつといえる。デッドラインを設けるのはひとつの手だ。かけられる時間に限度が設けられるだけでなく、デッドラインが近づくにつれて生産性が高まるはずだ。デッドラインを呪うのは自由だが、時間は時としてもっともクリエイティブな制約であるということも、覚えておこう。

ポートフォリオのバランスを取る

デザイナーの思考を取り入れる上でもっともうれしいことのひとつは、成果が形となってあらわれるという点だ。プロジェクトが終わると、今まで存在しなかった新しいものが生まれている。プロジェクトの進行とともに、そのプロセスを記録するのを忘れないようにしよう（大人になるまで子どもの写真を撮らないなんてことがないのと同じように）。ビデオを撮影し、図やスケッチを描き、プレゼンテーション文書を作り、物理的なプロトタイプの保管場所を探そう。この資料を集めてポートフォリオにすれば、成長のプロセスや影響を及ぼした人々の記録ができあがる（勤務評定や採用面接の際、あるいは子どもに自分の仕事を説明する際に役立つだろう）。ＩＤＥＯの八人目の従業員、デニス・ボイルは、今までに製作したすべてのプロトタイプを保管している（保管用に飛行機の格納庫を借りたいという申し出はさすがに却下したが）。記録が残っていれば、自分の貢献に誇りを抱かずにはいられないだろう。

人生をデザインする

デザイン思考の起源は、デザイナーの教育や業務にある。しかし、デザイン思考の原理は誰でも実践でき、あらゆる活動分野に拡張できる。しかし、人生を「計画」するのと、人生を「漂う」のと、人生を「デザイン」するのとでは、大きな違いがある。

あらゆる道のりをあらかじめ計画して、人生を過ごす人々がいる。どの大学に入学すべきか、どのインターンシップが出世の近道か、何歳で退職するか、あらかじめ決めている。そして、行き詰まったら、両親、代理人、ライフ・コーチの力を借りるのだ。しかし、残念ながら、この方法はうまくいかない（「ブラック・スワン」を覚えているだろうか？）。それに、そもそも最初から勝者が分かっていたら、ゲームをプレイする意味などないに等しいのだ。

優秀なデザイン・チームと同じように、あらゆる結果をあらかじめ予測できるという幻想を抱かなくても、目的意識を持つことは可能だ。それが創造性という領域だからだ。最終成果と、そこに至る創造プロセスの区別をあいまいにすることもできる。デザイナーは、自然界の制約の中で仕事をし、その優美さ、経済性、効率性にならおうとしている。市民や消費者も、われわれを包み込んで養っている、か弱い自然環境を尊重することができるのだ。

まずは、人生をプロトタイプと考えてみよう。そうすれば、実験を行ない、発見をし、視点を変えることができる。プロセスを、具体的な成果を生み出すプロジェクトへと転換する機会を探し出すことができる。一瞬の経験であれ、何世代も受け継がれる家財であれ、モノを生み出す喜びを感じることができる。報酬は、世界の消費活動ではなく、創造の繰り返しにあると学ぶことができる。創造プロセスへの積極的な参加は、われわれの権利であり、特権でもあるからだ。そして、アイデアの成功を、銀行口座の残高ではなく、世界への影響力で測ることができるようになる。

＊　＊　＊

本書の冒頭で、私にとっての英雄のひとりについてお話しした。デザイン思考はおろか、デザイナーという職業さえ存在しなかった時代に生きた、ビクトリア時代のイザムバード・キングダム・ブルネルというエンジニアだ。工業化時代の問題が人間のあらゆる活動分野に広がるにつれて、大胆なイノベーターたちが彼のあとに続き、世界や私の思考を形作ってきた。本書で、私は「読者の旅」を懸命に築き上げようとしてきた。その中で、ウィリアム・モリス、フランク・ロイド・ライト、アメリカのインダストリアル・デザイナーのレイモンド・ローウィ、チャールズ&レイ・イームズのコンビなど、そういった活動の中心人物たちを紹介してきた。これらの人々に共通するのは、楽観主義、実験意欲、物語、コラボレーション、両手を使った思考を通じて、複雑なアイデアを考案し、プロトタイプ化し、巧妙なほどシンプルに伝えてきたということだ。彼らは単にデザインを行なっただけではない。デ、ザ、イ、ン、を生きたのだ。

私が大きな影響を受けた偉大な思考家たちは、モダン・デザインの「開拓者」、「巨匠」、「偶像的存在」を紹介する卓上本にあらわれるような人々ではない。ミニマル・アーティストでもないし、排他的なデザイン・エリートでもないし、黒のタートルネックを着ていたわけでもない。思考と行動の隙間を埋めることができるクリエイティブなイノベーターだ。それは、彼らがよりよい暮らしやよりよい世界を築き上げるという目標に一心に情熱を傾けていた人々だからだ。今日、われわれの目の前には彼らを手本にし、デザイン思考の能力を解き放つ機会がある。そうすれば、新しい可能性を模索し、新たな選択肢を生み出し、世界に新しいソリューションを届けることができるだろう。その過程で、いつの間にか社会はより健全になり、企業は繁栄していくかもしれない。そして、われわれの生活はより豊かになり、影響力を増し、有意義なものになっていくかもしれない。

第11章　デザインをデザインし直す

ティム・ブラウンとバリー・カッツ

西暦一七五〇年のイギリスの農家は、その孫世代よりも、むしろ紀元前一七五〇年のイギリスの農家に近かったとよくいわれる。はじめに蒸気動力、続いて電気、そして近年ではコンピューターが巻き起こした革命は、その時代の人々が当惑、興奮、そして恐怖を覚えるほど急速な変化をもたらした。しかし、現代では、この変化のプロセスが想像を超える規模にまで加速している。『デザイン思考が世界を変える』の初版が刊行されてからの一〇年間を振り返ってみると、その間の出来事を理解するのに、新しい章だけでなくまるまる新しい本を書き直す必要があるとさえ思えてくる。この五年間で情報技術をひとつの設備投資から公共インフラへと一変させたクラウド・コンピューティング。史上最高のヒット商品と言っても過言でないアップルのｉＰｈｏｎｅ

（二〇〇七年）。ブロックチェーン、Airbnb《エアビーアンドビー》、Uber《ウーバー》（いずれも二〇〇九年）を例とする、分権的な〝ピア・ツー・ピア経済〟の到来。グーグルによる自動運転車プログラムの発表（二〇一〇年）。CRISPR《クリスパー》遺伝子編集ツールの発表（二〇一二年）。そして、DNAに関する技術の商業化は、実験室から市場へと、四〇年前のコンピューターと同じ道筋をたどっている。ほんの一〇年前まで、「ISIS」といえばイスラム国ではなくもっぱら古代エジプトの女神イシスを指していたし、フェイスブックはパロアルト中心部のビーズ・ショップの階上《うえ》にある狭苦しい二間《ふたま》の部屋で事業を行なっていた。街の上空にはまだドローンは飛び交っていなかったし、「ソーシャル・メディア」や「気候変動」といった概念はようやく認知されはじめたばかりだった。人類史上、これほど深くて幅広い変化が起きた一〇年間がほかにあっただろうか。

　こうした変化は、それに伴う破壊や混乱をすべてひっくるめて、〝第四次産業革命〟と呼ぶにふさわしいほど根深くて幅広いものだという総意が生まれつつある。蒸気、電気、コンピューターが巻き起こした革命は比較的ゆったりとしたものだったが、決して生やさしいものではなかった。チャールズ・ディケンズやエリザベス・ギャスケルの〝産業〟小説を読んだり、モダニズム画家たちの悲痛な叫びを目にしたりしたことがある人なら、よくお分かりだろう。しかし、社会や文化に対する影響を数十年間がかりでゆっくりと吸収していくことができた過去の革命とは対照的に、今回の革命は目まぐるしい速度、そして想像を絶する規模で進んでいる。だからこそ、私たち自身が変化に飲み込まれる前に、その変化の本質を理解しておくことが重要なのだ。

一〇年間にわたる絶え間ない破壊がもたらした難題に対処するため、デザインという仕事もまた前代未聞の方法で成長し、変化してきた。一九七〇年代初頭、理論家のホルスト・リッテルは、単純な問題から〝厄介《ウィキッド》な問題〟へと目を向けるようデザイナーたちに呼びかけた。厄介な問題とは、複雑で、決まった範囲がなく、あいまいな問題、より大きな問題の中に埋め込まれている問題、〝正しい〟か〝間違っている〟かを容易に判断できない問題のことだ。以来、デザイナーはこの難問に立ち向かってきた。今日のデザイナーは、アメリカの肥満、西アフリカの性と生殖に関する健康、都市部の暴力や地方の貧困といった問題に取り組んでいる。一方では出産前のケアについて学び、もう一方では誰もが避けて通れない「死」をめぐる難しい議論をリードしている。もちろん、デザイナーは今でも、より快適な家具、判読しやすいグラフィックス、使いやすいデジタル・インターフェイスを創出することに励んでいるが、デザイナーの活動の幅が信じられないくらい広がったこともまた事実だ。

　だからといって、一部の評論家が主張するように、デザイナーが全知全能だというわけではないし、企業幹部でも病院管理者でも中学校教師でも誰でもみんな、三日間のワークショップを修了しただけで、デザイナーが長年かけて培ってきたスキルを習得できるわけではない。むしろ、その逆だ。デザイナーは現代のような大規模な問題に対処するため、隣接する専門分野とタッグを組むすべを学んできた。孤高のデザイナーはもはや時代遅れだ。今、主流を占めているのは、エスノグラフィー調査員、行動経済学者、データ・サイエンティスト、（そしてＩＤＥＯの場合には）脳神経外科医、循環器専門医、数人の弁護士などからなる総合的なデザイン・チームだ。問題の範囲や複雑さが増すにつれて、解決のために手を借りなければならない学問分野の数も増えていっている。

今日の私たちが直面する難問は、あらゆる方向に無限に広がっているが、この一〇年間のIDEOの活動を通して見ると、その中でもとりわけ緊急性が高く、なおかつデザインが有望な道筋を描きはじめている分野がいくつか見えてくる。まとめると次のようになるだろう。

①　時代遅れになった社会システムの再デザイン
②　参加型民主主義の復興
③　脱自動車時代の都市のデザイン
④　人間に優しい人工知能、スマート・マシン、ビッグ・データのデザイン
⑤　バイオテクノロジーや人間の誕生と死にまつわるデザイン
⑥　線形経済から循環経済への転換

厳密に指定された概要書《ブリーフ》、スケジュール、予算に慣れきったデザイナーにとっては、このような幅広くて範囲の決まっていない課題は受け入れがたいものだろう。しかし、あえて言いたい。私たちが身に付けなければならないのは、こうしたスキルなのだ。以降のページでは、このよう

な大規模な課題を現実的な行動指針へと置き変えるための戦略をいくつか提案してみたい。

①　制度の再デザイン

今日、私たちが直面する課題の中でもっとも重要かつ手強いのが、教育、医療、メディア、労働、ビジネスなど、時代遅れになった社会システムをデザインし直すというものだ。そのために、私たちは美術、工学、デザインの学校では教わらないまったく新しいスキルをいやおうなく学んできた。便宜上、私たちはそれらのスキルを「デザイン思考」と呼んでいるわけだが、デザイン思考は決して一定のステップや保証された結果がある固定的な方法論ではないという点を忘れてはならない。むしろ、二一世紀の世界が抱える問題に対処するための一種の哲学、考え方、人間中心の新しいアプローチと考えてほしい。

この規模のデザインの例のひとつが、二〇一一年、祖国の学校教育の惨状に危機感を抱いたペルーの有名な実業家、カルロス・ロドリゲス＝パストールからの依頼という形で舞い込んできた。ペルーは経済協力開発機構が実施する科学的知識、数学的知識、読解力の国際調査で万年下位に甘んじている。教育水準の高い労働者の不足により、ペルーは急速な経済成長がもたらした恩恵をみすみす手放しかけていた。ロドリゲス＝パストールは、ますます増えつつあるがまだ裕福とまではいかない中流階級の人々でも受けることができ、なおかつ全国展開が可能な新しい教育制度をデザインしたかった。これ以上ないくらい気の遠くなるデザイン課題だが、これこそデザイナーが活躍の場を広げている規模の課題だった。

人間中心のデザイン・プロセスの第一段階は、解決しようとしている問題の範囲を理解することだ。ペルーの場合、まず五人からなる調査チームが現地へと派遣され、教師や学校管理者から、ビジネス・リーダーや教育省の役人、親、そしてもちろん生徒本人まで、代表的な関係者たちの生活へと潜り込んだ。家庭内観察、集団聞き取り調査、現場の話、現地訪問、厳密なデータ収集など、一次調査や二次調査の手法を独創的に組み合わせ、実際の問題や、それを取り巻く制約や機会について評価した。そうして、いざ仕事に取りかかった。

デザイン・チームはデザイナーのツール・キットを存分に活用し、幼稚園から高校まで拡大可能な学校制度を実施して管理するための戦略にとどまらず、その具体的な手段まで考案した。たとえば、教育カリキュラム、指導の手法や教材、教師の育成や啓発、建物、運営計画、データ・ダッシュボード、知識の共有システム、そして授業料を月額一三〇ドルに抑える財務モデルなどだ（通常の市場原理によって持続可能でない空想的《ビジョナリー》なアイデアは、その名のとおりビジョンのまま終わるのが関の山だろう）。この学校「イノーバ・スクールズ」は、二〇一八年度にはペルー全土で四九校、生徒数三万七〇〇〇人以上、教員数約二〇〇〇人にまで拡大した。メキシコでも同じような試みが行なわれている。おそらく、ラテン・アメリカでもっとも野心的な民間出資の教育プログラムになるのではないかと囁かれている。

確かに、革新的な教室用の座席をデザインするのも重要な問題のひとつだ。この問題については、スチールケース社の事例で挑んだ。しかし、イノーバ・スクールズのような規模の問題に対処するには、まったく異なるスキル、いや、考え方が必要になる。ペルーの仕事で私たちが学んだのは、総合的なシステムをまるまるデザインすることの価値、もっといえば不可欠性だ。目の前の問題をもっとも根本的なレベルで理解し、それをもっとも広い文脈のなかに位置付け、問題解決に必要な専門知識（この例でいえば、建築、カリキュラム設計、行動科学の知識）を総動員しなければならない。私たちがイノーバ・スクールズ・プロジェクトで得た最大の発見は、サングラス、道路標識、電動スクーターと同じように、学校もまたデザインの対象であるということだ。そして、私たちのどんな文明の利器とも同じように、上手にも下手にもデザインできる。極端な場合、もはや意味のない課題を解決するためにデザインしてしまうケースもあるのだ。

イノーバ・スクールズの経験から、私たちはいやおうなくこんな疑問を抱いた。また同じことができるだろうか？　教育以外の分野で同じことを再現できないだろうか？　おそらく、教育は過渡期にある社会のニーズを示すもっとも如実な指標だろうが、デザイナーや、デザイナーの考え方や行動を取り入れる気構えのある人々の助けを待っている分野は、ほかにもたくさんある。

② 民主主義の再デザイン

そうした人々のひとりが、ロサンゼルス郡の登録記録係および郡書記官という、これ以上ないくらいデザイナーとは縁遠い肩書きを持つディーン・ローガンという人物だ。彼はこの肩書きのもと、アメリカでもっとも人口統計学的に複雑といっても過言ではない巨大な選挙区を監督している。有権者人口はアメリカの全五〇州中、四二州を上回り、十数の言語によるサポートが必要だ。

パンチカード式の投票用紙の欠陥のせいで大統領の地位に疑義が生じた、二〇〇〇年大統領選におけるフロリダ州の大失態を受けて、選挙制度に対する国民の信頼は地に落ちた。そこで、議会は米国投票支援法を議決し、投票設備を更新するための費用を地方自治体に分配した。ローガンはロサンゼルスの状況を評価するなり、シンプルな疑問を持って私たちのところへやってきた。「全有権者にとって有効な新しい投票システムをデザインできないか？」。民主主義をデザインし直すって？　任せてほしい！

一昔前なら、この問題を「五〇年前から使われている投票機の再デザイン」ととらえていただろう。しかし、今日のデザイナーは、独立した製品ではなくシステム全体という観点で問題をとらえるようになっている。つまり、意味、行動、機能の中に製品が埋め込まれている複雑な社会的ネットワークとしてとらえているのである。私たちの恩師のビル・モグリッジがよく言っていたように、デザイナーは名詞（「より効果的な投票機をデザインするには？」）ではなく動詞（「民主主義の体験を向上させるより効果的な方法は？」）でものを考えるようになっている。デザイナーが一〇〇年前からしてきたように、名詞に着目すると、より使いやすい歯ブラシ、より快適な椅子、より静かなエアコンというふうに、どうしても漸進的な改良という視点に閉じ込められてしまう。しかし、動詞で考えれば、問題を覆い隠している蓋《ふた》を取っ払い、厄介で複雑な問題へと多方面から挑めるようになる。それこそが真のイノベーションの条件なのだ。

私たちがロサンゼルス郡や「デジタル・ファウンドリー」の友人たちと協力して練り上げたリファレンス・デザインは、機械工学やソフトウェア・エンジニアリングの研究だけでなく、社会科学や行動科学の研究までも集約したものだ。複雑なシステムには複雑な利害関係者がいる。そのため、さまざまな利害関係者グループを代表する専門家たちの話を聞くことは欠かせない作業だった。そこで、デザイン・チームは、人々が投票所へと向かう動機、そして三分の二近くの人々を投票所から遠ざけている要因を理解するため、数百時間におよぶ観察、聞き取り調査、面接、ユーザー・テストを行なった。車椅子の有権者、発達障害を抱える有権者、目の見えない有権者と会い（スティーヴィー・ワンダーまでもがあるモデルの検証に力を貸してくれた）、投票機をトラックに積み込んで全国四八〇〇カ所の投票所に届ける労働者たちを観察し、現地で投票機を組み立てるボランティアたちの話を聞いた。彼らは物理的な障害だけでなく、セキュリティ、プライバシー、信頼といった見えない障害も特定し、複雑な政治、法律、規制の問題をクリアする方法も学んだ。この徹底的な調査に基づき、チームは一連のデザイン原理を定め、何十というプロトタイプを作ってテストし、最終的に「万人のための装置」というたったひとつの最重要原則にのっとり、実用的な模型を作り上げた。

果たして、この「プロジェクトＶＯＸ」は、アメリカの民主主義をむしばんでいる病をきれいさっぱり治せるのだろうか？　私たちは常に野心的で楽観的でありたいと思っているが、傲慢で愚直な人間ではありたくはない。スティーブ・ジョブズがスタンフォード大学の二〇〇五年の卒業生たちに促したように、私たちは「宇宙に凹《へこ》みをつける」ためにいる。その凹みはどれほどの大きさなのか？　その答えが分かるのは、三万一〇〇〇台の新型投票機が導入される二〇二〇年の選挙だろう。

③　都市の再デザイン

私たちは、アップルのマウス、携帯情報端末のパームＶ、イーライリリーの命を救うインスリン注射システムなど、この三〇年間で開発してきた製品やデバイスに誇りを持っているし、これからもまだまだ開発したいと思っている。その一方で、私たち自身や、私たちの多くの友人、パートナー、競合企業の製品やサービスが、第四次産業革命の要求を満たすべくこの一〇年間で大きく拡大してきたことに驚いてもいる。この成長を後押ししてきたのは、新たなテクノロジーの絶え間ない誕生と、縦横無尽につながり合った現代世界の容赦ない統合だ。物理的な製品は、心理、文化、環境、倫理といった数々の枝葉を持つ体験全体のほんの一部にすぎないということが分かりつつある。これらのあいだに明確な境界など存在しないのだ。

その顕著な例が、都市の未来とは切り離すことのできない自動車の未来に関するものだ。多くの人々は、一〇〇年前の人々が自動車に対して抱いていたのと同じイメージを、自動運転車に対して抱いているようだ。自動車が馬のいない馬車だとすれば、自動運転車は運転手のいない車だ。しかし、自動車の歴史を見れば、本当に重要なのは自動車という製品そのものではなく、むしろ自動車が私たちの生活のあらゆる面に及ぼした影響の方なのだと分かる。アメリカ郊外の成長。一般道、幹線道路、駐車場、ガソリン・スタンド、自動車販売代理店、自動車修理施設、スクラップ場などの都市インフラストラクチャーの拡充。自動車文化の到来。アメリカだけで年間三万五〇〇〇人にもなる幹線道路での事故死亡者数を黙って見過ごしている状況。フォードなどの企業が「自動車」から「移動性《モビリティ》」へと思考の物差しを転換するにつれて、デザイナーは自動車そのものではなく、自動車の解決しようとしている問題を出発点とするようになっている。こうした状況が、かねてからのデザイナーの秘密兵器である憶測的な実験へと私たちを導いた。

何人かのデザイナーがある問題に熱狂しているときは、その問題について調査し、ビジョンを立て、物理的、仮想的、実験的なプロトタイプを作り、実世界へと持ち込み、興味を持ちそうなパートナーと会話を始めるための予算を割り振るべきだと私たちは考えている。その一例が私たちの移動性プロジェクトだ。このプロジェクトのメンバーたちは、来たる自動運転車時代にとりわけ強い関心を持っている。彼らは「フューチャー・オブ・モビリティ（自動車移動の未来）」というコードネームのプロジェクトで、自動運転車の根底にある技術（現実的に可能なことと不可能なこと）を理解し、実現可能な範囲にあるシナリオをいくつか立てた。近い将来、自動車のもっとも危険で不安定な要素、つまり運転手がいなくなれば、人、モノ、空間、集団の移動はどう変わるだろう？　彼らは四つの章に分けてこの疑問を探った。

「自動車移動」をデザインするというのは、未来的なバットモービル（訳注／バットマンの運転する架空の車）を形作ることでも、次世代のテクノロジーを発明することでもない。それはSF作家や実験科学者の仕事だ。むしろ、デザイナーの役割とは、私たちがもうすぐ直面する未来の状況を予測し、手遅れになる前に新しいテクノロジーを手なずける方法を考えることだと考えている。テクノロジーが人間に適応するのではなく、人間の方がテクノロジーに適応せざるをえなくなる前に……。平均的なアメリカ人が渋滞の中で過ごしている年間四八時間もの時間を生産的な時間へと変えるには？　街中で商品やサービスをもっとも効率的に輸送するには？　携帯電話でデジタル対応のオフィスを呼び出し、既存の都市インフラストラクチャーを用いて会議のあいだだけオフィスをドッキングさせるには？　一人ひとりの乗客がカスタマイズされた専用席に座り、読書、仮眠、交流、思い思いの音楽を楽しめるような朝の集団通勤の仕組みを生み出すには？　これらは、LI《フィ》

DAR《ダー》（訳注／リモート・センシング技術のひとつ）、超音波近接センサー、高度計、ジャイロスコープのようなテクノロジーを実現するのとは違う。移動性そのものをどう定義するかの問題なのだ。

④　人工知能の再デザイン

よくも悪くも（デザイナーの仕事は〝よい〟方を実現することだが）、この時代を決定付けている特徴はテクノロジーの急速な変化だ。つい一〇年前まで、人工知能が夢のまた夢だったなんてにわかには信じがたい。ほんの少し前まで、スタンフォード大学やマサチューセッツ工科大学、カーネギー工科大学の数人の科学者が、自ら学習する機械について思索しはじめた一九八〇年代や一九六〇年代と比べても、人工知能はそう進化しているわけではなかった。あるいは、よろよろと動くスタンフォード研究所の初期のロボット「シェーキー」と、現在ボストン・ダイナミクスで開発中のバク宙可能な人型ロボット「アトラス」を見比べると、その違いに愕然とする。今や、人工知能やロボットは、顔認識ソフトウェア、身ぶりや会話のインターフェイス、高度な推論能力を備えた現実的な技術になりつつあるが、それらが持つ意味はようやく理解されはじめたにすぎない。デザイナーは常にテクノロジーを人間にとって使いやすく、分かりやすく、おまけに楽しいものにするべく取り組んできた。今ほど、そうすることが重要で、急を要する時代はない。

第一次機械化時代、デザイナーは工業製品に芸術性を付け加えるという形で、商品の大量生産の波に対抗した。こうして、インダストリアル・デザインという仕事が徐々に形成されていった。同じように、マスメディアの紙面を飾りたいと考えていた商業デザイナーは、専門教育を受けたグラフィック・デザイナーに取って代わられた。コンピューターやデジタル製品の到来は、印刷レイアウトとコンピューター科学の強制的な共存から、インタラクション・デザインの誕生を促した。人間中心のデザインの原理が、人工知能、スマート・マシン、ビッグ・データと手を結べば、いったいどうなるだろう？　といっても、半信半疑なカップル同士のできちゃった結婚のような形ではなく、まったく新しいデザイン分野という形で両者が手を結んだら？

一九六〇年代、コンピューターの先駆者であるダグラス・エンゲルバートは、当時のスタンフォード研究所に「拡張研究センター（Augmentation Research Center）」を設立した。その目的は機械を作ることではなく、人間の知能を「拡張」することにあった。彼は一九六八年、「すべてのデモの母」と呼ばれるデモンストレーションを行ない、そのビジョンを初めて世界の人々に披露した。半世紀後、ＩＤＥＯはエンゲルバートの先例にならい、シカゴのデータ科学企業「データスコープ」を正式に買収し、新たなプログラム「拡張知能のためのデザイン（Design for Augmented Intelligence、略してＤ４ＡＩ）」を発足させた。

次世代の真にスマートな製品（電話、自動車、衣料品、医薬品、サービス）は、動的で、柔軟で、日常生活のリズムに対応するようなものでなければならない。データ・エンジニアが解決策を大規模に実装するとか、データ・サイエンティストが新しい統計モデルを研究するとかいう話ではない。本当の意味で人間中心の人工知能、つまり人工的な感じのしない人工知能を開発するためには、データ・デザイナーがデータやアルゴリズムを活用するすべを学ぶ必要があるのだ。

⑤　誕生と死の再デザイン

ムーアの法則は誰でも知っている。コンピューティングのコストはおよそ一二〜一八カ月ごとに半減するという法則だ。それと比べるとあまり知られていないのが、いわゆるカールソン曲線だ。ヒトゲノムのシークエンシングにかかる塩基あたりの価格をグラフ化したもので、ちなみにヒトゲノム計画が完了した二〇〇一年時点では合計で約一億ドルだった。昨今、コンピューティングのコストは急激に減少し、中学生でもＮＡＳＡが初めて三人の宇宙飛行士を月に送り込んだときよりも高い処理能力を備えたインターネット対応のコンピューターをかばんに入れて持ち歩けるようになった。その影響は歴史を見てのとおりだ。現在、遺伝学も実験室から工業的応用、一般消費者市場へと、まったく同じ道筋を歩んでいて、コンピューティング分野に匹敵する影響を及ぼそうとしている。

　コンピューティングが銀行、航空会社、軍の舞台裏から、ベビー・ブーム世代のデスクトップ、Ｘ世代のラップトップ、ミレニアル世代のパームトップへと移ったのと同じように、遺伝情報の消費者向けの応用も急速に進んでいる。23ａｎｄＭｅは二〇〇七年からＤＮＡ検査キットを販売しているが、その価格はこの五年間だけで九〇パーセントも下がった。二〇一八年にラスベガスで開催されたコンシューマー・エレクトロニクス・ショーを見るに、数多くの新興企業が私たちの祖先から子孫まで、さまざまな遺伝情報を提供する準備を進めている。カリフォルニア州オークランド、バイオテクノロジーの中心地のはずれに拠点を構える「ハビット」は、数滴の血液、口腔内から採取したＤＮＡ、基本的な代謝情報をもとに、一人ひとりのゲノムに基づいた食生活のアドバイスを郵送で提供している。『ナショナルジオグラフィック』は、スマートフォンでネアンデルタール人との遺伝的関係を確認できるアプリ「Ｇｅｎｏ２・０」を六九・九五ドルで提供している。一般の人々は消費者向けのＤＮＡ市場という新たな世界をどう渡り歩いていけばよいのか？

この疑問について探る機会が巡ってきたのは、ゲノミクス分野の消費者市場に続々と参入しているシリコンバレーの新興企業のひとつ「ヘリックス」から話を持ちかけられたときだった。この一〇年間でゲノミクス分野の活動は活発になったが、倫理の問題、複雑な規制環境、製品の潜在的な応用は、まさに手つかずの領域だった。遺伝子技術は急速に成熟し、投資界からも続々と投資が集まっているが、人々が自分の遺伝子データをどう利用するかははっきりとしない。

この疑問に答えるため、私たちはエスノグラファー、データ・サイエンティスト、デザイナーからなるチームをアメリカ各地に派遣し、初期採用者《アーリー・アダプター》、自己定量化《クオンティファイド・セルフ》（訳注／テクノロジーを用いて、健康状態や行動など、自己のあらゆる側面を数値化することを目指す運動）の実践者、新しもの好きの人々など、約一〇〇〇人に調査を行なった。この調査から、それまでほかのプロジェクトで学んだ内容を裏付けることができた。人々はただ情報を求めているわけではない（現代には私たちが扱いきれないほど多くの情報がある）。むしろ、人々は自分にとって重要で、意味や使い道のある情報を求めているのだ。「行動のきっかけになる情報がほしい」とある回答者は話した。「ほしいのは具体的なアドバイス、行動計画、アプリ、ツールなんです」と別の回答者は言った。「情報は使い道がなければ空気同然ですから」。こうした意見をもとに、私たちは一連のテーマを特定し（デザイン思考のプロセスの「綜合」の段階）、こんどはそれを一連のデザイン指針へと置き換え、ひとつのブランド戦略を練り上げた。ヘリックスは一回きりの料金（二〇億ドルではなく八〇ドル）で、顧客のゲノムの配列を解析し、祖先、家系、フィットネス、健康、栄養、娯楽といった分野のＤＮＡ関連商品を販売するオンライン・アプリ・ストアへとその人を導く（実際、そこで自分のＡ‐Ｃ‐Ｇ‐Ｔ配列がプリントされたトート・バッグを購入する人もいるだろう）。検査は管に唾液を吐くだけの簡単なものだ。

ＤＮＡは一人ひとりが誕生と同時に授かるものだが、人生のもう一端に目をやると、もっと厄介な疑問がある。必ずしも全員が自分のゲノム配列を解析したり、自動運転車に乗ったり、アメリカの選挙で投票したり、ペルーの学校に通ったりするわけではない。しかし、いつかは全員が例外なくこの世を去る。この避けることも変えることもできない普遍的な事実は、恐怖や嫌悪の源でなければならないのか？

ほんの一昔前までドライヤーや電動鉛筆削りをデザインして満足していたデザイナーたちが、今や人間の死という奥深い疑問に立ち向かっているというのは、にわかには信じがたいが、現にそれが起きている。私たちのオープンソース型のオープン・イノベーション・プラットフォーム「ＯｐｅｎＩＤＥＯ」を通じて、世界約一〇〇都市、一〇万人におよぶ市民ボランティア・デザイナーたちが、食品ロスや大量投獄、世界各地の難民キャンプで暮らす三三〇〇万人の子どもたちへの教育資源の配布といった大規模な問題に集団で知恵を絞ってきた。そこで私たちは、今こそ厄介な問題の中でもとりわけ厄介な問題にデザインの力を活かすべきではないかと考えた。自分自身や最愛の人々の終末体験を想像し直すには？　死に対する考え方を変えるには？

ＯｐｅｎＩＤＥＯのチームは、サッター・ヘルスやヘリックス財団の後援や、医療、法律、宗教の専門家からなる諮問委員会の支援を受けて、デザイン・チャレンジを練り上げ、パラメーターを設定し、次のような一連の目標や目的を立てた。人間の死を想像し直し、有意義で明るい終末体験を創造する。深い文化的伝統を尊重し、そこから学びを得る。一見すると明確な関連はないが、だからこそかえって貴重な洞察や知恵を与えてくれそうな人々、団体、専門家との協力を探る。人間の置かれている状態を改善したいという共感的で人間中心の目標に駆られているデザイン思考家として、人間の死というタブーな話題を覆っている暗いベールを取っ払うには、どうすればよいのか？

⑥ 未来の再デザイン

今や、デザインが新時代へと突入したことは明白だ。私たちの足下が土台から揺らぎ、旧来のルールは成り立たなくなった。愚かな製品やくだらない製品を作りつづければ、私たち自身を傷付けることになるし、新しいテクノロジーがもたらす課題に対応できなければ、私たちの社会を傷付けることになる。そして、地球の持続可能性を犠牲にして、目先の利益ばかりを追求しつづければ、私たちの未来を傷付けることになる。そうした広い視点のもと、デザイナーやデザイン思考家は、二〇一二年から「循環経済」と呼ばれるようになった概念に目を向けはじめている。

現代世界は、資源が無尽蔵にあって永久に使い果たされないという前提で築かれた。原油、森林、魚がいつか尽きるなんて、誰が想像できただろう？　私たちの物質的な繁栄の副産物を捨てる空き地が足りなくなるなんて、誰が思っただろう？　しかし今、私たちはそんな苦境に直面している。至るところで限界を迎えているのに、私たちはいまだに鉱山、採石場、石油リグから始まり、埋め立て地で終わる線形経済の檻に閉じこめられているのだ。

私たちは、現在の産業システムを修復的で再生的なものへとデザインし直し、廃棄物を次世代の産業の材料へと変え、製品のライフサイクルには必ず始まり、中間、終わりがあるという前提を見直すことができるだろうか？　私たちの世代が後世の人々からどう評価されるかは、まさしくそこにかかっている。これは大胆な声明だが、決して道義的な声明ではない。むしろ、循環経済がすばらしいのは、必ずしも利他主義と自己利益、良心と金儲けの二者択一を迫られるわけではないという点だ。循環経済の原理を取り入れれば、企業は今まで以上に利益を上げ、原料費を抑え、資産を有効活用し、顧客と強い絆を築きつつも、この地球やその住人をいたわることができる。かつて、こうした主張をしていたのは近代経済の片隅にいるほんの一部の善良な環境保護活動家だけだったが、再生可能な循環経済への転換は、今やEUの公然の目標となり、中国の第一一次五カ年計画で国策として位置付けられた。主流中の主流会議であるダボス世界経済フォーラムでは中心的な議題になっているし、アップル、フィリップス、スチールケース、ロレアルなど、ますます多くの国際企業が循環経済の実現に向けて本気で取り組んでいる。

IDEOは二〇一七年、循環経済の実現に協力したいが、どう手を付けていいのか分からない企業に実践的なロード・マップを提供するため、エレン・マッカーサー財団とパートナーシップを結んだ。私たちはオンラインで無料提供している『循環経済ガイド（*Circular Economy Guide*）』を通じて、新たな価値を創出し、長期的な経済的繁栄や生態学的安定を実現し、おまけに利益を生み出す修復的で再生的なビジネス・モデルを構築する取り組みへと、業界のリーダーたちを巻き込みはじめた。道義的な呼びかけを行なってきた過去の世代とは対照的に（もちろん、彼らの活動がなければここまで来られなかったことは言うまでもない）、私たちはプロトタイプ製作、テスト、拡大の可能な具体的で実践的な施策（ぜんぶで二四個）を提案している。

結論：デザインをデザインし直す

一〇〇年間にわたるデザインの歴史は、歴史家のアーノルド・トインビーには申し訳ないが、「次から次へと新たな出来事が起こる」という種類のものではなく、むしろ境界の拡大の歴史だった。かつてのデザイナーは、目覚まし時計、店の内装、本の表紙にデザインを施すよう求められていたが、現代のデザイナーは、目の前の疑問をとらえ直し、より広い視点で物事を考えるすべを身に付けている。私たちが求めているのは自動車なのか、交通システムなのか？　改良された投票機なのか、豊かな民主主義の体験なのか？　より使いやすい教室用の家具なのか、子どもたちを明日の難問に備えさせるための教育なのか？　また、人工知能、合成生物学、スマート材料、宇宙旅行が実現しつつある今、私たちはどこへとエネルギーを向けるべきなのだろう？　必要なのはピザを焼いてくれるロボットなのか、安全で公正で誰もが使えるインターネットなのか？　ヨガのクラスに遅れそうなことを教えてくれるアプリなのか、小児肥満、一〇代の妊娠、苦痛を緩和する高齢者医療といった問題に対処するため、集団で知恵を出し合う手段なのか？

有名なフィンランド生まれのアメリカ人建築家、エーロ・サーリネンは、父親からこんなアドバイスをもらった。「何かをデザインするときは、常にもうひとつ大きな文脈を意識しなさい。部屋の中の椅子、家の中の部屋、環境の中の家、都市計画の中の環境というふうにね」。サーリネンの父の格言は、結果的に未来を予見していた。これこそ、デザインがずっと成し遂げようとしてきたことだからだ。どんなにちっぽけな人工物も、相互接続の網の中に存在している。なるべく多くの物事を認識し、考慮することが、一流のデザイナーの証なのだ。

デザインの境界が広がり、父エリエル・サーリネンの言う「もうひとつ大きな文脈」が、外は宇宙、内は人間のゲノムにまで広がっていくにつれて、私たちはデザインをひとつの〝プラットフォーム〟として考えるようになっている。いわば、色々な構造物を建てるための土台だ。ＩＤＥＯ．ｏｒｇのような非営利組織や、われわれの隣人であるＤ‐Ｒｅｖ、社会的企業の「デザイン・ザット・マターズ」は、自らの専門知識を世界の最貧困層の人々へと活かすために存在している。ノースウェスタン大学の「デザイン・フォー・アメリカ」やスタンフォード大学のコース「究極の低価格を実現するための起業デザイン（Entrepreneurial Design for Extreme Affordability）」のような学術プログラムは、経済格差や社会的不公正といった課題を解決する次世代のデザイナーを育成している。デザインとは永遠の未完成品であり、今後ますます複雑化していく世界の難問に立ち向かう道具を作るための絶え間ない実験なのだ。

最近、ＩＤＥＯの創始者のデイヴィッド・ケリーは、過去四〇年間の数千件におよぶプロジェクトの中でいちばんのお気に入りを尋ねられると、「次のプロジェクト」と即答した。彼の答えは、貧困、気候変動、テロリズム、差別など、人間社会からもっとも貴重な財産を奪い取る無数の難問に思いを巡らしたとき、私たちが真っ先に感じることを代弁している。最初のインダストリアル・デザイナーが看板を出したとき、最初のグラフィック・デザイナーが印刷物のレイアウトを組んだとき、初代のデジタル・デザイナーがインターネットの謎と格闘したとき、彼らが将来、その型破りな教育や反体制的な活動を通じて、先ほどのような難問の解決に大きな役割を果たすなんて、誰が想像しただろう？

しかし、そういうことが現実に起きてきた。そうして今、私たちは史上最大の難問に直面している。そう、デザインをデザインし直すという難問に。

謝　辞

本書はチームの努力のたまものであると言うと、月並みすぎるかもしれないが、数多くの方々から貴重な貢献をいただいたのは紛れもない事実だ。重要な洞察の多くは、そういった方々のおかげだ。ミスがあるとすれば、それはすべて私の責任だ。

私の密かなパートナーであるバリー・カッツは、巧みな言葉遣いで、私を実際よりも雄弁に見せてくれた。執筆に多大な貢献をしてくれただけでなく、膨大な時間と労力を割き、私の原稿を衆人の読むに耐える状態にしてくれた。感謝を申し上げたい。

代理人のクリスティ・フレッチャーは、当プロジェクトの可能性を見出し、ハーパー・ビジネスの優秀なチーム、特に編集者のベン・レーネンを紹介してくれた。近年の慌ただしい出版事情により、書籍編集の技術は消えつつあると聞いていたが、ベンは高品質な編集とスピードは両立しうるということを証明してくれた。彼と仕事ができたことを大変光栄に思っている。

ほかにも多くの人々が、プロジェクトを完成に導く上で欠かせない役割を果たしてくれた。ハーバード・ビジネス・レビュー誌のルー・マクレアリーは、私のオリジナルの記事「デザイン・シンキング」を編集してくれた。サンディ・スパイカー、イアン・グルー、ケイティ・クラークは、表紙のコンセプトを考案してくれた。ピーター・マクドナルドは、マインドマップのイラストを描いてくれた。広報担当のデビー・スターンとマーク・フォーティエは、本書のメッセージの普及に努めてくれている。スコット・アンダーウッドは、ＩＤＥＯプロジェクトの事実確認に尽力してくれた。アシスタントのサリー・クラークは、私に何度も裏切られながらも、なんとかスケジュールを管理してくれた。

本書の調査段階で、私は光栄にもすばらしい組織を訪れる機会をいただいた。特に、アラビンド眼科病院のパヴィ・メータとトゥルシ・トゥラシラージ、デイヴィッド・グリーン、ＩＤＥインドのアミタバ・サダンギ、博報堂の栫井真《かこいまこと》と伊藤由樹《いとうなおき》には、貴重な時間とアイデアを分けていただき感謝している。

私は、抜群に頭脳明晰な人々と時間を過ごす幸運に恵まれた。そういった人々は、私の考え方に多大な影響を与えた。その多くは本書で紹介しているが、ジャクリーン・ノヴォグラッツ、ブルース・ヌスバウム、深澤直人《ふかさわなおと》、ゲイリー・ハメル、ジョン・サッカラ、ボブ・サットン、ロジャー・マーティン、クローディア・コチカに感謝の意を述べたい。私のアイデアの多くは、こういった人々の偉業のおかげだからだ。また、ＴＥＤのクリス・アンダーソンにも感謝したい。

彼のすばらしいカンファレンスは、本書で紹介した数多くのアイデアや人物の発想のもとになった。

ＩＤＥＯでは、常に私のアイデアを検証してくれた、ホイットニー・モーティマー、ジェーン・フルトン・スーリ、ポール・ベネット、ディエゴ・ロドリゲス、フレッド・ダスト、ピーター・カフランに感謝したい。しかし、過去や現在のプロジェクトに貢献してくれたＩＤＥＯのクライアントや同僚たちがいなければ、本書は完成しなかった。こういった人々は、これからも私にとってインスピレーションの源泉でありつづけるだろう。

何といっても、本書は私のデザイナーからデザイン思考家への旅をあらわすものだ。さまざまな人々の助言がなければ、この旅を終えることはできなかっただろう。私の両親は、ほかの友人たちがはるかに前途有望なキャリアを選ぶ中で、アートスクールに進む自信を与えてくれた。ビル・モグリッジは、大きなリスクを冒して、私をＩＤＥＯに迎えてくれた。デイヴィッド・ケリーは、企業の経営を快く私に任せてくれた。デイヴィッド・ストロングは、数の勘定さえできない（ましてやスプレッドシートなど使えない）私とともに、我慢強く企業を運営してくれた。ジム・ハケットの経営に関するアドバイスは、私や同僚にとって常にセーフティ・ネットになっている。

最後に、誰よりも家族のゲイナー、ケイトリン、ソフィに感謝したい。頻繁に家を空け、多くの週末をラップトップの前で過ごした私を温かく見守ってくれた。といっても、それは三人への感謝の気持ちのほんの一部でしかない。

二〇〇九年五月、カリフォルニア州パロアルトにて
ティム・ブラウン

訳者あとがき

本書の初版である『デザイン思考が世界を変える』は、デザイン・ファームIDEOのCEO兼社長であるティム・ブラウンの初の著書 *Change by Design: How Design Thinking Transforms Organizations and Inspires Innovation*（HarperBusiness, 2009）の全訳です。

IDEOのトップによる著書としては、IDEO創設者のデイヴィッド・ケリーの弟で、当時のIDEOゼネラル・マネジャーであるトム・ケリーが書いた『発想する会社！』『イノベーションの達人！』（いずれも早川書房刊行）に続く三冊目の邦訳書といえます。

IDEOといえば、世界でもっともイノベーティブな企業のひとつとして知られ、古くはアップルのマウスやPDA端末のパームVをはじめとして、玩具、医療器具、日用品、スポーツ用品、コンピューター製品など、数々の分野で、あっと驚くようなアイデア商品やサービスの開発を手がけてきました。

本書のテーマはずばり、そのＩＤＥＯが信条として掲げる「デザイン思考」です。デザイン思考とは、一言でいえば、製品開発や問題解決にデザイナーの思考を取り入れる人間中心のアプローチといえるでしょう。人間を観察し、人間の話を聞き、人間に共感してニーズや問題を突き止め、アイデア創造、プロトタイピング、テストを行ない、人間からフィードバックを得ながら、コンセプトを反復的に改良していく――つまり、デザイン思考の中心にはいつも「人間」がいるのです。

とはいえ、ここでいうデザインとは、私たちのイメージするデザインとは少し違います。個人的には、第1章の冒頭で紹介されている自転車メーカー「シマノ」の例が、「一般的なデザイン」と「デザイン思考でいうデザイン」の違いをわかりやすく説明していると思います。自転車の外観や機能をどうするかを考えるのが一般的なデザイナーだとすれば、その一歩先を行き、「どうすれば楽しく自転車に乗れるだろうか？」と考え、自転車の体験全体をデザインしようとするのがデザイン思考家だといいます。一口に自転車の体験といっても、自転車の乗り心地から、購入時の体験、販促キャンペーンなど、さまざまな側面があります。外観的な「デザイン」という枠にとらわれず、使い手の気持ちになって、体験全体をデザインするのが、デザイン思考の大きな目標のひとつなのだと私は感じました。

デザイン思考が目標とするような独創的な解決策を生み出すためには、数学や物理学のように「唯一の正解を導き出す」というプロセスだけではなかなかうまくいきません。そのため、ＩＤＥＯでは、さまざまな学歴や経験を持つ人々を集めた分野横断的なチームを築き、多様な視点からアイデアを出し（発散的思考）、アイデアをポスト・イットに書き込み、ホワイトボードにぺたぺたと貼っていき、投票などを使ってアイデアを絞り込む（収束的思考）、というプロセスを使っています。詳しい内容は本篇に譲りますが、ＩＤＥＯは実に独創的なデザイン思考のツールを用いて、数々のイノベーションを巻き起こしてきたのです。

そんなＩＤＥＯですが、この場をお借りして近年の活動について簡単にご紹介しておきたいと思います。二〇〇〇年、ＩＤＥＯ創設者のデイヴィッド・ケリーが、デザイン思考を教えるスタンフォード大学大学院のプログラム「ｄスクール」（ビジネス・スクールを意味するＢスクールのＢを、デザインを意味するｄに置き換えた、なんともシャレの利いた名称）の設立準備のためにＣＥＯから会長に退くと、ヨーロッパ部門を統括していたティム・ブラウンがＣＥＯに就任。その直後にドットコム・バブルの崩壊に見舞われ、会社存亡の危機に立たされたものの、変革を通じて見事に危機を切り抜け、組織を成長に導いてきました。二〇一四年時点で、従業員の数は六〇〇名以上にまで膨らんでいます。

また、本書の新書版が刊行された二〇一〇年以降だけを見ても、活動の幅は大きく広がっています。玩具やＡＴＭ機器といった「製品」の開発も相変わらず行なっていますが、近年では健康保険の申し込みをシンプルにする消費者向けデジタル・ツールキットの開発や、ペルーの教育システムの改良など、公共分野でも積極的にイノベーションを行なっています。二〇一一年には、非営利組織、社会的企業、財団と協力して途上国にイノベーションを届けることを目的とした「ＩＤＥＯ・ｏｒｇ」を設立。貧困をはじめとする世界の問題解決に取り組んでいます。また、二〇一〇年には「ＯｐｅｎＩＤＥＯ」というオープン・イノベーション・プラットフォームを開始。ＯｐｅｎＩＤＥＯは世界中の人々がアイデアを出し合ってイノベーションを行なうためのデジタル・コミュニティであり、都市の活性化から妊婦向けの超音波サービスまで、数々の成果を残してきました。参加者は四万五〇〇〇人を数えます。

さらには、二〇一一年の東日本大震災の発生を受け、東京オフィスも開設。ＩＤＥＯの活動は世界中に広まっています。私の耳にした話によれば、ＩＤＥＯはアジア（特に日本）での活動を非常に重視しており、今後はメディア出演などを通じて積極的に活動をアピールしていく予定とのことですので、ぜひ楽しみにしていただきたいと思います。

順風満帆そのもののＩＤＥＯですが、その裏側でひとつの事件が起こっていました。トム・ケリーが『イノベーションの達人！』の執筆を終えたすぐあとの二〇〇七年四月、ＩＤＥＯ創設者のデイヴィッド・ケリーが突然のがん宣告を受けたのです。告げられた生存率は四〇パーセント。その知らせを聞くと、ブラジルで講演を行なっていた弟のトムはすぐに残りの予定をキャンセルし、兄のもとに駆けつけたといいます。デイヴィッドが数カ月にもおよぶ化学療法、放射線治療、手術を受けるあいだ、トムは毎日のように病院の兄に付き添い、時には人生について語り合ったり、時には何時間も無言で一緒に過ごしたりしたそうです。そして、もしデイヴィッドががんに勝ったら、兄弟一緒にふたつのことをしようと約束しました。ひとつが日本旅行、もうひとつが共同著書の執筆。そして、その約束を励みに、デイヴィッドはがんとの闘いに勝ちました。

東京と京都への一週間の旅行は大満足だったようで、さまざまなインスピレーションを得たとのこと。日本への旅では毎回新しい発見があるようで、たとえば同僚と新宿駅を利用したとき、トムは左右色の違う靴を履いている女性を見て、色違いの靴にはビジネス・チャンスがあるのではないかと気づかされたといいます（実際には、左右色違いの靴下を販売する業者がすでにあったのだとか）。そしてもうひとつの共同著書は、邦訳が近く刊行される予定です。〔編集部注／トム・ケリー＆デイヴィッド・ケリー『クリエイティブ・マインドセット』（千葉敏生訳、日経ＢＰ社）として二〇一四年に刊行〕

本書を訳した二〇一〇年当時、日本ではデザイン思考に関する情報がまだちらほらとしかなかったのですが、現在ではデザイン思考に関する書籍が書店に数多く並ぶようになりました。また、二〇一二年設立の一般社団法人デザイン思考研究所は、スタンフォード大学ｄスクールで使われているデザイン思考の教材を数多く翻訳しており、数々のワークショップを開催しています。これらの情報を参考に、文庫版では一部の訳を見直させていただきました。

今後、デザイン思考はますます広まっていくでしょう。著者のティム・ブラウンは、「今日をプロトタイプと考えよう。さあ、何を変える?」と問いかけています。デザイン思考は企業における製品やサービスの開発だけでなく、私たち一人ひとりの生活の中で実践できる汎用的な方法論だといえます。漠然とした言葉である分、その適用範囲も広いのかもしれません。本書ではデザイン思考の根底にある考え方をどちらかといえば抽象的に解説していますが、それほど堅苦しく考えなくても、日々の生活に人間中心のデザイナーの思考を活かす方法はたくさんあるのではないかと思います。

たとえば、翻訳という仕事は、どうしても〝個人競技〟になりがちです。創造性はチーム競技だと考えるデザイン思考とは対極にあるので、本書の話は私にとって耳が痛いかぎりなのですが、そこにデザイン思考のツールを取り入れることは可能です。一案を挙げると、分野横断的な翻訳チームのようなものを築き、訳文のアイデアを出し合う。完成したプロトタイプを外部の人に見てもらい、フィードバックを受け取り、改良を重ねていく。名づけるなら「クラウド・トランスレーション」です。究極的には、原文をネットにアップロードするだけで、いつの間にか訳ができて戻ってくる、なんて日が来るのかもしれません。

少し話が脱線してしまいましたが、本書を通じて、少しでも多くの人々が、デザイン思考のパワーに気づき、デザイン思考の考え方を道具箱に加えてくれれば、訳者としてはこのうえない喜びです。

二〇一四年四月

［二〇一四年文庫版より一部加筆のうえ再録］